Martin Luther

D. Martin Luther's Tischreden oder Colloquia

So er in vielen Jahren gegen gelahrten Leuten, auch fremden Gästen und seinen

Tischgesellen geführet, in Auswahl für das deutsche Volk

Martin Luther

D. Martin Luther's Tischreden oder Colloquia
So er in vielen Jahren gegen gelahrten Leuten, auch fremden Gästen und seinen Tischgesellen geführet, in Auswahl für das deutsche Volk

ISBN/EAN: 9783744626620

Hergestellt in Europa, USA, Kanada, Australien, Japan

Cover: Foto ©ninafisch / pixelio.de

Weitere Bücher finden Sie auf **www.hansebooks.com**

D. Martin Luther's

Tischreden oder Colloquia

so er in vielen Jahren

gegen gelahrten Leuten, auch fremden Gästen und seinen
Tischgesellen geführet,

in Auswahl für das deutsche Volk.

Wohlfeile und veränderte zweite Auflage.

Berlin.

Verlag von F. Berggold.

—

1877.

Vorwort zur ersten und zweiten Auflage.

~~~~~~

Die Tischgespräche oder Colloquien des großen deutschen Mannes und Kirchenreformators, den wir nach diesen seinen Aussprüchen und Erzählungen gewissermaßen im Hausgewande dem deutschen Volke vorführen, sind zumeist von ihm bei Tisch, im Umgang und auf Reisen im Kreise vertrauter Freunde, Hausgenossen und Kostgänger gesprochen und von diesen früher oder später aus dem Gedächtniß aufgezeichnet worden. Es geschah dies aus Pietät und zur Erinnerung an Luther, nicht aber mit der Absicht der Veröffentlichung oder etwa auf seinen Wunsch, sondern vielmehr gegen seinen besonderen Willen. Hat er doch ausdrücklich gebeten: „Man möchte doch ja nicht bei seinem Leben, noch wenn er todt sei, etwas herausgeben von seinen Gedanken, so man entweder bei seinem Leben mit List entwendet und gestohlen oder welches, wenn er todt sei, schon vorher jemand mitgetheilt worden sei." Der Wunsch aber, ein möglichst treues Bild des verehrten Mannes in seiner vielseitigen Bedeutsamkeit der Mit- und Nachwelt zu übergeben, ließ dieses Gebot übertreten. Zwar geschahen diese Ueberlieferungen oft nur durch die zweite oder dritte Hand und geben daher nicht immer den Wortlaut, welchen Luther wirklich gesprochen; sie haben aus diesem Grunde nur wenig Beweiskraft, stehen auch

wohl mit Luthers gedruckte.. Schriften öfter in Wider=
spruch, sind aber dennoch zu schätzenswerthen Quellen
seines vielbewegten äußeren und inneren Lebens geworden.

Je nach Stimmung, Anregung der Gesellschaft, und
über allgemeine Tagesfragen, religiöse Angelegenheiten
oder über Persönliches wechselt der Gegenstand dieser
Gespräche, bald schöpfend mit Ernst aus der Tiefe des
Geistes und Herzens, bald ergötzlich und von froher Laune
übersprudelnd. Luthers Sprache überrascht oft durch
ihre Derbheit, welche aber nicht die Folge roher Gesin=
nung ist, sondern aus dem nach höchster Kraft strebenden
Ausdruck hervorgeht. Seine Gegner haben daraus Makel
an seinem Charakter herzuleiten gesucht, aber vielleicht
nicht wissen wollen, daß solcher Art die Sprache seiner
Zeit, und nicht nur des Volkes sondern auch der höhe=
ren Stände, selbst in den Kreisen Gelehrter und fürst=
licher Personen gewesen ist. Der Herausgeber glaubte
diese oft gereizten recht groben Worte nicht mildern und
abschwächen zu dürfen, zog es vielmehr vor, möglichst
die Aufnahme solcher Gespräche zu vermeiden und diese
nur dort beizubehalten, wo es für die Energie des Aus=
drucks nöthig erschien. Es leuchtet um so mehr unver=
schleiert das Temperament und der Charakter des kraftvollen
Mannes und seiner Zeit hindurch. Aus gleichem Grunde der
getreuen Darstellung durften auch seine Teufelsgeschichten,
irrthümlichen Anschauungen über Naturerscheinungen, seine
Auffassungen über Kirchenbann und Ohrenbeichte 2c. eben=
sowenig übergangen werden wie einige dogmatische Fragen.

Die genaueste Quelle der Tischgespräche bietet die

Sammlung Aurifabers (Goldschmidt), eines späteren
Tischgenossen Luthers, welcher zuerst die verschiedenen
Aufzeichnungen sammelte, unter gewisse Rubriken brachte
und 1566 herausgab. Zunächst schlossen sich daran die
Ausgaben von Stangwald und von Selneccer, denen
später andere folgten. Die nach den Grundsätzen der
Aurifaberschen Redaction mit großem Fleiße und Gelehr-
samkeit bearbeitete und mit zahlreichen historischen und
kritischen Anmerkungen versehene Ausgabe von Förstemann
und Bindseil, welche gegenwärtig vergriffen ist, besteht
aus 4 Bänden mit der ansehnlichen Zahl von 2929
Gesprächen; man wird zugeben, daß solche Menge für
den Leser geradezu erdrückend ist. Beide Gründe haben
zu der vorliegenden Auswahl bewogen, und der Herausgeber bietet solche in denjenigen Gesprächen, die nicht
speciell für theologische Leser bestimmt, sondern dem großen Publikum am interessantesten erscheinen und zugleich
auch geeignet sind, den großen Mann in Mitten seiner
Zeit kennen zu lernen. Zum meisten Theile bleiben sie
für die Gegenwart ebenfalls zutreffend, da sie unter dem
gleichen Ringen und den gleichen Kämpfen entstanden sind,
welche jene Zeit so wie die heutige bewegten; auch „die
Welt und ihre Art", der Nothstand der evangelischen
Geistlichen ꝛc. sind die gleichen geblieben.

In der großen vollständigen Ausgabe sind die Gespräche nicht chronologisch oder im Zusammenhang, sondern nur nach dem Gegenstande, welchen sie abhandeln,
in Rubriken geordnet, z. B. 184 über den Ehestand,
168 über den Papst, 150 über Schwärmer, Rottengei-

ster, 138 vom Teufel, 156 vom Predigtamt, 166 von
Gotteswort, 128 von der Welt, 182 vom Herrn Christo.
So willkommen auch eine derartige Anordnung für wis=
senschaftliche Forschung ist, führt sie doch in jedem andern
Fall für die Lecture eine ermüdende Monotonie mit sich.

Der Herausgeber hat deshalb eine abweichende An=
ordnung vorgezogen; nämlich: das Dargebotene in
„Sammlungen" gegliedert und sich in die Vorstellung
einer geselligen Unterhaltung gesetzt, wo die Gegenstände
des Gespräches durch eine gewisse Ideenverwandtschaft,
wenn auch nur lose, in Verbindung stehen und dennoch
nach aufgeworfenen Fragen oder augenblicklichen Einfällen
mannigfaltig wechseln. Das Inhaltsverzeichniß dagegen
ist in der Anordnung den Aurifaberschen Rubriken nach
Materien gefolgt und wird somit das Auffinden der ein=
zelnen betreffenden Gespräche erleichtern.

Aus der vorliegenden zweiten Auflage sind eine An=
zahl Tischreden der ersten entfernt worden, welche nicht
von wesentlicher Bedeutung waren; an ihre Stelle sind
andere getreten, die in mehr geeigneter Weise dem Charak=
terbild Luthers und seiner Zeit entsprechen. Die Zeitungs=
presse und namentlich die kirchlichen Fachblätter haben
durchgängig die Auswahl günstig beurtheilt und als eine
„recht geschickt geordnete" empfohlen; aber eben deshalb
hat der Herausgeber nicht ermangelt, in dieser zweiten
Auflage den freundlichen Fingerzeigen zu folgen, und außer=
dem das Buch durch billigeren Preis einem größeren Publi=
kum noch zugänglicher gemacht.

F. Berggold.

Inhalt.

VIII

Tischreden von der Schöpfung.

Vom Paradies 9
Kinder sind Gottes sonderlicher
Segen und Geschöpf . . 144
Ein anders vom Mißbrauch
Gottes Creaturen . . . 143
Etliche Fragen 57
Kinder sind Gottes Segen . 143
Vom Cometen 85
Gottes Geschöpf u. Werk ver-
Von Kindern und derselben
Leben 39
Ein anders 145
Es ist am Brauch der Güter

Kein Vater soll seinen Kindern
Weiber sollen nicht beredt sein 92
Was den Weibern übel an-
Männer, Weiber 92
Wozu sie geschaffen sind . . 93
Ein anders von Weibern, wo-
Ob auch das Licht der Ver-

Tischreden von der Welt und ihrer Art.

Des menschlichen Herzen Un-
Die Welt will Gott immer re-
Dreierlei Grad der Menschen 106
Unbeständigkeit menschliches
Herzen 123
Der Welt Reden und Wesen 131
Wie die Leute um zeitlicher
Güter Willen auch ihrer Se-
Der Welt Gleichniß . . . 21
Junge Leute 145
Wie man alt werde . . . 145
Was in Amtsverrichtung zu
Was die Welt sei 22
Wie die Welt die Wohlthat ver-

Die Welt, sonderlich unser Un-
Domherrn sind eitel Epicurer 132
Von epicurischen Leuten . . 133
Der Welt Güter und Schätze 133
Der Welt Geiz 6
Des Papsts Geiz 81
Vom Geiz der Düringschen
Bauern 5
Vom Geiz der Leute, sonder-
Güter die geringsten Gaben 148
Niemand läßt ihm gnügen . 8
Von Händeln und Wucher . 8
Vom Geiz N. N. 4
Leihen 96
Vom Saufen 95

Tischreden von Abgötterei.

Art und Eigenschaft der Götzendiener oder Werkheiligen 88
Abgötterei und ihre Strafe 83

Tischreden von der heiligen Dreifaltigkeit.

Trinitas omnibus creaturis indita 27

Tischreden von dem Herrn Christo.

Die zwo Naturen in Christo
Christus ein ewiger Priester . 25

Die Gottheit Christi soll man

IX

Tischreden von Engeln.

Tischreden vom Teufel und seinen Werken.

XII

XIV

XVI

Tischreden vom Beruf.

Tischreden vom Hofleben.

Erste Sammlung.

Von der heiligen Biblia.

Es sagte einmal der Ehrwürdige Herr Doctor Martinus Luther zum Herrn Philippo Melanchthone, item zu Doctor Justo Jona und Andern von der Biblia oder heiligen Schrift, „daß sie wäre wie ein sehr großer weiter Wald, darinnen viel und allerlei Art Bäume stünden, davon man könnte mancherlei Obst und Früchte abbrechen. Denn man hätte in der Biblia reichen Trost, Lehre, Unterricht, Vermahnung, Warnung, Verheißung und Dräuung ꝛc. Aber es wäre kein Baum in diesem Walde, daran er nicht geklopft und ein Paar Aepfel oder Birn davon gebrochen und abgeschüttelt hätte.“

Vom Oelbaum.

„Ein Oelbaum kann in die zwei hundert Jahre stehen, währen und Früchte tragen, und ist ein schön Bildniß der Kirche. Denn Oel bedeutet die Lieblichkeit und Freundlichkeit des Euangelii; Wein, die Lehre des Gesetzes. Es ist aber ein solche natürliche Einigkeit und Verwandtniß zwischen dem Weinstock und Oelbaum, daß, wenn der Weinstock auf einen Oelbaum gepfropft und gesetzt wird, so trägt er beides, Weinbeer und Oel. Also die Kirche, dem Volk eingepflanzt, klinget und lehret das Euangelium, und braucht beider Lehre, und bringet von beiden Früchte.“

Mit was Leuten die heilige Schrift zu thun habe.

„Die heilige Schrift gehet nicht viel mit groben Sündern um, als mit den Zöllnern und armen Hürlin, denn dieselbigen können auch die Heiden erkennen und urtheiln; sondern sie hat zu schaffen mit geistlichen Würmen und Scorpionen, die vor der Welt ein Schein haben der Heiligkeit und Gottseligkeit und große Frommkeit fürgeben.“

Niemand ärgere sich an der einfältigen Rede der heiligen Schrift.

„Ich bitte und vermahne treulich einen jglichen frommen Christen, daß er sich nicht ärger, noch stoße an den einfältigen Reden und Geschichten, so in der Bibel stehen, und zweifele nicht daran;

1

wie schlecht und alber es immer sich ansehen lässet, so sinds doch gewiß eitel Wort, Werk, Geschicht und Gerichte der hohen göttlichen Majestat, Macht und Weisheit. Denn dies ist das Buch, das alle Weisen und Klugen zu Narren machet und allein von den Albern und Einfältigen kann verstanden werden, wie Christus saget Matth. am 11. Capitel (V. 25.). Darum laß dein Dünkel und Fühlen fahren und halte viel von diesem Buch, als von dem aller höhesten, edelsten Heilthum, auch als von der aller reichesten Fundgruben, die nimmermehr gnug ausgegründet, noch erschöpft werden mag. Auf daß du darinnen die göttliche Weisheit finden mögest, welche Gott in der Bibel so alber und schlecht fürleget, auf daß er aller Klüglingen Hochmuth dämpfe und zu Schanden mache. In diesem Buch findest du die Windeln und Krippen, darinnen Christus lieget, dahin auch der Engel die Hirten weiset. Es sind wol schlechte und geringe Windeln, aber theuer ist der Schatz Christus, so darinnen lieget."

Die Welt will Gott immer reformiren.

Doct. Martinus Luther redete von der großen närrischen Thorheit aller Menschen, daß wir arme Leute wollen von Gottes Wort urtheilen, dem wir doch gehorchen und gehorsam sein sollten, schlecht glauben und thun, was es sagt. "Es gemahnet mich, gleich als wenn die Kachel oder der Topf wollte den Töpfer lehren, wie er sie machen sollte. Also wollen wir uns wider Gott setzen, ihn reformiren, in die Schule führen und lehren, die arme, elende, verderbte Creatur den Schöpfer. Es heißet (Matth. 17, 5.): ""Diesen (Christum) sollt ihr hören;"" und (Pf. 45, 11.): ""Höre, Tochter, schau darauf und neige deine Ohren, vergiß deines Volks und deines Vaters Haus.""

Nu, wenn Adam schon nicht gefallen wäre, noch dennoch hätten wir uns allein nach dem Wort gerichtet, und wollen nu in solchem Fall, Finsterniß und verderbter Natur das verachten?

Darum ist die päpstische Kirche am aller närrischsten, die nur auf die äußerliche Zucht der Vernunft nach gegründet und gebauet ist mit den äußerlichen Kinderpossen, daran soll unser Seligkeit gebunden sein. Wenns doch Moralia wären, nach Ehrbarkeit gestellt, und Juridica, nach den weltlichen Rechten angerichtet. Ists doch lauter Narren- und Puppenwerk!"

Wer Gottes Wort veracht, mit dem soll man nicht disputiren.

"Wer nachgiebet, daß der Evangelisten Schriften Gottes Wort sein, dem wollen wir mit Disputiren wol begegnen; wer es aber

verneinet, mit dem will ich nicht ein Wort handeln. Denn mit
dem soll man nicht disputiren, der da prima **principia**, das ist
die ersten Gründe und das Hauptfundament, verneinet und ver=
wirft; wie auch die Heiden gesaget haben: Contra negantem
prima principia non esse disputandum. Jedoch bekennen die
Jüden, Heiden und Türken, daß die Bibel sei die heilige Schrift,
und hat dies Buch das größte und höheste Zeugniß.''

Darnach sagete einer über dem Tische, daß es viele dafür
hielten, daß das erste Buch unter den fünf Büchern Mosi nicht
wäre von Mose selber geschrieben. Darauf antwortet Doctor
Martinus Luther, und sprach: „Was thut das dazu? wenn es
gleich Moses nicht geschrieben hätte, doch ist es Mosi Buch, denn
dies Buch allein schreibet auf das allerbeste und eigentlichste, wie
die Welt geschaffen sei. Was aber kalte und unnütze Fragen sind,
die soll man fliehen und sich dafür hüten; als diese ist, so einer
einmal fürbrachte: Moses schriebe, daß die Vogel lebeten im Was=
ser, da es doch Moses daselbst will von der Luft verstanden haben.
Denselbigen wollt ich wieder fragen, ob der Bart ehe wäre ge=
wesen, denn der Mann? und sagen, der Bart sei ehe gewesen,
denn der Mann, denn Gott schuf Ziegen und Böcke am vierten
Tage mit Bärten, aber am sechsten Tage hernach schuf er erst
Adam. Solche Fragen soll man nur mit Lachen und Spotten
verantworten.

Die Biblia war im Papstthum den Leuten unbekannt. Doctor
Carlstadt fing erst im achten Jahre an, nachdem er war Doctor
worden, die Bibel zu lesen, dieweil er und Doctor Petrus Lupinus
getrieben worden, Augustinum zu lesen.''

Gottes Wort thut große Wunderzeichen, aber jedermann will es meistern.

„Die Lehre des Euangelii hat große Wunderzeichen auch zu
unsern Zeiten gethan; es hat danieder geworfen und zu Schanden
gemacht die Klostergelübde und die gräuliche Abgötterei der Winkel=
messen, die doch ein groß Ansehen und Schein haben. Ach, wenn
wir doch Gott auch dafür dankten und gedächten zu rücke, in was
gräulichen Finsternissen wir im Papstthum gewesen wären, daraus
uns Gott also gnädiglich ohn alle unser Verdienst erlöset hat
durch sein Wort, welches wir doch so schändlich verachten und
damit Gott zu Zorn reizen, daß er uns strafen muß!

Aber es will jetzund ein jglicher Meister über die Schrift sein,
und meinet ein jder, er verstehe sie sehr wol, ja, hab sie gar aus=
studiret; wie auch S. Hieronymus in seiner Vorrede über die
Bibel darüber klaget, daß schier kein alter Narre und närrische

Vettel, noch wäschiger Sophist gewesen sei, der sich nicht hätte vermessen, Meister in Theologia zu sein, und hab sie zerrissen.

Alle andere Künste und Handwerk haben ihre Präceptores und Meister, von denen man sie lernen muß, auch Ordnung und Gesetz, darnach man sich richten und halten muß; allein die heilige Schrift und Gottes Wort muß eines jglichen Hoffart, Dünkel, Muthwillen und Vermessenheit unterworfen sein und sich meistern, drehen und denteln lassen, wie es ein jder verstehet und will nach seinem Kopf; daher auch so viel Rotten, Secten und Aergerniß kommen. Gott wehre ihnen!"

Vom Ueberdruß und Verachtung des Worts Gottes.

Doctor Martinus Luther vermahnete sein Weib, daß sie fleißig Gottes Wort lesen und hören sollte, und sonderlich den Psalter fleißig lesen. Sie aber sprach, „„daß sie es gnug hörete und täglich viel lese, und könnte auch viel davon reden; wollt Gott, sie thäte auch darnach."" Da seufzte der Doctor, und sprach: „Also hebt sich der Ueberdruß zu Gottes Wort an, daß wir uns viel lassen dünken, und wollens alles gar wissen, und erfahren doch das Widerspiel; ja, daß wir eben so viel davon verstehen als eine Gans, und wollen gleichwol ungestraft sein. Dies ist der Vortrab des künftigen Ubels und Uberdrusses des göttlichen Worts; darauf werden eitel neue Bucher kommen, und die heilige Schrift wird veracht und wieder in einen Winkel oder unter die Bank geworfen werden."

Almosen Doct. Martin Luthers in der Theurung.

„Ich," sprach Doct. Mart. Luther, „versucht es und hielt an beim Schösser, er wollte mir etliche Scheffel Korn leihen fur arme Leute, eben zur Zeit, da die Pestilenz regirete, und klagte bei meinem gnädigsten Herren, dem Kurfürsten zu Sachsen, daß Mangel in der Stadt wäre, weil man uns nichts zuführete, mußten also dreierlei Plage, Pestilenz, Hunger und Frost leiden. Zeigete daneben an, daß ich würde mit den Bürgern das Korn und Holz Seiner Kurfürstlichen Gnade müssen theilen und zugreifen 2c. Darauf schrieb mir Seine Kurfürstliche Gnade gnädiglich mit diesen Worten: „„Ihr sollet mit mir auch zugreifen, lieber Herr Doctor"" 2c. Auf solche Wort will ichs itzund wagen, den Armen zu Gute!"

Vom Geiz 2c. 2c.

Am 9. Januarii 1542 aß zu Nacht mit D. M. Luther M. Ph. M. (Melanchthon); da redeten sie allerlei, wie es in der Welt zu-

ginge und wie die Menschen gesinnet wären, und ward auch eines
Professoris in Wittenberg gedacht, der dem Gute sehr nachtrachtete,
der hätte sich aufn Geiz gelegt und hätte einen guten Verstand aufs
Geld und rothe Gülden. Da sprach die Doctorin: „„Hätte mein
Herr einen solchen Sinn gehabt, so wäre er sehr reich worden.‟‟
Darauf sagte M. Ph.: „„Das ist unmöglich; denn die, so auf
gemeinen Nutzen trachten, die können nicht ihrem Nutz nachhängen.‟‟

Vom Geiz der Düringschen Bauern.

„Das Land zu Düringen,‟ sprach D. M. Luther, hatte vor=
zeiten gar einen fruchtbarn Boden, war ein sehr kornreich Land,
sonderlich um Erfort. Aber nu ist es unterworfen der Vermale=
deiung; es ist itzt theurer da denn hie zu Wittenberg. Das hab
ich vorm Jahre, Anno 1537, als ich zu Schmalkald war, gesehen
und bedacht, denn sie hatten klein und schwarz Brot. Ah, Nie=
mand siehet drauf und achtet des Regiments noch gemeinen Nutz;
man sammlet nur Geld; verlieren also Gottes Segen. Sie haben
solchen Weinwachs, daß man die Kanne könnt geben um drei
Pfennige; wenn sie nur den halben Weinwachs hätten, wären sie
die reichsten; wenn aber der Wein wol geräth, können sie es nicht
bestreiten, geben den Wein um Fasse und Holz.‟

„„Gebt, so wird Euch wieder gegeben.‟‟ (Luc. 6, 38.)

„Das ist ein gewisser Spruch, der die Leute arm und reich
macht. Das erhält mein Haus. Ich sollt mich nicht rühmen;
ich weiß aber, was ich ein Jahr gebe.‟ Und kehrete sich zu D.
Gregorius Brück und sagte: „Wenn mein gnädiger Herr einem
Edelmanne tausend Gülden gäbe, so erhielt er doch damit mein
Haus nicht, und habe nur drei hundert Gülden; aber Gott gibt
gnug, der segenet es!‟

„Es ist ein Kloster gewest, dasselbe, weil es gerne gab, war
es reich; da es aber nicht mehr gab, ward es arm. Da nu auf
eine Zeit einer dafur kam und bat um ein Almosen, und man
versagets ihm, da fragte der Bettler die Ursach, warum man
ihm nichts geben wollte um Gottes Willen? Da sprach der Pförte=
ner: Wir sind arm. Darauf sprach der Bettler: Die Ursach
des Armuths ist, denn ihr habt zweene Brüder im Kloster gehabt,
den einen habt ihr ausgestoßen und der ander hat sich auch heim=
lich ausgedrehet und ist weggegangen. Denn nach dem Bruder
Date (gebet) ausgemustert und verstoßen ist, so hat sich der ander
Bruder, **Dabitur** (dem gegeben wird), auch verloren.‟

„Und das ist auch wahr,‟ sprach D. M. L., „die Welt ist

schuldig dem Nähesten zu helfen auf dreierlei Weise, mit Geben, Leihen und Verkäufen. Aber jtzt giebt Niemand, Alle rauben, kratzen und ziehen sie an sich; nehmen wol und stehlen gern, geben aber nichts; so leihet Niemand, sondern wuchern nur, schinden und schaben; Niemand verkauft mehr, sondern er vervortheilt und betreuget jedermann. Darum ist auch kein **Dabitur** mehr, unser Herr Gott will auch nicht mehr so reichlich segenen. Lieber, wer etwas haben will, der muß auch geben! Milder Hand nie zurannt!"

Vom Spruch: „„Wer zweene ꝛc.““

„Niemand soll abergläubisch verstehen diesen Spruch (Luc. 3, 11.): „„Wer zweene Röcke hat, gebe dem einen, der keinen hat.““ Denn die Schrift heißt einen Rock allerlei Kleidung, die einer bedarf nach seinem Stande und Nothdurft, wie sie Brot heißt allerlei Leibesnahrung; darum heißt ein Rock die ganze Kleidung, das Geräthe der Kleider. Der Teufel wollte uns gerne mit solchen Superstitionen und abergläubischem Verstande zu Mönchen machen und den gottosen Müßiggängern Ursach geben zu schlemmen und prangen auf ander Leute Güter. Vor Weilen wollte Alles bei mir reich werden; des Bettelns war kein Maß noch Ende."

Der Welt Geiz.

Doctor Pommer brachte einmal Doctor Martin Luther von einem Herrn hundert Gülden zu einem Geschenke; er wollte sie aber nicht annehmen, sondern gab sie Philippo die Hälfte, die ander Hälfte wollt er Doctor Pommer wiedergeben, der wollt sie nicht. Zankten sich also mit einander darüber, daß etliche, so dabei waren, den Doctor baten, er wollt es nehmen, denn er hätte es wol verdienet, das Volk möchte sonst sagen, Doctor Pommer wäre undankbar.

Da sprach Doctor Martinus: „Eben um derselbigen Willen will ichs nicht thun, denn sie wollen D. Pommern richten, der fromm ist, da sie doch die aller undankbarsten Bengel sind. Was geben sie D. Pommern, mir und Andern? Und wollen sich an ihm nur weiß brennen, da sie doch nehmen und rauben, wie und wo sie nur konnen. Wenn sie uns nur um unser Geld Recht thäten, so wollten wir gerne zufrieden sein; aber es ist solch Scharren, Kratzen, Schinden und Schaben, Geizen, Nehmen, Stehlen und Rauben unter dem Deckel des Evangelii, daß ich michs schäme. Ich muß einmal predigen und sie antasten, denn sie machens zu grob. Darum sollen auch die Prediger die Leute strafen, denn

wenn wir ihre Bosheit, ärgerlichen Wandel und Leben nicht stra-
feten, so gewohneten sie es, als wäre es recht und wol gethan
und keine Sünde; denn aus einer Gewohnheit wird zuletzt ein
Recht. Darum wehre, wer da kann, schelte und strafe solch gottlos Wesen und Händelchen.“

Den Baum soll man wieder aufrichten.

„Ein Bürger zu W. hatte ein Haus um dreißig Gülden gekauft.
Da ers nu lange hat inne gehabt und gebraucht und nichts sonderlichs drein verbauet, denn vier Stuben mit Leime gekleibet
und getünchet, darnach wollt ers wieder um vier hundert Gülden
verkäufen, schlug dieselben vier Gemach an und machte die Rechnung, da sie würden vermiethet, kömmt man zwanzig Gülden
draus nehmen.“ Da sagt D. Mart.: „Will der Tropf einen
faulen Balken und gekleibte Dreckwand liegenden Gründen gleich
achten? Will er so handeln, so werd ich ihn in Bann thun und
excommuniciren, daß er sich der Sacrament und des Christenthums
äußere und enthalte, und denke nur nicht, daß er in Himmel gehöre. Es wäre mehr denn gnug, wenn ers um anderthalb hundert Gülden verkäufte rc. Wir mussen die Excommunication
wieder aufrichten!“

Vom Geiz der Leute, sonderlich da das Evangelium gelehret wird.

„Wir erfahren itzt,“ sprach Doct. Martinus, „da die Leute
rechtschaffen von Gott und Gottesdiensten gelehret werden, deßgleichen von rechten guten Werken, wie gar ein gräulicher Geiz
die Herzen schier Aller und des größten Theils besessen hat. Niemand erzeiget sich mit Mildigkeit gegen den Armen, wie er billig
sollte; man erdenkt mancherlei Wege und Weise, alle Ding und
Ware zu steigern und aufs theurste zu geben, auch in aller geringsten Dinzen. Was man aber auf Kirchendiener und Schulen
wendet, wie denn solches gar gering ist, das achtet man groß und
hoch. Darum ists nicht allein ein große Schande, sondern auch
ein große Sünde itzt zur Zeit, daß man siehet, daß durch der
Leute Geiz viel Pfarren entweder ganz wüst oder jämmerlich versäumet und verlasst werden.

Aber siehe die vorige Zeit an, da keine rechte Religion war
und die Leute auf Abgötterei und Götzendienste und Vertrauen
auf eigene, selbserwählte Werk geführt worden; da war des Gebens kein Maß noch Ende, da schneiet es zu nur mit aller Macht,
da war jedermann willig zu geben; alle Klöster voll Mönche, alle
Stifte voll Meßpfaffen nähret man und gab ihnen gnug, ja Al-

les uberflüssig; Kirchen worden mit Silber und Golde aufs aller schöneste und reichlichste geschmückt und gezieret, ja überschütt. Darum ist diese Blindheit der Welt billig zu beklagen."

Niemand läßt ihm gnügen.

„Wir sind der Art," sprach D. M. L., „wenn wir einen Pfennig haben, so wollten wir gerne einen Gülden haben, und wenn wir einen Gülden haben, hätten wir gerne hundert 2c. Wenn ich ein Kandel Bier habe, wollt ich gern das Faß mit dem Biere gar haben. Also thun die Bauern, sie wollten gerne Bürger sein, Bürger Edelleute, Edelleute Fürsten 2c. Das heißt, sich nicht genügen lassen in leiblichen Sachen; das geschieht viel weniger in geistlichen."

Tischreden D. M. Luthers von Händeln und Wucher.

„Ein bürgerlicher und rechtmäßiger Handel wird von Gott gesegenet, daß einer von zwänzig Pfennigen einen hat, aber ein gottloser und unleidlicher Gewinn im Handel wird verflucht. Wie N. N.*) Buchdrücker, der aus seinen Büchern, die ich ihm zu drucken gab, ein groß Geld gewonnen hat, daß ein Pfennig zweene erworben. Es hat in der Erste mächtig viel getragen, also daß Hans Grünenberger**), der Drucker, mit Gewissen sagte: „„Herr Doctor, es trägt allzu viel; ich mag nicht solche Exemplaria haben."" Es war ein gottfürchtiger Mann, darum ward er auch von Gott gesegnet.

Ein billiger Gewinn ist, daß man von zwänzig Pfennigen einen habe, von hundert Gülden einen Gülden; aber der schändliche verfluchte Geiz schreit gar uber die Schnur und Maß; jetzt will man fur einen Pfennig zweene haben, ein Pfennig muß ihr zweene, hundert Gülden müssen zwei hundert dazu gewinnen; darum ist auch kein Segen Gottes dabei. Wie unsern Buchführern geschieht, die alles aufn höhesten Gewinn treiben und aufs theurste geben; darum werden sie auch nicht reich, und wenn sie gleich reich werden, so druhets (gedeihets) nicht, entweder sie oder ihre Kinder und Erben verarmen und werden drüber zu Bettlern, krigen einen bösen Namen zu den Exemplaren.

Die Römer haben verboten, zwölfe vom hundert zu nehmen,

---

*) Der Buchdrucker Melch. Lotther b. J. ging im J. 1519 von Leipzig nach Wittenberg.
**) Joh. Grünenberg (Gronenberg, Viridimontanus) erscheint als Buchdrucker zu Wittenberg.

itzt aber dürfen sie alle leipzigsche Märkte vom hundert funfzehen Gülden nehmen, das thut jährlich acht und vierzig Gülden, ist eben der **XXV.** (fünfundzwanzigste). Pfui dich mal an! Wenn Sünde nicht mehr für Sünde gehalten wird, da ist weder Rath noch Hülfe; aber ich hoffe, Gott wird mit dem jüngsten Tage kommen, als bald das Wort des Euangelii wird aufhören."

———

Zweite Sammlung.

Vom Paradies.

Einer fragte den Doctor: „„Was doch das Paradies für ein Ort, wie und wo es gewesen wäre?"" Antwortet er und sprach: „Ich halt, daß die ganze Welt das Paradies genannt sei worden, aber Moses beschreibts nach Adams Gesichte, so fern ers hat können sehen an den vier Wassern. Das Paradies aber wirds geheißen, weil es überall so lieblich und lustig ist gewesen. Adam war und wohnete gegen Morgen in Syrien und Arabien, als er geschaffen ward; nachdem er aber gesündiget hatte, da ists nicht mehr so lieblich gewesen wie vormals, es war ihm kein Paradies noch Lustgarte. Also heißet Moses die Gegend zu Sodoma und Gomorra ein Paradies, wie denn auch Samaria und Judäa ein sehr fruchtbar Land gewesen ist; nu aber, sagt man, sei es gar sandig, wie Graf Botho zu Stolberg berichtet, der zum heiligen Lande gewesen ist und die güldene Aue dafür lobete. Also hat Gott solch fruchtbar Land verfluchet und unfruchtbar lassen werden, um der Sünde Willen, denn wo Gott nicht sein Segen gibet, da wächst auch nichts; wo er aber segnet, da wächset Alles und wird fruchtbar."

Form, die Juden zu täufen.

Doctor Luther riethe Ehrn Justo Menio (der um Rath fragte Anno **41**, wie man einen Juden täufen sollte), „daß man sollte einen Kübel voll Wasser gießen, und des Juden Kleider ausziehen und ihm ein weiß Kleid anlegen, und in das Wasser setzen und unter das Wasser tauchen. Und das darum thun, daß die Alten, wenn sie getäuft worden, so gingen sie in weißen

Kleidern daher. Daher ward der erste Sonntag nach Ostern genannt **Dominica in albis**, daß die Getauften in weißen Kleidern einher gingen; und solch Kleid mochte auch darum getragen werden, daß man den Verstorbenen weiße Kittel pflegte anzuziehen. Denn die Taufe soll eine Bedeutung sein unseres Todes. Und ich halte, Christus sei gleicher Gestalt von Johanne auch getauft worden im Jordan. Wenn ich aber einen frommen Juden mehr überkomme zu taufen, so will ich ihn balde auf die Elbbrücke führen und ein Stein an Hals hängen und in die Elbe werfen; denn die Schälke verspotten uns und unsere Religion!"

Darum vermahnete er den Herrn Justum Menium, daß er sich durch die Schmeichelworte der Jüden nicht sollte betrügen lassen.

Wie Jüden zu bekehren.

"Ich gläube," sprach Doctor Martinus Luther, "wenn die Jüden hörten unsere Predigten, und wie wir die Schrift des alten Testaments tractirten und handelten, daß ihr viel würden gewonnen werden; aber mit Disputiren werden sie nur irritirt, erbittert und halsstarriger; denn sie sind gar zu hoffärtig und vermessen. Wenn ein Rabbi oder zween abfielen: da sollt sich ein Fall heben; sie sind des Harrens schier müde."

Der Jüden Ruhm.

"Die Jüden rühmen sich allzumal, daß sie Abrahams Kinder seyen, und zwar ists ihnen ein hoher, großer Ruhm gewest; wie auch der reiche Mann und Wanst, so in der Hölle begraben, sagte: ""Vater Abraham""; der spricht wieder zu ihm: ""Mein Sohn"" (Luc. 16, 24. 25.). Aber unser Herr Gott kann diese Kinder fein scheiden, denn diesen gibt er hie ihren Lohn, jenen behält er ins künftige Leben. Doch haben sich die Jüden Abrahams gerühmet, nicht um seinet, sondern um ihrer Ehre willen; gleichwie die Pfaffen itzunder Christum rühmen, daß sie große Lehen von ihm empfahen, um ihres Bauches und Ehre willen."

Der Jüden Halsstarrigkeit und lästerlich Beten.

"Die Jüden wollen noch heut zu Tage nicht hören, ob sie wol nun länger denn funfzehen hundert Jahr sind zu Schanden worden, und öffentlich überweiset und beschlossen, doch gläuben sie nicht. Es sollte einem wol sein Herz brechen, wenn er die Jüden also zustreuet siehet, daß das Blut Jesu Christi schier alles sollt in der Höllen brennen; sind allenthalben im Reich zustreuet, nach ihren Worten, die sie zu Pilato sagten: "Wir haben keinen

König, denn den Kaiser 2c."'" (Joh. 19, 15.). Es ist aber ein
schändlich Volk, es erschöpfts Alles aus mit dem Wucher; wo
sie einer Oberkeit tausend Gülden geben, so saugen sie dagegen
von den armen Unterfassen zwanzig tausend Gülden."

Darnach las der Doctor aus einem ebräischen Buch etliche
ihrer sehr stolzen Gebete, darinnen sie Gott loben und anrufen,
als wären sie allein sein Volk, und verfluchen alle andere Völker;
dazu brauchen sie den 23. Psalm: „„Der Herr ist mein Hirt,
mir wird nichts mangeln"'"; gleich als wäre er eigentlich und
fürnehmlich von ihnen geschrieben. Summa, den armen Leuten
ist nicht zu helfen, sie wollen Gottes Wort nicht hören, sondern
nur ihre Gedanken und Fündlin (List).

Jüden sind Lästerer.

Da gesagt ward von den Lästerungen der Jüden, die itzt zu
dieser Zeit unsere Bücher und Schriften lesen, und aus denselbigen wider uns streiten 2c., sprach Doctor Martinus Luther:
„Es ist ein Volk, das sich nur Schmähens und Lästerns befleißiget,
gleichwie auch die Juristen, Papisten und alle unser Widersacher
das Erkenntniß der Sachen von uns aus unsern Schriften nehmen, und derselben Waffen und Wehre wider uns gebrauchen.
Aber, Gott sey Lob, unser Sache hat ein gewissen, guten und
beständigen Grund, nehmlich, Gott und sein Wort. Wir haben
auch feine Märthrer drüber, denn M. Heinrichs*) ist im Glauben
für den Glauben in Ditmars ein Märtyrer worden, wie auch
Leonhard Kayser**) in Bayern, und die zween Knaben zu Brüssel."

Aus was Gewalt Christus die Käufer und Verkäufer ausm Tempel getrieben hat.

„Christus hat die Käufer und Verkäufer ausm Tempel getrieben, nicht aus politischer oder weltlicher Gewalt, sondern der
Kirche, welche Gewalt und Gerechtigkeit ein jglicher Hoherpriester
im Tempel hatte, als der ihm befohlen und geeignet war. Und
wenn heutiges Tags der Tempel zu Jerusalem noch stünde, so
dürfte Niemand mucken wider den Hohenpriester, denn Jerusalem

---

*) Heinrich Müller von Zütphen, vorher Prior der Augustiner zu
Antwerpen, dann, seit 1522, evangelischer Prediger zu Bremen und zuletzt in der holsteinischen Landschaft Ditmarschen (zu Heide), erlitt hier
1524 einen grausamen Märtyrertod im Feuer.
**) Leonhard Kaiser (oder Käser), Canonicatsvicar in Wazenkirchen
bei Passau, wurde um seines evangelischen Bekenntnisses willen auf
Befehl des Bischofs von Passau am 16. Aug. 1532 zu Passau verbrannt,
nachdem er im schweren Gefängnisse ein Trostschreiben Luther's erhalten.

war der Ort von Gott gewählet und bestätiget, der Schein ist groß, daß die ganze Welt müßte diesen Tempel anbeten. Aber Gott hat diesen Tempel aus sonderlichem, wunderlichem Rath lassen verstören, damit die Jüden zu Schanden würden, und könnten sich nicht mehr rühmen.“

Andere Reim Doctor Martini Luthers.

D. Mart. Luther hat ein Mal diese Reim uber Tisch erzählet:
„Gläub keinem Wolf auf wilder Heid,
Auch keinem Jüden auf sein Eid.
Glaub keinem Papst auf sein Gewissen,
Du wirst von allen dreyen beschissen.“

Was der freie Wille schaffe.

Doctor Martinus gedachte des trefflichen Mannes D. Staupitzen oft (der in ihrem Orden Provincial und eins großen Ansehens geweſt, in der rechten Religion wol berichtet), was er pflegte vom freien Willen zu sagen; nehmlich sagte er: „„Ich hab mir oft, ja täglich fürgenommen, ich wollt frömmer werden, und derhalben so oftmals gebeichtet und zugesagt, ich wollte mein Leben bessern; aber es war gar ein weite Frömmigkeit und wollt nichts draus werden, noch von Statten gehen, obs wol mein Ernst war; wie Petro, da er schwur, er wollte sein Leben bei Christo lassen. Ich mag Gott nimmer lügen, ich kanns doch nicht thun, sprach er, ich will eines guten Stündlins erwarten, daß mir Gott mit seiner Gnade begegne, sonst iſts verloren. Denn des Menschen Will macht entweder Vermessenheit oder Verzweifelung, denn der Mensch kann doch dem Gesetz Gottes nicht gnug thun!““

Und sprach ferner, „daß D. Staupitz oft hätte pflegen zu sagen, „„daß das Gesetz Gottes zu uns Menschen sagt: Es ist ein großer Berg, du sollt hinüber. So sagt denn das Fleisch und die Vermessenheit: Ich will hinüber. Darauf spreche das Gewissen: Du kannst nicht. So will ichs lassen, antwortet denn Desperatio. Also machet das Gesetz im Menschen entweder Vermessenheit oder Verzweifelung, und muß doch gelehrt und geprediget werden. Predigen wir das Gesetz, so machen wir die Leute verzagt; lehren wirs aber nicht, so machen wir die Leute faul und rohe.““

Ob ein Prediger auch schüldig sei, zum Kranken zu gehen?

Da einer sagte, daß zu Nürnberg zweene Prediger an der Pestilenz gestorben wären, ward gefragt: „„Ob auch ein Prediger,

der allein zum Predigtamt bestellet ist, seinen Dienst möge mit
gutem Gewissen kranken Leuten versagen zur Zeit der Pestilenz,
daß er sie nicht besuche?"" Hierauf antwortet Doctor Martin
Luther und sprach: „Bei Leibe nein! Es müssen die Prediger nicht
allzu sehr fliehen, damit sie das Volk nicht zu furchtsam machen.
Und daß man bisweilen sagt, man soll der Pfarrherr und Prediger verschonen und sie zur Zeit der Pestilenz nicht zu sehr beladen,
das geschieht darum, daß wo je bisweilen die Pestilenz die Capellanen eins Theils wegnähme, daß man Ander hätte, die die
Kranken besuchten. Item daß nicht jedermann zu solcher Zeit die
Priester scheue, wie man siehet, daß niemand zu ihnen will, und
jedermann fleuhet sie. Darum wäre es wol fein, daß man nicht
Alle damit belüde, sondern einen oder zweene.

Wenn mich das Loos träfe, wollt ich mich nichts scheuen oder
fürchten. Ich bin nu drei Pestilenzen ausgestanden; bin auch bei
etlichen gewest, die sie gehabt, als Schadewald, der hatte ihr zwo,
die begreif ich gar wol; aber es hat mir nichts geschadt, Gott Lob;
ich kam noch dasselbe Mal heim und greif meiner Margarethen,
die da zur Zeit noch kleine war, um das Maul mit ungewasche-
nen Händen; aber ich hat es wahrlich vergessen, sonst hätte ichs
auch nicht gethan, denn es wäre Gott versuchet!

Es gefällt mir wol von den Jüden, daß sie den Psalm 91:
„„Wer unterm Schirm des Höchsten wohnet"" 2c. (Qui habitat
in adiutorio altissimi etc.) auf die Pestilenz ziehen. Ich wollt
ihn auch wol fein darauf gedeutet haben, aber ich besorgte, daß
man den Psalm hernach würde gebetet haben wider die Pestilenz;
wie man S. Johannis Euangelium thät wider den Donnerschlag.
Wenn die Messe aus war, las der Priester S. Johannis Euangelium mit lauter Stimme, und wer das Euangelium hatte hören
lesen, der war frei. Daher brachten sie eine Fabel auf die Canzel,
ihre Lügen zu bestätigen, nehmlich wie ihrer drei wären mit einander geritten, da wär ein Wetter kommen und hätten eine Stimme
gehört: „„Schlage!"" Da hätt es einen darnieder geschlagen.
Zum Andern noch ein Mal: „„Schlage!"" Da wäre der ander
niedergeschlagen. Bald ward wieder eine Stimme gehört:
„„Schlage!"" Und ein ander Stimme: „„„Schlage nicht, denn
er hat heut Sanct Johannis Euangelium gehört."" Dieser war
mit dem Leben davon kommen. Das predigten sie, ihre Abgötterei zu bestätigen.

Item die Historia geschach mit einem, der sollte die Lucas
Malerin damals zu Gotha bei ihrem Vatern wohnende, freien;

der faß mit seinem Schneider aufm Schloß, und läßt ihm schöne bunte Kleider machen auf die Wirthschaft. So siehet der Schneider zum Fenster hinaus und wird gewahr, daß ein Wetter kömmt, und spricht: „„Ich will gehen Palmen holen und in Ofen werfen, denn ich habe heut das Evangelium Johannis nicht gehöret."" Gehet hinaus und thut also. Der junge Geselle sagte: „„Ei, was sagt Ihr? meinet Ihr, der Pfaff kann allein das Evangelium lesen? Ich kanns gleich sowol, als er!"" Thut das Fenster auf, hebet an und lieset: „„**In principio etc.**"" Da schläget der Donner hinein, und schlägt dem jungen, schönen, reichen Gesellen die Hosen von Beinen glatt hinweg, daß er bald nieder fällt und stirbt; dem Schneider aber schlägt es unten die Sohle an den Füßen hinweg, aber er starb nicht. Diese Historia ist gewiß geschehen. — Aber jener Bauer war noch besser. Wenn ein Wetter kam und ein Donnerschlag geschah, machte er vier Creuz und sagte: „„Matthäus, Marcus, Pilatus, Herodes, diese vier Evangelisten, sprach er, helfen gewiß."" Es war ein Wunderding im Papstthum; die jungen Gesellen wissen nichts davon!" — Da sagte einer, wie in einem Städtlin, nicht weit von der Numburg, wäre der Pfarrherr an der Pestilenz gestorben, deßgleichen der Schulmeister. Nu sturben die Leute daselbs wie die Bestien ohn alle Sacrament, denn sie wollten keinen Capellan halten noch besolden, auch da die Pestilenz noch nicht regirete. Darauf sprach D. M. Luther: „Es geschicht ihnen recht! Meinen sie doch sonst, man dürfe der Prediger und Capellanen nicht, und können ihr wol entbehren. Also wollten etwan die Leute zu N. ihren Pfarrherrn nicht nähren noch erhalten: sagte ich zum Richter: Wie, daß Ihr keinen Pastor oder Pfarrherrn erhalten wollet, und haltet einen Hirten, dem müßt Ihr geben, was er nur haben will? Da sprach er: „„Ja, lieber Herr, o, deß können wir nicht wol entbehren."" Darum da sehet Ihr, warum es ihnen zu thun ist, nur um den Bauch! Was ihnen etwas trägt, haben sie lieb, sonst nichts."

Von der Erbsünde in den Christen.

Zu Eisleben sagete D. Martinus Luther zu Doctor Jonas, als ein Balbirer ihme die Här abschnitte und den Bart abnahme, „daß die Erbsünde im Menschen wäre gleich wie eines Mannes Bart, welcher, ob er wohl heute abgeschnitten würde, daß einer gar glatt ums Maul wäre, dennoch wüchse ihm der Bart des Morgens wieder. Solches Wachsen der Här und Barts höngerte nicht auf, dieweil ein Mensch lebte; wenn man aber mit der

Schaufel zuschlägt, so hörets auf. Also bleibet die Erbsünde auch in uns und regt sich, dieweil wir leben; aber man muß ihr widerstehen und solche Här immerdar abschneiden."

Dritte Sammlung.

Von Graden und Promotionen in Universitäten, und von guten Künsten.

Doct. Carlstad Bodenstein verdammte öffentlich die Gradus und Promotiones, wenn man in Universitäten Magistros und Doctores machet. Und da er selbs gegenwärtig dabey war, sagte er: „„Ich weiß, daß ich unrecht thue, daß ich diese zween zu Doctorn promovire, nur um zweyer Gülden willen; aber ich verlobe und verschwöre es, daß ich hinfort keinem mehr promoviren will."" Und das that er öffentlich in der Schloßkirche zu Wittenberg, da man pflegt Doctores zu machen. Deshalben strafte ich und andere gute Leute ihn hart. Und schrieb an den Cathedram und Stuhl, da die Doctores Theologiä pflegen zu stehen: „„Ihr sollt euch nicht lassen Meister heißen"""; und sprühete so lästerliche Wort aus, das nicht zu sagen ist, und promovirte doch selbs um zweyer Gülden willen, sagte: „„Dies Profitlin und Genießlin nehme ich dieweile mit an.""

Aber alle seine Lästerworte wollte er beschönen mit dem Spruch Matth. 23, (8.), da Christus spricht: „„Ihr sollt euch nicht Rabbi nennen lassen,"" das ist, Magister. Und machte sich so unnütz mit bösen lästerlichen Worten, daß es alle die, so dabey saßen und höretens, übel verdroß, und unlustig drüber worden, die waren zornig und konnten sich schwerlich enthalten, daß sie ihn nicht wieder bezahlet hätten mit dergleichen Worten. Ich aber, da ichs am Cathedra und Stuhle fand geschrieben, schrieb ich drunter: Dieser Spruch ist nicht also zu verstehen: Ihr sollt Euch nicht lassen Meister heißen; sondern also: Ihr sollt nicht neue Lehre erdichten, nichts Neues herfürbringen, laßt es bey dem bleiben, das ich gelehrt habe, und euch befohlen, daß ihrs Andere lehren und ihnen anzeigen sollet."

16

An M. Nicolaum Hausmann Bericht und Bedenken D. M. Luthers von Ceremonien.

„Ich halts nicht sicher genug noch gut sein, daß die Unsern zusammen kommen, Einigkeit und Vergleichung in Ceremonien in Kirchen anzurichten. Denn es ist ein Ding, das ein bös Exempel gibt, obs wol guter Meinung und aus Eifer geschicht und fürgenommen wird, wie solches alle Concilia der Kirchen von Anfang beweisen; also daß auf dem Concilio, das die Aposteln gehalten haben zu Jerusalem, schier mehr von Werken und Satzungen denn vom Glauben gehandelt ist. In folgenden und neulichsten Conciliis ist niemals vom Glauben, sondern allewege von Opinionen und unnützen Dingen, oder von Ceremonien und Ordnungen in Kirchen disputiret und geschlossen worden, daß mir also der Name Concilia ja so verdächtig und feindselig ist als der Name freie Wille. Wenn eine Kirche der andern in äußerlichen Dingen nicht will freiwillig nachfolgen, was ists nütze das mans thun, viel gebieten will durch Decret der Concilien, daraus denn bald Gesetze und Stricke der Seelen werden? Drüm, entweder eine Kirche folge der andern, oder lasse ein jeglicher fur sich ihre Bräuche halten und walten, allein daß nur die Einigkeit des Geistes im Glauben und reinem Wort unversehret und ganz bleibe, wie mancherlei auch die fleischlichen und weltliche Satzungen und Bräuche seien.“

Vor der Sophisterey soll man sich hüten.

„Die Welt soll man mit allem Fleiß ansehen und wol bedenken, was sie sey, denn sie wird durch lauter Wahn und Opinion regiret, daß die rechte Religion von ihr geheißen wird und seyn muß Sophisterey, Heucheley oder äußerliche scheinende Frömmigkeit und Thranney; denselben muß sie als eine Magd dienen. Darum soll man sich fur Sophisterey fleißig hüten und fürsehen, welche nicht allein stehet in zweifelhaftigen und ungewissen Worten und Reden, die man deuten und drehen kann, wie man will, sondern auch in allen Professionen, hohen Künsten und Handwerken, als in der Religion verbirget und bemäntelt sie sich mit dem schönen Namen der heiligen Schrift. muß Alles eitel Gottes Wort seyn und vom Himmel geredt.

Es sind diejenigen nicht zu loben, so Alles können verkehren und verdrehen, der Andern Bedenken und Meinung verachten und, wie der Philosophus Carneades pflegte, in utramque partem disputiren, auf beide Recht, und nichts Gewisses schließen; das sind Bubenstücke auf gut Deutsch und Spitzfündlin. Das aber ist das rechte Lob eines feinen geschickten Kopfs und ehrlichen Gemüths, die Wahrheit suchen und Lust und Liebe haben zu dem, das schlecht und gerecht ist.

Die Welt wird regiret durch Gleißnerey und epicurisch Leben, wie die Erfahrung zeuget, und man sichts itzt leider allzu sehr. Der Epicurismus reißt gar ein und nimmt überhand mit Gewalt. Gott komme bald mit dem jüngsten Tage und mache des Spiels ein Ende, sonst ist weder Rath noch Hülfe dazu."

Kühnheit der Sophisten mit Allegorien zu dichten und zu spielen.

„Der Sophisten und Schultheologen Vermessenheit und Kühnheit ist gar ein gottlos Ding, welche auch etliche Patres gebilliget und gelobet haben, nehmlich geistliche Deutung in der heiligen Schrift, dadurch sie jämmerlich zurissen ist; wie diese ihre Vers anzeigen:

„„Littera gesta docet, quid credas Allegoriae,
Moralis quid agas, quo tendas Anagogia.
Der Buchstab lehrt, was geschehn ist,
Allegorie, was zu gläubn ist.
Moralis lehrt, was man soll thun,
Anagogie, wo es naus soll nun.""'

Weil sie sich auf solche Deutung gegeben und damit gespielt haben, die doch nirgendzu dienen, (wie ein Jeglicher wol verstehen kann,) weder zum Glauben noch Gottseligkeit zu lehren ists eitel Lappen- und Kinderwerk, ja Affenspiel, mit der Schrift also gaukeln. Es ist nicht anders, denn wenn ich wollte auf dieselbe Weise von der Medicin reden, wie sie mit diesen Versen lehren, und in der heiligen Schrift spielen; als, wenn ich erstlich sagte: Das Fieber ist ein Krankheit, Rebarbara ist die Aerzney. 2. Das Fieber bedeut die Sünde, Rebarbarum Jesum Christum. 3. Das Fieber ist ein Gebrechen und Fehl, Rebarbarum ist die Kraft dawider. 4. Das Fieber bedeut das Verdammniß, Rebarbarum die Auferstehung. Wer siehet hie nicht, daß solche Deutung eitel Gaukelwerk ist? Welchs sich so wenig reimet, als wenn ichs wollte auf dies Exempel ziehen, mit dem Glauben, den soll man richten aufs Wort, und auf Gottes Werk, das vollkommen ist, und nicht kann geärgert werden.

Also und auf die Weise werden betrogen, die da sagen: Man müsse die Kinder wieder täufen, darum, daß sie den Glauben nicht haben gehabt. Gleich als wenn du in die Gedanken geriethest, daß du meinest, du wärest nicht getauft, oder wärest von einem gottlofen Diener getauft; da follt du folche Gedanken und Opinion fahren laffen, und wegthun, fo wird die Taufe recht 2c.

Damit du aber die Falfchheit verftehen mögeft, dadurch fie betrogen werden, fo nimm für dich dies Exempel: Einer gläubet, daß die zehen Gebot oder das Euangelium der Welt von Gott nicht gegeben fey; ift darum das Gefetz, die zehen Gebot, oder Euangelium nichts, alfo, daß man andere zehen Gebot, oder ein neu Euangelium müffe machen, das diefer gläuben könne? Bey Leibe foll man folches nicht geftatten noch zulaffen, fondern ihm fagen, und unterrichten, daß er feinen Unglauben fahren laffe, und recht verftehe, was Gott fagt.

Alfo würden die Neulinge, fo einen neuen Orden annehmen, der von Gott nicht eingefetzt ift, als, die jungen Mönche und Meßpfaffen, zwiefältig ärger und doppelte Schälke; denn fie mei neten, fie könnten durch gemeine Stände, von Gott geordnet, nicht gerecht noch felig werden, fondern wären verdammte Sünder. Nachdem fie aber in neuen Orden gangen find, und eine neue Religion angenommen haben, meinen fie, fie werden dadurch gerecht und felig, wie fie fichs denn auch rühmen, trotzen und pochen drauf. Alfo foll man diefen Spruch, Matth. 23, (15.) verftehen, da Chriftus fpricht: „„Wehe euch Schriftgelehrten und Pharifäer, ihr Heuchler, die ihr Land und Waffer umziehet, daß ihr einen Judengenoffen machet, und wenn ers worden ift, machet ihr aus ihm ein Kind der Höllen, zwiefältig mehr, denn ihr 2c.““

Mit Allegorien fpielen in der chriftlichen Lehre, ift fährlich. Die Wort find bisweilen gemeiniglich fein lieblich, und gehen glatt ein; es ift aber nichts dahinter. Dienen wol für die Prediger, die nicht viel ftudirt haben, wiffen die Hiftorie und den Text nicht recht auszulegen, denen das Leder zu kurz ift, will nicht zureichen: fo greifen fie zu den Allegorien, darinnen nichts Gewiffes gelehrt wird, darauf man gründen und fußen könnte: darum follen wir uns gewöhnen, daß wir bey dem gefunden und klaren Text bleiben.“

Ph. M. fragte: „„was die **Allegoria** und verborgene Deutung wäre: daß der Adeler, weil er übern Eyern fitzt und brütet, indeß jagt er nicht, behält nur ein Jungen, die andern ftößet er aus dem Nefte und wirft fie weg; item: die Raben nähren ihre Jungen nicht, fondern verlaffen fie, wenn fie noch bloß, und keine Federn haben.““ Da antwortete D. M. L.: „Der Adeler bedeut einen Monarchen, der das Regiment allein haben, und Keinen neben fich leiden will, der ihm gleich ift. Raben aber find die ftörrigen, hartköpfigen Säue und Bauchknechte, die Papiften.“

Schwärmer wollen nicht geirret haben, sondern recht gethan.

Anno 2c. 36 den 25. Augusti kamen D. Martino Briefe von M. Bucero, darinnen er bat, der Doctor wollte den Schweizern schreiben, und die Notel der Concordien, wie sie sich verglichen hätten mit einander zuschicken. Da sprach Doctor Martinus: „Ich weiß nicht, was ich schreiben soll. Sie suchen nur ein Deckel mit unserm Schreiben ihre Sache zu beschönen, und wollen doch ihre Irrthume nicht bekennen; geben für und rühmen sich, als sollt kein Theil das ander verstanden haben. Welchs ich nicht habe wollen leiden, will auch die Schuld auf mich nicht kommen lassen, daß ich ihre Opinion und Meynung nicht sollte verstanden haben. Ah, Herr Gott, sie ist allzu klar verstanden! Warum hab ich denn so hart wider sie geschrieben, so ichs nicht verstanden habe? Das aber wollte ich gerne thun, wenn sie ihre Irrthum bekenneten, so wollte ich auch bekennen, daß ich heftig und bitter wider sie gewest wäre. Aber diese Proposition, daß keiner den Andern sollt verstanden haben, kann ich nicht leiden. Man soll mirs auch nach meinem Tode nachsagen. Denn ich solchen Mittlereyen allzeit bin feind gewest. Und habe sie uber zehen Mal gebeten, da sie nicht rechte reine wahre Einigkeit suchten, so sollten sie es bei dem ersten Dissidio und Uneinigkeit bleiben lassen so lange, bis sichs selbst zu Tode blütete. Ich will mich mit fremden Sünden nicht beladen, daß ich bey ihnen ein Fünklin auslöschte und bey uns ein groß Feuer machte. Da behüte mich Gott für!

Ich habe Gottes Wort allzeit einfältig gelehret, bey dem bleib ich und will mich demselbigen gefangen geben, oder will ein Papst werden, der weder Auferstehung der Todten noch ein ewiges Leben gläubet. Sie haben nur geschrieben, was der Vernunft gemäß ist, daß man im Sacrament empfahe Brot und Wein, den Leib und das Blut, aber der Leib und das Blut werde allein mit dem Glauben und Geist gessen und getrunken, mit dem Munde aber nur Brot und Wein.

Es kann kein rechte wahre Einigkeit werden, denn sie messen diese Sache nur mit der Vernunft. Ich wollte gerne sterben, wenn wir die Kirche in Schweiz und Städten könnten wieder gewinnen und zu Rechte bringen. Alsdenn würde sich Papst und Kaiser für uns fürchten. Man soll aber auf Menschen nicht trauen, ja Menschen soll man fahren lassen. Sie suchen meine Wort aufs aller Genaueste und Geschwindeste. Ich hab allein verheißen, ich wollte das Beste bei der Sachen thun. Mit den Worten wollen sie mich gefangen haben, meinen sie. O nein,

2*

ich will Gottes Wort nicht ubergeben, ich habs weder zu Augs=
burg noch zu Worms wollen thun, da man mich auch uberreden
wollte, ich sollte die Sache ubergeben. Ich aber wollte lieber
mein Geleite auffagen und ubergeben mit großer Gefahr Leibs
und Lebens denn meine Lehre, ja Gottes Wort fahren laffen und
Menschen ubergeben!"

Vergleichung der Papilion, Zweifälter oder Sommervogel, mit den Schwärmern.

„Ein Papilio oder Sommervogel wird also generirt: Erstlich
ist es eine Raupe und hänget sich irgends an eine Wand, gewinnet
ein Häuschen; darnach im Frühling, wenn die Sonne warm
scheinet, so bricht das Häuschen auf und fleuget ein Papilio her=
aus. Wenn er nun wieder sterben will, so setzt er sich auf ein
Baum oder Blatt, druckt einen langen Tractum Eier von
sich, daraus werden dann eitel junge Raupen. Also ist es gene-
ratio reciproca; es ist erstlich eine Raupe und wird wieder zu
einer Raupen. Ich hab in meinem Garten varia genera der
Raupen gefunden; ich gläube, es habe sie mir der Teufel herein=
geführet. Erstlich haben sie gleich als Hörner in der Nasen 2c.
Aber es sind eigentlich die Schwärmer. Denn die Raupen haben
schöne, silberne, güldene Striemen, gleißen und scheinen hübsch;
aber inwendig sind sie voller Gift. Die Schwärmer stellen sich
fromm und heilig, aber sie haben falsche, irrige und verfüh=
rische Lehren. Und wenn die Sommervogel sterben, so laffen sie
viel Eier hinter sich und werden aus einer Raupen viel andere
Raupen. Also verführet ein Schwärmer viel Leute und wachsen
aus ihme andere mehr Schwärmer und Rottengeister."

Auf eine andere Zeit nennete D. M. Luther die Rottengei=
ster, die da Klüglinge und Naseweise wären, „unzeitige und un=
reife Heiligen, welche bald wurmstichig würden und von einem
weichen Winde untern Baum fielen."

Der Stationirer Betrug.

„Ein Stationirer, der furgab, er könnte die Seelen ausm
Fegfeuer mit seinem Heiligthum und Ablaß, den der heiligste
Vater, der Papst, dazu gegeben hätte, erretten, kam an einen Ort.
Da ging ein Landsknecht zu ihm und sprach: „„Herr, wenn ich
gewiß wüßte, daß die Seelen meiner Aeltern und Freunde erlöset
würden, so hab ich noch zweene Gülden, die wollt ich euch zwarten
geben."" Er aber, der Stationirer, sprach: „„Was ist dein
Vater für ein Mann gewest?"" Der Landsknecht sprach: „„Es
ist ein frommer Mann gewest."" Drauf sagte der Statio=

nirer: „„So ist er nicht in der Hölle."" Und fragte weiter:
„„Thut er denn auch Wunderzeichen?"" „„Nein"" sprach der
Landsknecht. Da sagte der Pfaff: „„So ist er im Fegfeuer.""
Und der Krieger gab ihm einen Batzen und erlösete damit seinen
Vater. Darnach fragte er seiner Mutter halben, ob die auch
könnte erlöset werden? Da forschete der Stationirer, wie zuvor
vom Vater, was sie für ein Frau gewest wäre, und schlosse, daß
sie im Fegfeuer wäre. Da gab ihm der Krieger abermal einen
Batzen. Und alsofort für die andern seine Freunde, daß er vier=
zehen Seelen ausm Fegfeuer erlösete mit vierzehen Batzen. Da
sprach er: „„Herr, bin ich gewiß, daß sie nu erlöset und selig
seien?"" „„Ja,"" sprach der Pfaff, „„ich schwöre dir einen
Eid, daß sie selig sind."" „„Wohlan,"" sagt der Landsknecht,
„„Herr, Ihr habt gerne Gold, gebt mir die vierzehen Batzen
wieder, so will ich Euch ein Goldgülden dafür geben."" Da
ihm nu der Stationirer dieselben gab, nahm sie der Landsknecht
wieder zu sich, und sprach: „„Die Seelen sind nu im Himmel,
können nicht wieder heraus; ich bedarf das Geld baß denn Ihr,
lieber Herr!"" Und ging also davon.

Also thät Tetzel auch. Als er zum Stolpen, da der Bischof
von Meißen haushält, geprediget hatte, daß eine Seele erlöset
würde, wenn man ein Groschen einlegte, fragte ihn einer, des
Pfarrherrs Vater daselbst, was er für Münz wollt haben? Da
er sich nu lang bedacht hatte, sprach er: „„Morgen komm
wieder, so will ichs Euch sagen.""

Vierte Sammlung.

Der Welt Gleichniß.

„Es gemahnet mich der Welt, wie eines baufälligen Hauses;
David und die Propheten sind Sparren, Christus ist die Säule
mitten im Hause, die hält es Alles."

Gottes Geschöpf und Werk versteht ein Mensch nicht.

„Wir wissen nicht, wie unser Herr Gott seinen Bau zurichtet,
wir sehen nur das Gerüste von Stangen und bästenen Stricken

zugericht, darum achten wir Gottes Willen nicht, sondern schlagens in Wind, fragen nicht viel darnach. Aber wenn wir in jenem Leben Gottes Gebäu und Haus sehen, werden wir uns verwundern und freuen, daß wir in Anfechtungen ausgestanden haben. Gott ist wunderbar und wird auch wunderbarlicher Weise von seinen Heiligen erkannt, wie Paulus sagt (1. Cor. 1, 23.) durch närrische Predigt, nehmlich von Christo dem Gecreuzigten, an dem sich die Welt zu Tode ärgert."

Was die Welt sei.

„Die Welt," sprach Doctor Martinus Luther, „ist ein Haufe Leute, die alle väterliche Gaben Gottes annehmen und lassen ihnen gern wol und Gutes thun, und geben dafür nichts denn Lästern und allen Undank. Wer es nicht versucht und erfahren hat, der gehe in ein Kloster.

Die Welt fasset nicht, will auch nicht haben weder Glauben, noch Lieb, noch Creuz; das ist ihr Leben und Weisheit, denn sie hat eine Scheue, und fleuhet für dem heiligen Creuz, als für dem größten Unglück und Ubel; weiß nicht, daß der Glaube darinne geübet und bewähret und Gottes Kraft beweiset wird. Der Liebe will sie nicht, auch die nicht uben, welche Guts thun um Gottes Willen, und dienet jdermann, wie viel sie kann, ohne Gesuch einiges Genießes; aber die Welt thut Guts ums Lohns, Ehre und Wiedervergeltens Willen. Vom Glauben weiß sie nicht, daß er ein gewiß, fest und nöthig Vertrauen ist, allein auf Gottes Gnad und Barmherzigkeit, uns in Christo erzeiget; sondern sie meinet, es sei nur ein Gedanken und Wahn von Gott, der da fodert Gerechtigkeit, daß man soll fromm sein.

Also siehet sie nicht die Objecta dieser Tugenden, mit denen sie umgehen und zu schaffen haben, nehmlich zum Ersten Gott; denn sie hält ihn für ihren Feind. Zum Andern den Nähsten; denn sie denket, es sei keiner denn sie selbst. Zum Dritten den Widersacher, denselben hält sie für ihren Freund.

Daraus folget schließlich, daß die Welt dies Gebot nicht verstehet: „„Liebe deinen Nächsten als dich selber."" Darum muß sie Gott und Allem, was Gottes ist, Feind sein, das ist seinem Wort und seinen Heiligen. Suchet nur den Teufel und Alles, was sein ist, das ist zeitlichen Friede, weltliche Ehre, gute Tage und was dem Fleische wohl und sanfte thut; wie man siehet in aller Heiden, Philosophen, Gelehrten, Königen und Fürsten, großer Helden Sprüchen, Worten und Werken."

Wie die Welt die Wohlthat vergilt und belohnet.

Philippus Melanchthon sagete einmal uber D. Luthers Tisch diese Fabel: „„Daß einmal ein Bäuerlin wäre uber Feld gegangen, und da er sich müde gegangen hatte, kam er an eine Höhle oder Loch, in welchem eine Schlange lag, die war mit einem großen Steine verschlossen. Die Schlange rief ihn an und bat, er wollt den Stein vom Loche wälzen und sie los machen, wenn er das thäte, wollte sie ihm den besten Lohn und Dank geben, den man auf Erden pflegte zu geben. Das gute Bäuerlin ließ sich endlich bereden, wälzete den Stein vom Loch und machte die Schlange los und foderte seinen Lohn; da wollt ihn die Schlange stechen und umbringen, und sprach: Liebes Männlin, also pflegt die Welt zu lohnen denen, die ihr alles Guts gethan haben! Da er aber einen andern und bessern Lohn begehrte und die Schlange auf ihrem Erbieten verharrete, berief sich das Bäurlin auf Anderer Erkenntniß, welchs Thier ihnen am ersten begegnete, das sollte darüber Richter sein. Da brachte man ein alten und abgearbeiten Karrnhengst geführt, der kaum die Haut ertragen konnte, der sollte zum Schinder, daß man ihme die Haut abzöge; der sprach: Mir gehts also, nu ich mein Herz gar abgezogen habe, will man mich todtschlagen und schinden. Darnach kam ein alter Hund, den sein Herr ausgeschlagen hatte, der klagte, es ging ihm gleich auch also. Da sich nu das Bäurlin auf den dritten Richter, der ihnen begegnet, berief und stallt es auf des selben endlichen Machtspruch und Aussage, kam ein Füchslin; das selbige rief das Männlin an und verhieß ihm, da es ihm würde helfen und von der Schlangen erretten, so wollt er dem Füchslin alle seine Hühner geben. Das Füchslin sprach: Die Schlang sollt wieder ins Loch gehen, denn wollt es darüber sprechen; Ursach: ein iglicher müßte zuvor in seinen vorigen Stand wieder gesetzet und restituirt werden, ehe denn ein Rechtfertigung, ein Urtheil und Sentenz erginge. Die Schlang, weil sie ein Mal gewilliget und es dem Fuchs Macht geben hätte, kroch sie wieder ins Loch. Da war der Baur her, wälzet von Stund an den Stein wieder dafür, daß die Schlang nicht konnte heraus kommen. Da nu das Füchslin des Nachts kam und wollte die Hühner, die ihm verheißen waren, holen, schlug ihn das Weib und das Gesinde todt."" Darauf sprach D. Martinus: „Dieses ist ein recht Contrafeit der Welt: Wem man vom Galgen hilft, der bringet einen gerne wieder daran. Wenn ich kein Exempel dergleichen mehr hätte, so wäre doch der Herr

Christus Exempels genug, der die ganze Welt vom Sünd, Tod,
Teufel und Hölle erlöset hat und ist von seinem eigen Volk gecreuziget und an Galgen gehenkt worden."

Die Gottheit Christi soll man von seiner Menschheit nicht trennen.

Doctor Martin Luther sagte, „er hätte Briefe bekommen,
darinne einer verläugnete, daß die Gottheit in Christo nicht hätte
gelitten, sondern alleine die Menschheit." Da dies Dominus
Jacobus Präpositus zu Bremen hörete, der eben zu Wittenberg
war und mit D. Martino Luthern aß, sprach er: „„Das kann
nicht sein, denn es stehet geschrieben: Gott, der die Kirche (oder
Gemeine) mit seinem Blut erworben hat."" Darauf antwortete
D. M. L. und sprach: „Ah, das ist der Handel! Der Teufel
gehet damit um, man will Christum zureißen und zutrennen.
Solche Köpfe sind nicht gottselig, sondern ehrgeizig; sie suchen
nicht Gottes, sondern ihre eigene Ehre, denn sie wollen für andern
gesehen sein und hinter sich Jünger und Schüler lassen."

Die zwo Naturen in Christo kann kein Mensch begreifen.

„Daß Christus Gott und Mensch sei, das ist wider alle
Vernunft, Sinne und Verstand; denn wenn man die zwo Naturen in Christo, als die Gottheit und Menschheit, soll in ein
Wesen bringen, da stößet sich die Vernunft und spricht: Ich verstehe es nicht. Aber Dank habe für diese Bekenntniß! Denn es
ist nicht geschrieben, daß ichs verstehen und fassen soll mit meiner
Vernunft, sondern du mußt dich gefangen geben und dem Wort
des Evangelii gläuben durch Wirkung des heiligen Geistes und
Gott die Ehre geben, daß er wahrhaftig sei.

Johannis am 16. Cap. (V. 23.), Matthäi am 21. (V. 22.)
und Marci am 11. Cap. (V. 24.) spricht Christus: „„So ihr
etwas werdet bitten in meinem Namen, das will ich euch geben."
Da redet Christus, als daß er Alles in seiner Hand und Gewalt habe, Alles jedermann zu geben, was man im Glauben von
ihme bittet."

Wie man Christum bedenken soll.

„Des Herrn Christus Historien soll man auf dreierlei Weise
bedenken. Zum Ersten als ein Historien und Geschichte; zum
Andern als ein Geschenk und Gabe; zum Dritten als ein Exempel und Fürbilde, dem wir gläuben und nachfolgen sollen. Historien sind gewaltige und kräftige Exempel des Glaubens und
Unglaubens."

Unterscheid des Reichs Christi, Papsts und Mahommeds.

„Christus Reich ist ein Reich der Gnade, Barmherzigkeit und alles Trosts, wie Pf. 117. (V. 2.) geschrieben stehet: „„Seine Gnad und Wahrheit waltet über uns in Ewigkeit.““

Des Endechrists (des Papsts) Reich ist ein Reich der Lügen und Verderbens, Pf. 10, (V. 7.): „„Sein Mund ist voll Fluchens, Falschs und Trugs, seine Zunge richtet Mühe und Arbeit an.““

Des Mahommeds Reich ist ein Reich der Rache, des Zorns und Verwüstung. Ezech. 38.

Von der Auferstehung Christi, daß die Vernunft dieselbe nicht begreifen kann.

„Die Historie von der Auferstehung Christi lehret, daß die Vernunft von ihr selbs nicht kann gläuben, daß Christus auferstanden sei von den Todten, denn allein vermittelst dem mündlichen Wort, welches, damit es daran nicht mangelte, der Engel vom Himmel brachte und verkündigte. Er brachte es aber dem schwächern Gefäße und Werkzeuge, dem Weiblin, und denen, die bekümmert und in Aengsten waren.

Es waren ja Närrinnen, beide für Gott und der Welt. Für Gott, daß sie den Lebendigen bei den Todten suchten. Für der Welt, denn sie hatten vergessen des großen Steins, der auf dem Grabe lag, richteten Specerei zu, damit sie Christum salben wollten, welchs Alles um sonst war.

Geistlich aber wird damit angezeigt und bedeutet, wenn der große Stein (nehmlich, das Gesetz und Menschensatzunge, so das Gewissen gebunden und verstricket halten) vom Herzen nicht gewälzt werden, so kann man Christum nicht finden, noch gläuben, daß er sei auferstanden, denn wir sind durch ihn erlöset von der Gewalt und vom Recht der Sünde, Todes ꝛc. Rom. 8 (V. 2.), daß uns die Bande des Gewissens hinfort nicht mehr können beschweren. Der Papst, der Christum in der Menschen Herz tödtet, gibt den Seinen Gelds gnug, daß sie sagen: Christus sei nicht auferstanden, sondern daß sie die Werk rühmen.“

Christus ein ewiger Priester.

„Christus wird Priester bleiben ewiglich ꝛc., ob er gleich von keinem Bischof geweihet ist, denn Gott selber hat ihn ordinirt, da er hat geschworn, und wird ihn nicht gereuen, „„Du bist ein Priester ewiglich““ ꝛc. (Pf. 110, 4.). In diesen Buchstaben dieser Wort: „„Du bist ein Priester““ ist ein jgliche Syllabe viel größer denn der Thurm zu Babel.

„„Herrsche unter deinen Feinden““ (Pf. 110, 2.). So muß

und wird er seine Lehre, die wir predigen und fur der argen Welt bekennen, gewiß wol erhalten, auch fur den Pforten der Höllen. Wir Lutherischen (wie man uns nennet) und die Papisten wohnen unter einem Dach. Ein jglichs Theil will Gottes Volk und die rechte Kirche sein, und kein Theil dem andern weichen. Nu muß doch endlich ein Theil weichen nehmlich der Gottlosen den Gerechten.

Die Jüden und Aposteln sammt ihren Zuhörern waren auch unter einem Dach. Da nu die Jüden ein lange Zeit die Christen wol geplagt, verfolget, ihr viel gesteiniget und ermordet hatten und zu letzt sie alle verjaget, und nu meinten, sie wären der bösen Leute und Buben gar los, da kamen die Römer und machtens gar aus mit ihnen. Also wirds jtzt auch gehen; wenn die Papisten ausgetobet und gewüthet haben, Christus Lehre zu lästern und verdammen, die Christen zu verfolgen und ihr unschuldigs Blut zu vergießen, so werden sie diesem Theil weichen müssen. Denn Christus will und kann die, so ihn bis an der Welt Ende fur ihren ewigen König und Priester halten und bekennen, seine Lehre predigen und bekennen, sich seines Gebets Joh. 17 trösten und daß er sich selbs fur ihre Sünde geopfert hat, nimmermehr trost- und hülflos lassen."

Christus ist ein böser Haushalter.

„Christus hält ubel und ganz unweislich Haus; denn er wird arm und ein Bettler, also daß er auch nicht hat, da er sein Häupt hin konnte legen, leidet Hunger und Durst, Hitz und Frost und macht Andere reich und selig."

Christus hat ein Mal gemünzt.

„Christus hat ein Mal gemünzt, da er den Zinsgröschen geben wollte, den er doch nicht schuldig war zu geben. „„Gehe hin ans Meer,"" sprach er zu Petro, „„und wirf den Angel ein, nimm den ersten Fisch, der herauf fähret, in des Munde wirst du ein Stater (das ist ein halben Gülden) finden, den gib fur mich und dich."" (Matth. 17, 27.)

Des heiligen Pauli Person.

Da fraget ihn Magister Veit Dieterich und sprach: „„Wie achtet ihr, Herr Doctor, was Paulus sei fur eine Person gewest?"" Da sprach der Doctor: „Ich gläube, Paulus sei ein verachte Person gewest, die kein Ansehen gehabt; ein armes dürres Männlin wie Magister Philippus."

Anno 34 aufn 15. Mai, am Tage unsers Herrn Christi
Himmelfahrt, aß D. M. L. zu Mittage mit dem Kurfürsten zu
Sachsen. Da ward auch berathschlaget, daß man die Bischofe
ließ bleiben in ihrer Autorität, allein daß sie den Papst verschwören
und seien gottselige Personen, die das Evangelium fördern, und
ihm unterthan und gehorsam seien, wie Speratus ist. Alsdenn
wollen wir ihnen geben und zueigenen die Gerechtigkeit und Macht,
Kirchendiener zu ordenen. Wiewol es Ph. M. widerrieth, denn
es würde Fahr dabei sein, wenn sie sollten examiniren. Da
sprach D. Mart. Luther: „Unsere Leute mußten das Examen
halten und darnach mit Auflegung der Hände sie ordiniren, wie
ich itzt ein Bischof bin."

Doct. Martin fragte sein Weib: „Ob sie auch gläubte, daß
sie heilig wäre?" Da verwunderte sie sich, und sprach: „Wie
kann ich heilig sein? bin ich doch eine große Sünderin!"" Darauf sagte D. Martin: „Sehet nur da den päpstischen Gräuel,
wie er die Herzen verwundet, Mark und alles Inwendiges ein-
genommen und besessen hat, also daß sie nichts mehr sehen können
denn nur die äußerliche persönliche Frömmkeit und Heiligkeit, so
ein Mensch selbr für sich thut!" Und er wandte sich zu ihr und
sprach: „Gläubst du, daß du getauft und ein Christen bist, so
mußt du auch gläuben, daß du heilig bist. Denn die heilige
Taufe hat solche Kraft, daß sie die Sünde ändert und verwan-
delt: nicht, daß sie nicht mehr fürhanden wären, und nicht ge-
fühlet würden, sondern, daß sie nicht verdammen. Der Taufe
Wirkung, Kraft und Macht ist so groß, daß sie alle Anfechtungen
aufhebt und wegnimmet."

Da aber M. Antonii L. (Lauterbach) Weib gefragt ward,
sprach sie: „„Sie wäre heilig, so viel sie gläubte; wäre aber
eine Sünderin, so ferne sie ein Mensch wäre."" „Ja," sprach
D. Martin, „ein Christ ist ganz und gar heilig, denn wenn der
Teufel den Sünder wegführete, wo bliebe der Christen? Darüm
taug dieser Unterscheid und Antwort nichts. Die Taufe muß
man mit festem Glauben fassen, als denn werden, ja sind wir
heilig. Alse nennet sich David heilig Ps. 66."

„In sole substantia, splendor et calor. In fluminibus
substantia, fluxus et potentia. Sic in artibus quoque: in

Astronomia motus, lumen et influentia; in Musica tres notae Re, Mi, Fa; in Geometria tres divisiones, linia, superficies et corpus; in Grammatica tres partes orationis; in dictione apud Ebraeos tres literae substantiales; in Arithmetica tres numeri; in Rhetorica dispositio, elocutio et actio seu gestus, nam inventio et memoria non sunt artis, sed naturae; in Dialectica definitio, divisio et argumentatio. Sic quaelibet res habet pondus, numerum et figuram. Sic herbae et flores habent 1. formam, qua significatur Deus Pater eiusque potentia; 2. odorem seu saporem, quae nota est Filii eiusque sapientiae etc.; 3. vim et vires seu effectus, qui sunt vestigia Spiritus sancti eiusque bonitatis. Ita licet in omnibus creaturis invenire et cernere Trinitatem divinam impressam esse. Haec optima signa neglexerunt scholastici et excogitarunt alia quaedam inepta.

„In allen Creaturen ist und siehet man Anzeigung der heiligen Dreifaltigkeit. Erstlich das Wesen bedeutet die Allmacht Gottes des Vaters; zum Andern die Gestalt und Form zeiget an die Weisheit des Sohns, und zum Dritten der Nutz und Kraft ist ein Zeichen des heiligen Geists; daß also Gott gegenwärtig ist in allen Creaturen, auch im geringsten Blättlin und Mohnkörnlin."

Fünfte Sammlung.

Von guten und bösen Engeln.

„Außer dem Himmel ist nichts," sagt D. Martin, „aber die Engel sind nahe bei uns und den Creaturen, welche sie aus Gottes Befehl behüten und bewahren, auf daß sie von Teufeln nicht beschädiget und umbracht werden; sehen zugleich Gottes Angesicht und stehen fur ihm. Darum wenn uns der Teufel will Schaden thun, so wehret ihm der liebe heilige Engel und treibet ihn ab; denn er hat lange Hände, ja stehet fur Gottes Angesicht oder bei der Sonnen und kann gleichwol in unsern Sachen, die uns befohlen sind, hart bei uns sein.

Die Teufel sind auch nahe bei uns, und stellen uns alle Augenblick, ohn Unterlaß, listiglich nach unserm Leben, Heil und

Seligkeit; aber der lieben Engel Hute beschützt uns wider sie, daß sie nicht können thun, was sie gern wollten. Es sind viel Teufel in Wäldern, Wassern, Wüsten und an feuchten pfuhlichten Orten, daß sie den Leuten mögen Schaden thun. Etliche sind auch in den schwarzen und dicken Wolken, die machen Wetter, Hagel, Blitz und Donner, vergiften die Luft, Weide 2c. Wenn solchs geschicht, so sagen die Philosophi und Aerzte, es sei natür- lich, schreibens dem Gestirne zu und zeigen, ich weiß nicht, was für Ursachen an solches Unglücks und Plagen."

Warum der Teufel den rechten Christen Feind ist und ihnen so hart und geschwind zusetzt.

„Der Teufel muß uns Feind sein, denn wir sind wider ihn mit Gottes Wort, zerstören ihm sein Reich 2c. Nu ist er aber der Welt Fürst und Gott und hat freilich ein größer Gewalt denn alle Könige, Fürsten und Herrn auf Erden; darum wird er sich gewißlich an uns rächen wollen, wie er denn ohn Unter- laß thut und wirs auch sehen und fühlen.

Dagegen haben wir nicht mehr von der Welt, denn so groß wir sind, was in Hosen und Wammes steckt, nehmlich das Fleisch und Blut ist von der Welt. Der Geist aber ist das kleine Beu- telin, da das Pathengeld, das ungerisch Gold, innen liegt. Das soll und muß er uns unbetastet und unverruckt lassen und deß keinen Dank haben.

Auch haben wir zudem ein großen Vortheil wider ihn, wenn er noch so böse, listig und mächtig wäre, daß er uns nicht scha- den kann; denn wir haben wider ihn nicht gesündiget, sondern allein wider Gott; wie David Ps. 51, (V. 6.) spricht: „„An dir allein hab ich gesündiget"" 2c. Gott aber ist gnädig und barm- herzig, gedülbig und von großer Güte gegen allen denen, die sich an Christum halten, den er ihnen zum Heiland gegeben hat."

Dem Teufel zu begegnen, wenn er uns die Sünde furhält.

„Wenn dich der Teufel plagt und dir furhält, du seiest ein Sünder, Ja, sage, ich kanns nicht leugnen. „„Darum bist du mein!"" Noch lange nicht, denn Gottes Gnade ist viel größer denn meine, ja aller Welt Sünde! Will derhalben nicht mehr und gräulicher Sünden über die vorigen häufen, daß ich sollt Gott, meinen Herrn, Lügen strafen, der barmherzig ist, und Christum verleugnen, der sich selbs für unser Sünde gegeben hat. David richtets ubel aus, nahm Uria sein Weib, schlief bei ihr, daß sie von ihm schwanger ward (2. Sam. 11, 4ff.), da er mit guten Worten den frommen Uriam nichtets bereden noch bewegen mocht, daß er in sein Haus ging, bei seinem Weibe schliefe rc. Aber er bekennete seine Sünde und erlangete durch Christum Vergebung dieser seiner Sünde."

Ein gottloser Mensch ist ein Contrafect oder Bild des Teufels.

Da einer sagte: „„Ich möchte gerne wissen, wie der Teufel gestalt und gesinnet wäre,"" sprach D. Martin: „Willt du die rechte Gestalt oder Bild des Teufels sehen und wie er gesinnet ist, eigentlich erkennen, so hab wol Achtung auf alle Gebot Gottes, ordentlich nach einander, und stelle dir für Augen ein argen, schändlichen, verlogenen, verzweifelten, verruchten, gottlosen, lästerlichen Menschen, deß Sinn und Gedanken allein dahin gerichtet sind, daß er wider Gott auf allerlei Weise handele und den Menschen Leid und Schaden thue. Da siehest du den Teufel leibhaftig.

Erstlich ist in ihm keine Furcht, Liebe, Glaube, Vertrauen zu Gott, daß er gerecht, treu, wahrhaftig rc. sei, sondern eitel Verachtung, Haß, Unglaube, Verzweifelung, Gottslästerung rc. Da siehest du des Teufels Kopf, der stracks gericht ist wider das erste Gebot der ersten Tafel."

Historia, wie ein Engel ein Kind behütet habe.

Doctor Caspar Creuziger hat diese Historia von Doctore Martino Luthern selbs gehört: „daß nicht weit von Zwicka im Voigtland in einem Dorfe sich habe zugetragen, daß ein Kind, welches nährlich hat gehen und reden können, im Winter, nicht weit vom Dorfe, in einem Holze sich verloren hatte und sich verspätet, daß es des Nachts hat müssen im Holze bleiben. Mittler Zeit war ein großer Schnee gefallen, also daß das Kindlin hat müssen unter dem Schnee bleiben bis auf den dritten Tag. Es war aber alle Tage ein Mann zu ihm kommen, der ihme hat Essen gebracht, und wieder darvon gegangen. Am dritten Tage hat ihme der Mann wieder Essen gebracht, und das Kind von der Stätte geführet auf den Weg, daß es war heimkommen. Solches hat das Kind hernach, da es war wieder heim kommen, seinen Aeltern gesaget, wie es ihme ergangen sei." Und hatte D. Luther gesagt, „daß dieser Mann, so auf das Kind gewartet hätte, wäre ein guter Engel gewesen."

Den Teufel soll man nicht zu Gaste laden.

Einer vom Adel ließ D. Martin Luthern aufs Land in seine Behausung holen, sammt etlichen Gelehrten zu Wittenberg, und bestallte eine Hasenjagd. Da ward von Allen, so dabei waren, ein schöner Hase und Fuchs gesehen, der kam gelaufen. Da ihm aber der Edelmann auf einem starken gesunden Klöpper mit Geschrei nacheilte, fiel das Pferd plötzlich unter ihm darnieder und starb, und der Hase fuhr in die Luft und verschwand, denn es war ein teuflisch Gespenste.

Darnach ward einer Historien gedacht, wie etliche viel vom Adel mit einander in die Wette gerannt und geschrien: „„Der letzte des Teufels!"" Und da der erste zwei Pferde hatte, ließ er das eine fahren, und rannte eilends fort: da bleibt das ledige Pferd dahinten, das ward vom Teufel in die Luft weggeführt. Darauf sprach Doctor Martinus: „Man soll den Teufel nicht zu Gaste laden, er kömmt sonst wol ungebeten; ja, es ist Alles voller Teufel um uns, und wir, die wir täglich beten und wachen, haben zu schaffen genug wider ihn!"

Anno 1546 ward Doctor Martin Luthern zu Eisleben uber Tisch gesagt, daß Edelleute im Lande zu Düringen ein Mal am Hörselberg des Nachts Hasen geschreckt und ihr bei acht gefangen hätten. Wie sie um heim kommen und die Hasen aufhängen, so warens des Morgens eitel Pferdeköpfe gewesen, so sonst auf den Schindleichen liegen.

Wie Gotteslästerung und Vermessenheit gestraft werde.

Doctor Luther sagte zu Eisleben, „daß ein Mal gute Gesellen bei ein ander in einer Zeche gesessen wären. Nun war ein wild wüste Kind unter ihnen gewesen, der hatte gesaget: „„Wenn einer wäre, der ihm eine gute Zeche Weins schenkete, wollte er ihm dafür seine Seele verkaufen."" Nicht lange darnach kömmt einer in die Stuben zu ihme, setzet sich bei ihm nieder und zecht mit ihme. Und spricht unter andern zu deme, der sich also viel vermessen gehabt: „„Höre, du sagst zuvorn, wenn einer dir eine Zeche Weins gebe, so wollst du ihm dafür deine Seele verkaufen." Da sprach der nochmals: „„Ja, ich wills thun, laß mich heute recht schlämmen, dämmen und guter Dinge sein!"" Der Mann (welcher der Teufel war) sagte ja, und bald hernach verschlich er sich wieder von ihme. Als nun derselbige Schlemmer den ganzen Tag fröhlich war und zuletzt auch trunken wurde, da kömmt der vorige Mann (der Teufel) wieder, und setzt sich zu ihm nieder, und fraget die andern Zechbrüder, und spricht: „„Lieben Herrn, was dünkt Euch, wenn einer ein Pferd käuft, gehört ihme der Sattel und Zaum nicht auch dazu?"" Dieselbigen erschraken alle. Aber letztlich sprach

der Mann: „„Nu, sagts flugs!““ Da bekannten sie und sage-
ten: „„Ja, der Sattel und Zaum gehört ihm auch darzu.““
Da nimmt der Teufel denselbigen wilden, rohen Gesellen und
führet ihn durch die Decke hindurch, daß Niemands gewußt, wo
er war hinkommen.

Auf eine andere Zeit erzählete Doctor Luther diese Historien
von Vermessenheit und Gotteslästerung, und sprach: „In der
Mark wäre ein Mal ein Kriegesmann eingesetzt worden, aber
man hätte ihme Gewalt und Unrecht gethan. Dieser hat seinem
Wirth Geld aufzuheben gegeben, und da ers von ihme hatte
wieder gefordert, da hat es der Wirth verleugnet und gesaget,
er hätte nichts von ihme empfangen. Als nun der Landsknecht
mit dem Wirth des Geldes halben uneins wurde und das
Haus stürmete, da war der Wirth her und ließ den Landsknecht gefänglich einziehen; wollt also den Landsknecht uber-
täuben, daß er das Geld behielte; klagete derhalben den Landsknecht zu Haut und Haar, zu Hals und Bauche, als der ihm
seinen Hausfriede gebrochen hätte. Da kömmt der Teufel zum
Landsknecht ins Gefängniß, und spricht zu ihm: „„Morgen
wird man Dich für Gerichte ausführen und Dir den Kopf ab-
schlagen drüm, daß Du den Hausfried gebrochen hast. Willt
Du mein sein mit Leib und Seel, so will ich Dir darvon helfen.““
Aber der Landsknecht wollts nicht thun. Da sprach der Teufel:
„„So thue ihm also: Wenn Du für das Gerichte kömmst und
man wird Dich hart anklagen, so beruhe drauf, daß Du dem
Wirth das Geld gegeben hast, und sprich: Du seiest ubel beredt,
man soll Dir vergönnen einen Fürsprach, der Dir das Wort
rede; alsdann will ich nicht weit von Dir stehen in einem blauen
Hut mit einer weißen Federn, und Dir deine Sache führen;
und bitte um mich.““ Dieses geschahe nun also. Aber da der
Wirth für dem Gericht ernstlich verleugnete, daß er das Geld
nicht hätte, da sagete des Landsknechts Procurator im blauen
Hute: „„Lieber Wirth, was magst Du es doch verleugnen, das
Geld liegt in Deinem Bette unter dem Häuptpfühl! Ihr Richter
und Schöppen, schickt hin, Ihr werdet des Landsknechts Geld
allda finden.““ Da verschwure sich der Wirth und sprach:
„„Hab ich das Geld empfangen, so führe mich der Teufel hinweg!““ Als nun die Gesandten in den Gasthof kamen, funden
sie das Geld im Bette und brachtens ins Gerichte. Da sprach
der im blauen Hütlein: „„Ich wußte wol, ich wollt einen darvon bekommen, entweder den Wirth oder den Gast!““ und dre-

hete dem Wirth den Kopf um und führete ihn in der Luft dar=
von.''' Und sagete Doctor Luther: „daß ers ungerne hörete,
daß man also bei dem Teufel schwüre und sich verfluchte, denn
der Gesell wäre nicht weit von uns. Man dürfte ihn nicht zu
Gevattern bitten, noch uber die Thür malen lassen, er wäre sonst
nahe genug bei uns.“

Wie des Teufels Hoffart zerbrochen werde.

Doctor Martinus Luther sagte: „Der Teufel ist ein stolzer
Geist, jedoch kann er nicht hören infirmitatem filii; denn wenn
sich der Teufel sehr brüstet, so kömmt irgends ein armer Prediger,
der treibet ihn ein. Also lesen wir in Vitis Patrum, daß ein
Mal ein Altvater saß und betete! da war der Teufel balde
hinter ihm her und machte ein Gerümpel, daß den Altvater
dauchte, er hörete einen ganzen Haufen Säue girren und grunzen
„„Zo! zo! zo!““, damit der Teufel ihn schrecken und sein Gebet
verhindern wollte. Da fing der alte Pater an und sprach: „„Ei
Teufel, wie ist Dir so recht geschehen, Du sollt sein ein schöner
Engel, so bist Du zu einer Sau worden!““ Da hörete das
Getöne und Gekirre auf, denn der Teufel kann nicht leiden, daß
man ihn veracht. Und das siehet man fein, wenn sich der Teufel
hat wider einen Christen gelegt, so ist er zu Schanden worden,
denn wo fides et fiducia in Christum ist, da kann er nichts
gewinnen!“

Von einem Pfeifer, den der Teufel wegführte.

„Zu Mölburg, im Land zu Düringen, nicht weit von Erford,
war ein Pfeifer, der sich aufu Hochzeiten als ein Spielmann
gebrauchen ließ; der klagte dem Pfarrherrn daselbst, wie er vom
Teufel täglich angefochten würde, und hätt ihm gedrauet, er
wollt ihn wegführen darum, daß er etwa in einer Gesellschaft
hatte getrunken aus einem Spechter und langem Glase, darein
Wein und Pferdemist aus Furwitz etliche junge Gesellen gethan
hatten; das wäre ihm herzlich leid. Da tröstet ihn der Pfarr=
herr, bat fur ihn, rüstet und unterrichtet ihn mit vielen Sprüchen
aus der heiligen Schrift wider den Teufel. Daraus er nu so
viel lernete, daß er an seiner Seelen Seligkeit gar nicht zweifelte,
und sprach: „„Der Seelen wird der Teufel keinen Schaden thun,
aber meinen Leib wird er wegführen, und das würde ihm Nie=
mand können wehren.““ Empfing darauf zu einem gewissen
Pfande das heilige Sacrament des wahren Leibs und Bluts
Christi.

Der Teufel aber zeiget ihm an, wenn er kommen und ihn holen wollte. Da verordnet man ihm Wächter zu, die ihn verwahren sollten in dem Gemach, da er war, die mit ihm beteten und lasen aus Gottes Wort; haußen aber waren etliche mit ihrem Harnisch und Wehren bestellet. Das währete und verzog sich etliche Tage, daß man seiner also wartete. Aufn Sonnabend zu Mitternacht saßen die Wächter und etliche bei ihm mit Lichten, da kam ein Sturmwind und blies die Lichter alle aus, nahm ihn und führete ihn zur Stuben hinaus, die doch verschlossen war, durch ein klein enge Fensterlin hinaus auf die Gasse. Da war ein sehr groß Gepräßel und Getümmel worden, gleich als wenn viel geharnischter Leute ein ander geschlagen hätten. Kam also weg und ward verlorn, daß Niemand wußte wohin.

Des Morgens suchten sie ihn hin und her, und funden ihn zuletzt liegende Creuzweise mit ausgestreckten Armen in einem Bächlin oder Wässerlin, das von Gleichen herunter nach Mölburg fleußt, todt und kohlschwarz. Diese Historie ist gewiß geschehen," sagt Doctor Martinus, „wie mir Herr Friedrich Mecum, Pfarrherr zu Gotha, angezeiget und er es von Herrn Johann Becken, damals Pfarrherrn zu Mölburg, gehört hat."

Von einem Edelmann, dem der Teufel dienete.

„Ein Edelmann, nicht weit von Torgau gesessen, ging spazieren. Da begegnet ihm einer, den fragte er: „„Ob er ihm wollte dienen? denn er bedürfte eines Dieners."" Da antwortet er: „„Ja, er wollt ihm dienen."" Fragte ihn der Edelmann, wie er hieß?"" Sprach er: „„Auf Böhemisch würde er N. N. genannt."" „„Wolan,"" sagte der Edelmann, „„gehe mit mir heim." „Und führte ihn in Stall, und weisete ihm die Pferde, die er sollt warten.

Es war aber der Edelmann ein gottloser Mensch, der sich ausm Stegereif nährete, dazu er denn einen guten Knecht hatte bekommen. Ein Mal ritt der Edelmann hinweg und befahl ihm ein Pferd, das ihm sehr lieb war, daß er deß ja fleißig sollte warten. Da nu der Junker hinweg war geritten, führete der Knecht das Pferd auf einen hohen Thurm, höher denn zehen Stufen. Da nu der Edelmann wieder nach seinem Hause geritten kam, kannt ihn das Pferd, fing an zu schreien und stackte den Kopf oben im Thurm zum Fenster heraus. Deß er sich sehr verwundert und fragte, so bald er heim ins Haus kam: „„wo das Pferde wäre hingeführt?"" Da sprach der Knecht: „„Er hätte seins Herrn Befehl fleißig ausgericht, und weisete ihm, wo das

Pferd war. Das mußte man darnach mit großer Mühe und Arbeit, mit Stricken und Seilen herunter vom Thurm lassen.

Uber das begab sichs, da er (der Edelmann) auf der Beute war, eileten ihm die, so er beraubet hatte, nach. Da sprach der Knecht: „„Junker gebt eilends die Flucht!"" und steiget ab vom Pferde. Kam bald darnach wieder zu ihm und sagte: „„Er hätte ihren Pferden alle Hufeisen genommen, daß sie nicht hätten können fortkommen, und klingelte mit dem Sacke, in welchem die Eisen waren, und schutte sie heraus.""

Auf ein ander Zeit, da der Edelmann gefangen lag um eines Todtschlages Willen, rief er den Knecht um Hülfe an. Da sagte er: „„Er könnte ihm nicht helfen, denn er hätte starke eichene Hosen an, mit eisern Senkeln gebunden."" Aber da der Edelmann anhielt und sagte, „„er könnte ihm wohl helfen,"" ließ sich der Knecht uberreden und sprach: „„Ich will dir helfen, Du mußt aber nicht viel für dir mit den Händen fländern und Schirmstreiche machen, denn ich kanns nicht leiden"" (meinete ein Creuz für sich machen). Der Edelmann sprach: „„Er sollt ihn immerhin nehmen, er wollt sich recht drinnen halten."" Da nahm er ihn und führete ihn in die Luft mit den Ketten und Fesseln. Und da sich der Edelmann in der Höhe fürchtete, schrei er uberlaut: „„Hilf Gott, wo bin ich?"" Ließ er ihn herunter in einen Pfuhl fallen, kam heim und zeigts der Frauen an, sagt, „„sie wollt ihn heilen lassen."" Da sie es aber nicht gläuben wollte, sprach er: „„Warum sie ihren Junkern nicht wollt los-machen? Er säße dort in einem tiefen Pfuhl im Stock gefangen."" Da lief die Frau mit ihrem Gesinde flugs hin, fand ihn also liegend und macht ihn los."

Von zweien Mönchen.

„Ein Guardian ging mit eim andern Bruder über Feld, und da sie in die Herberge kamen, sagte der Wirth, „„sie sollten ihm liebe Gäste sein, er würde nu Glück haben."" Denn er hatte in einer Kammer einen bösen Geist, daß Niemand drinnen schlafen konnte. Doch wurden die Gäste, so drein gelegt waren, nicht geschlagen, sondern nur vexiret. Und sprach: „„Er wolle den heiligen Vätern ein gut Bette drinnen zurichten lassen, es wären heilige Leute, die den Teufel wol beschwören könnten."" Des Nachts nu, da sie sich gelegt hatten und schlafen wollten, raufte der Geist immerdar einen nach dem andern bei dem Kränzlin an der Platten. Da fingen die Mönche an sich mit einander zu zanken, und sagt einer zum andern: „„Lieber, räuf mich doch

3*

nicht! Laß uns itzt schlafen."" Da kam der Teufel abermal
wieder und zuckte den Guardian beim Kränzlin. Der Guardian
sprach: „„Fahr hin im Namen des Vaters und des Sohns und
des heiligen Geists, und komm zu uns ins Kloster!"" Da er
das gesagt, schliefen sie ein und hatten Ruge. Da sie nu wieder
ins Kloster gingen, saß der Teufel auf der Schwell der Pforten,
und schrei: „„Bene veneritis, Herr Guardian!"" Sie aber
waren sicher, denn sie meineten, er wäre nu in ihrer Gewalt
und Hand, und fragten ihn, „„was er wollte?"" Antwortete
er: „„Er wollte ihnen im Kloster dienen," und bat, „„man
wollte ihn irgend an einen Ort ordenen, da sie seines Dienstes
bedürften und ihn finden könnten."" Da wiesen sie ihn in einen
Winkel in der Küchen. Und damit man ihn kennen könnte, zogen
sie ihm ein Mönchskappen an und bunden eine Schelle oder
Glöcklin dran als ein Zeichen, dabei man ihn kennete. Darnach
riefen sie ihm, daß er sollt Bier holen. Da horten sie die
Schelle und daß er sagte: „„Gebt gut Geld, so will ich Euch
auch gut Bier bringen.""

Ist also bekannt worden in der ganzen Stadt. Wenn er
vor ein Keller kam, da man ihm nicht wol gemessen hatte, sprach
er: „„Gebt voll Maaß und gut Bier, ich hab Euch gut Geld
gegeben."" Es war ansehnlich, und hatte ein großen Schein.
Die Papisten haben gemeinet, daß es sollten gute Geister sein,
als Diana und andere viel dergleichen Götzen und Gräuel, die
die Heiden für Götter ehreten.

Und weil der Geist, wie gesagt, oder das Wichtlin (wie es
unsere Leute nennen) in einem Winkel in der Küche wohnete,
war der Küchenbub ein Schalk und goß hinein Spülich und
andern Unflath, heiße Brühe und dergleichen unreines Dinges,
was uberblieben und nicht tüchtig war, in Winkel. Und ob ihn
wol das Teufelchen bat und warnete, er wollt aufhören und ihm
nicht mehr Verdrieß thun, doch wollt er nicht nachlassen noch
aufhören. Da ward der Kobel und Teufel zornig und hing den
Küchenbuben uberquer uber ein Balken in der Küchen, doch daß
es ihm am Leben nicht schadete. Da gab ihm der Guardian
Urlaub."

Ein wunderbarliche Historie von einer Jungfrauen, wie der Teufel ein Spiel mit ihr getrieben hat.

„Zu Erford waren zweene Studenten, unter denen einer eine
Jungfrau also sehr lieb hatte, daß er auch schier drüber wäre
wahnwitzig worden. Da sprach der ander, von dem er nicht wußte,

daß er ein Schwarzkünstiger war: „„Willt du sie nicht herzen und in die Arme nehmen, so will ich machen, daß sie soll zu dir kommen.""" Da der es zusagte, brachte ers mit seiner schwarzen Kunst zu Wegen, daß die Jungfrau zu ihm kam. Und da sie in die Stube zu ihm hinein ging, wie es denn ein sehr schön Mensch war, empfing er sie so freundlich, und redet mit ihr, daß der Schwarzkünstler immer Sorge hatte, er würde sie herzen. Und da der Student für großer Liebe sich nicht enthalten konnte, herzet er sie. Da fiel sie nieder und starb. Da sie nu also todt lag, erschracken sie sehr. Sprach der Schwarzkünstler: „„Nu müssen wir das Aeußerste versuchen.""" Und machte, daß der Teufel sie wieder heimtrug. Und thät, was sie zuvor im Hause gethan hatte; sie war aber sehr bleich und redte nichts. Nach dreien Tagen gingen die Aeltern zu den Theologen und fragten sie um Rath, was man doch mit ihr thun sollte? Da dieselbigen nu sie hart anredten, weich der Teufel von ihr und flohe, und der todte Leib fiel straks darnieder mit einem großen Stank. Denn Blut ist ein Ursach einer guten Farbe und des lebendigen Spiritus, dieselben kann der Teufel nicht machen, sondern Gott ist allein der Schöpfer.

Schreckliche Geschichte von einem Studenten, der sich dem Teufel ergeben.

Anno 1538 am 13. Februar war ein Student in Wittenberg mit Namen Valerius von N. (wahrscheinlich: Neuburgen). Derselbige ward in der Sacristei daselbst in Beisein der Diaconen und seines Präceptors, Georg Majers, von D. M. Luther absolviret, denn er war seinem Präceptor sehr ungehorsam gewest. Endlich aber, da er von ihm examinirt und gefragt ward: „Worum er doch so lebete, und fürchte sich weder für Gott, noch scheuet sich für den Menschen?"" bekannte er, daß er sich vor fünf Jahren dem Teufel hätte ubergeben mit diesen Worten: „„Ich sage dir, Christe, deinen Glauben auf, und will einen andern Herrn annehmen.""

Von diesen Worten examinirt ihn D. M. L. und schalt ihn hart, und fragte mit Ernst: „Ob er auch etwas mehr geredet hätte? Obs ihm auch leid wäre und sich nu wieder zum Herrn Christo bekehren wollte? Da er aber „„Ja"" sagte und hielt emsig und fleißig an mit Bitten, da legte D. Martin die Hände auf ihn, kniet nieder mit den Andern, so dabei waren, betet das Vater Unser und sprach darnach: „Herr Gott, himmlischer Vater, der du uns durch deinen lieben Sohn befohlen hast zu beten und das Predigtamt in der heiligen christlichen Kirche geordnet und

eingesetzt hast, daß wir die Brüder, so etwa durch einen Feil
übereilet werden, mit sänftmüthigem Geist unterweisen und wieder
zu Recht bringen sollen; und Christus, dein lieber Sohn, sagt
selber, er sei nicht kommen denn nur allein um der Sünder
Willen. Darum bitten wir dich für diesen deinen Diener, du
wollest ihm seine Sünde vergeben und in den Artikel der Ver=
gebung der Sünden wieder mit einschließen und in den Schos
deiner heiligen Kirche wieder annehmen um deines lieben Sohnes
willen, unsers Herrn Christi, Amen."

Darnach sagte er dem Knaben auf Deutsch diese Wort für,
die er ihm nachsprach: „„„Ich Valerius bekenne für Gott und
allen seinen heiligen Engeln und für der Versammlung dieser
Kirche: daß ich Gott meinen Glauben hab aufgesagt und mich
dem Teufel ergeben. Das ist mir von Herzen leid, will nu hin=
fort des Teufels abgesagter Feind sein und Gott, meinem Herrn,
willig folgen und mich bessern. Amen.""" Auf das vermahnet
er ihn zur Buß und zu Gottesfurcht, „daß er nu hinfort wollte
leben in Gottseligkeit, Ehrbarkeit und Gehorsam und des Teufels
Eingeben und seinen Lüsten widerstehen im Glauben und Gebet
(Jac. 4, 7.). Wenn gleich der Teufel ihn mit bösen Gedanken
würde angreifen, sollte er sich mit Gottes Wort rüsten und flugs
zu seinem Präceptor oder Caplan gehen, ihm solchs offenbaren
und den Teufel mit seinen Rathschlägen anklagen."

Sechste Sammlung.

Im Leiden Geduld zu haben.

Am 8. Augusti des 38. Jahrs lag D. Mart. mit seinem
Weibe krank am Fieber. Da sprach er: „Gott hat mich dennoch
ziemlich angegriffen, bin auch ungedüldig gewest, weil ich von
so vielen und großen Krankheiten erschöpft bin; aber Gott weiß
es besser, wozu es dienet, denn wir selbs. Unser Herr Gott ist
wie ein Drucker, der setzt die Buchstaben zurück; seinen Satz
sehen wir und fühlen ihn wol, aber den Abdruck werden wir
dort sehen; indeß müssen wir Geduld haben!"

Von Kindern und derselben Leben.

Doct. Mart. Anno 38 den 17. Augusti hörte, daß sich seine Kinder untereinander zankten und haderten, und bald wiederum vertrugen und versöhneten; sprach er: „Lieber Herr Gott, wie wol gefällt dir doch solcher Kinder Leben und Spielen? Ja, alle ihre Sünde sind nichts denn Vergebung der Sünden!"

Vom ewigen Leben.

Doctor Martinus Luther saget auf ein Mal: „Als er wäre seiner Mutter an der Brust gehangen, und gesogen hätte, da hätte er viel gewußt, wie er hernach essen oder trinken, oder wie er auch leben würde. Also verstehen wir auch viel weniger, was jenes fur ein Leben wird werden. Im Propheten Esaia saget Gott: „„Qui gestamini in utero meo, qui formamini in matre mea."" Also heißt uns unser Herr Gott; als sollt er sagen: Ihr seyds nicht, was ihr werden sollet, ihr seyd noch in utero. Alle die gülden Ketten, die großen Königreich, die heißen unserm Herrn Gott anders nicht, denn als noch in utero. Ists aber nicht stolz gnug geredet von unserm Herrn Gott, daß so viel großer Leute als D. M. Luther und D. Jäckel, sollen heißen unserm Herr Gott liegen in seinem Leibe? Wenn unser Herr Gott mich und D. Jäckel zu Rathe nähme, wir wollten ihm viel anders rathen."

Ein Anders vom ewigen Leben.

Anno 38 den 7. Augusti, sprach D. M. L.: „Ich bin zwar diese Krankheit uber hart danieder gelegen, und Gotte mein Leben befohlen; mir ist aber gleichwol diese Zeit in meiner Schwachheit viel eingefallen, daß ich gedacht: Ach, was wird doch das ewige Leben seyn, was werden wir fur Freude haben? Wiewol ichs gewiß bin, als das uns durch Christum geschenkt und allbereit unser ist, weil wirs gläuben, wird aber etwan offenbar werden. Hie sollen wirs nicht wissen, wie die Schöpfung der neuen Welt wird seyn, sintemal wir auch nicht begreifen noch verstehen die Schöpfung dieser Welt und der Creaturen."

Und sagte viel schönes Dinges vom künftigen Leben, und von seiner unaussprechlichen Freude, welche menschliche Vernunft nicht kann begreifen mit ihrem Speculiren und Nachdenken; sintemal wir mit unsern Gedanken nicht können uber das Sichtliche und Leibliche kommen; denn Ewiges geht in keines Menschen Herz. Sollte man doch des Ewigen wol müde werden, nach dem Spruch: **Labor est etiam ipsa voluptas.** Auch Wollust ist

Arbeit. Was jenes wird für eine Freude seyn, können wir itzt nicht begreifen; wie Jesaias sagt c. 65, (18.): „„Man wird fröhlich seyn ewiglich in herrlicher Freude; **Exultabitis usque in sempiternum laetitia glorificata.**““

Welt gibt rechtschaffenen Predigern ungerne.

Es ward geredt von Armuth der Pfarrherrn und Prediger, die auch ihre bestimmete und zugesagte Besoldung, die sie Noth halben nicht entrathen könnten, nicht durften fodern; denn so bald sie die foderten, deß sie doch gut Recht hätten, spreche man zu ihnen: Pfaffen sind geizig! „„Um sonst habt ihrs empfangen, um sonst sollt ihrs auch wieder geben!““ (Matth. 10, 8.)

Da sagte D. Mart.: „Die Welt ists nicht werth, daß sie den himmlischen Schatz empfahen, noch den Dienern etwas geben soll; darum will sie unverschämete Bettler und Schreihälse haben, wie Bruder Matthes beim Kurfürsten, dem auf sein Betteln und Geilen der Kurfürst hatte einen Pelz zu geben verheißen. Da ihm aber der Rentmeister oder Schösser den Pelz nicht gekauft hatte, sagte er offentlich in der Predigt fürm Fürsten: „„Wo bleibt denn mein Pelz?““ Darnach wards abermal dem Schösser befohlen, daß er ihm den sollte zustellen. Da es aber vergessen und nicht geachtet ward, fuhre er abermal in einer andern Predigt ins Fürsten Gegenwärtigkeit heraus offentlich: „„Noch hab ich den Pelz nicht!““ Endlich bekam er mit solchem ungestümen und unverschämeten Anhalten den Pelz. Also will die Welt getrieben sein; mit fröhlichem Herzen und gerne gibt sie nichts, oder gibts entweder gezwungen, oder aus Aberglauben und Superstition uns Genießes Willen, damit etwas zu verdienen."

Aus was Ursachen man in Kirchen zusammen kömmet.

Am 7. Junii Anno ꝛc. 45 am ersten Sonntage nach Trinitatis war D. M. Luther zornig und schalt die, so da murmelten und brummeten in der Kirche, wenn man die Psalmen und geistlichen Lieder sunge. „Denn Christen und gottfürchtige Herzen kommen nicht darum in der Kirche zusammen, daß man blöken und murmeln soll, sondern beten und Gott danken. Wollt Ihr ja," sprach er, „brüllen, brummen, grunzen und murren, so gehet hinaus unter die Kühe und Schweine, die werden Euch wol antworten, und lasset die Kirche ungehindert!"

Aber aufn andern Sonntag, da es etliche nicht unterließen frühe, ging D. Mart. bald aus der Kirche. Derhalben strafete sie D. Pommer hart und sprach: „„Du hast mir unsern Vater,

D. M. aus der Kirche gejagt, Du wirst mich auch verjagen, daß ich Dir nicht predigen werde!"'

Ernste Vermahnung D. M. L.

Darnach fing Doctor Martinus ein Vermahnung und Straf-predigt an, „welche leider," sprach er, „itzt sehr seltsam wird, ja wir müssen sehen Laster, Untugend und Muthwillen, die sind so eingerissen und nehmen so überhand, daß sie kein Prediger mehr darf anrühren, viel weniger strafen ohn Gefahr Leibes und Guts, oder wird verjagt. Denn fromme, gottfürchtige, treue Prediger, da sie die Sünde strafen, so schilt und heißt man sie zänkisch, beißig, Gottes und Menschen Lästerer, die den Leuten an ihre Ehre greifen, machen die Oberkeit verächtig und erregen Aufruhr und Empörung 2c.

Aber höre, lieber Bruder," sprach er, „worum beschmitzt du dich selbr mit gottlosem Wesen und Aergernissen? Weißt du nicht, daß den Dienern der Kirche von Gott ernstlich auferlegt ist, das Amt und Gewalt gegeben, zu strafen, was Unrecht und Sünde ist? Sind wir schuldig, Gottseligkeit durchs Wort zu fördern und zu lehren, was recht, christlich und rein ist, so müssen wir wahrlich auch gottlos Wesen strafen mit seinen Früchten und verdammen, was unrecht, falsch, unchristlich und unrein ist, sonst wird Gott das gerechte Blut von uns fodern.

Lieber, welch gottfürchtig Herz kann durch die Finger sehen und beschönen solche gräuliche große Sünde, als Gotteslästerung, Ungehorsam, Dieberei, da man Kosent für Bier verkäuft, Wucher, Ehebruch, Zwietracht, Uneinigkeit, Hader, Zank 2c.? An diesen Lastern haben wir alle Scheu und keinen Gefallen, sondern verfluchen und verdammen sie. Und ein jglicher Hausvater klaget über die große Bosheit, so in der Welt allenthalben ist; klaget und schreiet über den Muthwillen, Ungehorsam und Untreu des Gesindes, Arbeiter, übermäßige Steigerung, Alles, was man nur haben soll zur Nothdurft, aufm Markt, bei Handwerks-leuten 2c.

Ei, ist dirs recht, darüber zu klagen, worum willt du denn den Predigern das Maul zusperren, die da an Gottes Statt stehen und strafen? Da schreien sie denn herwieder: „„Ja, er hat mich gemeint!" Ei ja, lieber Gesell, weißest du nicht, daß ein alt Sprüchwort ist: Wenn man unter die Hunde wirft, so schreiet, der getroffen ist: darum verräthest du dich selbr mit solchem Morren und Schreien und machst offenbar, daß du eben der schuldige Hund bist, der getroffen ist. Willt du es nicht hören

und morren, so gehe zum Loche hinaus, das der Steinmetz und
Mäurer offen gelassen hat. Du wirst ein Mal Gottes Gericht
müssen hören, der wird dir sagen: „„Habe ichs dir durch meine
Prediger nicht lassen sagen, worum hast du sie nicht gehört?"
Da wirst du dich nicht können entschuldigen!"

Das Evangelium wird man aushüngern.

„Daß die Pfarrherrn, Prediger und Diener des Evangelii
itzt zur Zeit so arm sind, daß ihr eins Theils möchten ver-
schmachten mit Weib und Kinderlin, das kömmet daher, daß
Bauern, Edelleute, Amtleute, Schösser, Fürsten alle des Teufels
sind, der wehret, daß sie nicht ausgeben, daß also das Evangelium wird ausgehüngert werden."

Ausn Schulen soll man Prediger nehmen.

Da man von M. N. redete, sprach Doctor Martinus:
„„Wir müssen itzt viel Werkstück und Eckfteine und Füllesteine
haben; er muß einen Eckstein geben. Denn Schulmeister haben
des Redens gewohnet in der Schulen mit ihren Schülern, wie
man der heiligen Schrift Sprüche fein handeln und auslegen soll.
Ich wollt, daß keiner zu einem Prediger erwählet würde, er
wäre denn zuvor Schulmeister gewest. Itzt wollen die jungen
Gesellen von Stund an alle Prediger werden und fliehen der
Schulen Arbeit. Aber wenn einer hat Schule gehalten ungefährlich zehen Jahr, so mag er mit gutem Gewissen davon lassen:
denn die Arbeit ist zu groß und man hält sie geringe. Es ist
aber als so viel in einer Stadt an einem Schulmeister gelegen
als am Pfarrherr. Burgermeister, Fürsten und Edelleut können
wir gerathen; Schulen kann man nicht gerathen, denn sie müssen
die Welt regiren.

Man siehet heut, daß kein Potentat und Herr ist, er muß
sich von einem Juristen und Theologen regiren lassen; sie können
selbs nichts und schämen sich, zu lernen, darum muß aus der
Schulen herfließen. Und wenn ich kein Prediger wäre, so weiß
ich keinen Stand auf Erden, den ich lieber haben wollt. Man
muß aber nicht sehen, wie es die Welt verlohnet und hält, sondern wie es Gott achtet und an jenem Tage rühmen wird."

Wie Bauern sind gestraft worden, die ihrem Pfarrherrn nicht wollten den Zehenten geben.

Man sagt von einem Fürsten, welchs Bauern ihrem Pfarrherrn nicht hatten wollen den Zehenten geben, als sie nu deß-
halben fur dem Fürsten verklagt waren, und die Bauern Ursach

anzeigen sollten, warum sie dem Pfarrherrn nicht hätten seinen Zehenten gegeben, und sie geringe lose Ursachen anzeigeten, da sprach der Fürst: „„Es ist Recht, lieben Bauren, Ihr sollt dem Pfarrherrn den Decem nicht geben; ich will denselbigen ihme reichen, und Ihr sollt hinförder frei von ihme sein, aber mir sollt Ihr zwiefach so viel geben.“" Und sprach D. Luther darauf: „Also muß man die groben Gesellen Mores lehren!"

Der Katechismus muß regiren.

„In Kürzen wird es an Predigern mangeln. Mein gnädigster Herr, der Kurfürst zu Sachsen 2c., hat an 20 Juristen gnug; dagegen muß er wol in acht hundert Pfarrherrn haben. Iurista est nomen reale, praedicator autem individuum. Ein jglich Kirchspiel und Gemeine muß ihren eigenen Seelsorger und Prediger, aufs wenigste einen haben; da man dagegen mit einem, zweien, dreien oder vieren Juristen ein ganz Land kann wol versehen und versorgen.

Wir werden noch mit der Zeit aus Juristen und Aerzten müssen Prediger und Pfarrherrn machen, das werdet Ihr sehen. Die Zeit und Gelegenheit macht einen Prediger. Ich kann mich nicht mit und an Wort binden lassen, ich predige oft von einer Meinung mit andern Worten."

Da sagte D. Jonas: „„Herr Doctor, ich kann Euch im Predigen gar nicht nachfolgen, und wer will es Euch nachthun?“" Darauf sprach D. M. L.: „Ich kanns selbr nicht, denn oft gibt mir meine Person oder eine sonderliche Privatsache Ursach zu einer Predigt, nach dem die Zeit, Händel und Zuhörer sind. Wenn ich jünger wäre, so wollte ich viel in meinen Postillen abschneiden und kürzer machen, denn ich darinnen uber die Maße und zu viel Wort habe gebraucht. Dem selbigen langen Reden und Geschwätz kann Niemand nachfolgen, noch es erlangen, auch schickt noch reimet sich nicht Alles zu allen Zeiten; Alles muß man richten nach den Umständen, doch wird der Katechismus müssen bleiben und herrschen."

Ein Anders von M. E. (Eisleben).

„Ah, Herr Gott, wie schwer, fährlich und sehr schädlich ists, daß einer in der Theologei seine Ehre sucht! Welche Ehrgeizigkeit und geistliche Hoffart ist ein verzehrend Feuer, wie Christus spricht (Joh. 5, 44.): „„Wie könnet ihr glauben, die ihr Ehre von einander nehmet? Und die Ehre, die von Gott ist, suchet ihr nicht!“" Die heilige Schrift ist gegeben, das Fleisch zu

Schanden zu machen, und wir Narren wollen Ehre drinnen suchen? Alle andere Hoffart und Ehrsucht, als in Aerzten, Philosophen, Poeten, Handwerken, Jugend, Schönheit ist noch leidlich, denn sie kann bald geändert werden und verschwinden; ein hübsche Jungfrau, die hoffärtig ist und gefällt ihr selbs wol, kann ein kleines Fieberlin demüthig und ungestalt machen: aber die schändliche Hoffart und Ehrgeizigkeit in der Theologia ist ein Zunder alles Übels und ein fressend Feur, die Alles verzehret und wegnimmt. Lasset uns Gott bitten, daß er uns dafur behüte!"

Ehrsüchtige Prediger.

„Wer in der heiligen Schrift," sprach Doctor Martinus, „seine Ehre suchen will, der ist unsinnig toll und töricht; denn dieselbige ist gegeben zu Gottes Ehre, nicht zu der Leute Ruhm. Poeten, Juristen, schönen Metzen mag es zuweilen also hingehen, daß sie in ihren Gaben stolziren und hoffärtig sind, so fern es Andern nicht Schaden thut. Wiewol es nicht Recht ist, wer kann es aber wehren? Aber in der heiligen Schrift soll sich ein iglicher demüthigen und Gotte allein die Ehre geben."

Treuer Prediger Last und Sinn.

„Wenn ich," sagte D. Mart., „schreiben sollt von eines Predigers Last und Bürde, die er tragen und ausstehen muß, wie ich weiß und selbs erfahren habe, so wollte ich jedermann vom Predigamt abschrecken. Denn ein frommer, gottfürchtiger Prediger muß also gesinnet sein, daß ihm nichts liebers sei, denn Christus, sein Herr und Heiland, und das künftige ewige Leben; daß, wenn er gleich dies Leben und Alles verloren hat, dennoch Christus zu ihm sage: „„Komm her zu mir, du bist mein lieber treuer Diener geweft!""

Verkehrt Urtheil der Welt von Gebrechen der Prediger.

„Die Gebrechen an Predigern siehet man bald; wenn gleich ein frommer Prediger zehen Tugende hätte und nur einen Mangel, derselbige verfinsterte alle Tugende und Gaben. So böse ist die Welt itzund! Doct. Jonas hat alle gute Tugende, die einer haben mag, allein daß er sich so oft rüspert, das kann man dem guten Manne nicht zu Gute halten!"

Trost für die, so im Predigamt sind.

„Die Theologi sind," sagt D. Mart., „sollen beständig in ihrem Amt verharren und nicht verzagen um der Welt Undankbarkeit Willen, denn sie werden in wenig Jahren so theur werden, daß man einen rechtschaffenen Theologen neun Ellen tief aus der Erde wird graben, da es möglich wäre. Wenn ein Ding wohlfeile ist, so acht mans nicht, und da sollt mans zu Rathe halten."

Eines Predigers Posse.

„Ein Prediger hörete von zweien Studenten, daß sie wollten in seine Predigt gehen; da sprach er zu ihnen: „„Wolan, kommet Ihr, so werdet Ihr wol sehen, was ich thun werde."" Und da sie in die Kirche kamen, sprach er: „„O, lieben Freunde, diese sind in des Papsts Bann, ich darf nicht weiter predigen."" Und ging vom Predigstuhl."

Gottes Güte, wenn man ihm könnte vertrauen.

Gegen dem Abend kamen zwei Vögelin, die ins Doctors Garten ein Nest machten, geflogen, waren aber oft von denen, so fürüber gingen, gescheucht. Da sprach der Doctor: „Ach, du liebes Vögelin, fleuhe nicht! ich gönne dirs von Herzen wol, wenn du mirs nur gläuben könntest. Also vertrauen und glauben wir unserm Herrn Gott auch nicht, der uns doch alles Gutes gönnet und erzeiget; er will uns ja nicht todtschlagen, der seinen Sohn für uns gegeben hat."

Man soll nicht zu viel vertrauen.

Dominus Philippus Melanchthon recitiret ein Mal über Doctor Martin Luthers Tische diese Fabel von dem **Versiculo**: „„Crede parum, tua serva, et quae periere relinque;"" und sprach: „„Es hatte einer ein kleines Vögelin gefangen, und das Vögelin wäre gerne los gewesen, und sagte zu ihm: O Lieber, laß mich los, ich will dir so einen köstlichen gemmam weisen, der viel tausend Gülden werth ist. Ey, antwortet derselbige, du betreugest mich. Nein traun, sprach das Vögelin, du sollt mit mir gehen und den Edelgestein sehen. Der Mann ließ das Vögelin los, da flog das Vögelin auf einen Baum, saß droben und gab ihm den gemmam: Crede parum, tua serva, et quae periere relinque: den schönen Edelgestein ließ er ihm. Als sollt das Vögelin sagen: Da du mich hattest, solltest du mir nicht gegläubet haben. Tua serva, das ist, was du hast, das behalte. Et quae periere relinque; hast du es verloren, so mußt du Geduld haben.""

Doctor Martinus Luther gab auch ein Räthsel auf, und sprach: „Was ist das: Es ist einem zu enge, zweyen gerecht, dreyen zu weit? Antwort: Heimlichkeit; denn wenn etwas Heimliches drey wissen, so wissens hundert."

Lutheri Reim.

„Es ist auf Erden kein besser List,
Denn wer seiner Zungen ein Meister ist.
Viel wissen und wenig sagen,
Nicht antworten auf alle Fragen.
Rede wenig und machs wahr,
Was du borgest, bezahle baar.
Laß einen Jeden seyn, wer er ist,
So bleibst du auch wol, wer du bist."

Siebente Sammlung.

Nutz, so aus Schulen kömmt.

Anno 38 am 1. Octob. lobete D. M. L. die Frucht und den Nutz, so aus Schulen kömmt: „Wiewol sie wenig und schlecht Ansehen haben, doch bringen sie großen Nutz, also, daß sie stracks unwidersprechlich die Kirchen erhalten. Denn da wird die Jugend zur Gottseligkeit und zu allen ehrlichen und christlichen Ständen geschickt, unterrichtet und gezogen, daraus Schulmeister und Gesellen zu Kirchendienern erwählet und genommen werden.

Weh Deutschland, die die Schulen so verlassen, versäumen, verachten, und zufallen lassen. Weh dem Bischof von Mainz, der die Universitäten zu Erfurt und Mainz läßt wüste und zerstreuet werden, und könnte sie doch mit einem Wort erhalten. Weh ihm, daß er so viel Häuptkirchen und Stifter läßt zergehen und verderben, die er doch ohne Geld, nur mit einem Wort erhalten könnte. Der einige Winkel hie zu Wittenberg blühet noch, Gott Lob, mit reiner Lehre und guten Künsten. Die Papisten werden mit der Zeit den Stall wollen bauen, wenn nu der Wolf die Schafe gefressen hat."

Was Einsamkeit für Schaden bringe.

„Es geschehen viel mehr und größere Sünde, wenn die Leute allein sind, denn wenn sie sich zu anderer Leute Gesellschaft

halten. Da Eva im Paradies allein spazieren ging, da hatte
sie der Teufel gar betrogen und verführet. Item wo Winkel
sind und einsamer Ort ist, allda geschehen gemeiniglich Todt-
schläge, Mord, Raub, Diebstahl, Unzucht, Ehebruch und alle
andere Sünden. Denn wo eine **solitudo** und Einsamkeit ist,
da hat der Teufel **locum et occasionem**, die Leute in Sünde
zu führen; aber wer unter Leuten und bei ehrlicher Gesellschaft
ist, der schämet sich, Sünde, Laster und Schande zu begehen,
oder er hat je nicht Raum oder Gelegenheit darzu. Uber das,
so hat der Herr Christus auch verheißen und zugesaget: „„Daß,
wo ihr zween oder drei in seinem Namen bei einander sind, da
will er mitten unter ihnen sein.“ (Matth. 18, V. 20.)

Also auch, da der König David einsam und müßig war,
und nicht mit in Krieg zoge, fiel er in Ehebruch und Todtschlag.
Und ich habs von mir auch erfahren, daß ich nimmer in mehr
Sünde falle, denn wenn ich alleine bin. Gott hat den Menschen
zur Gesellschaft geschaffen, und nicht zur Einsamkeit. Das denn
mit diesem starken Argument zu beweisen ist, daß Gott in der
Schöpfung der Welt Mann und Weib geschaffen hatte, daß der
Mann am Weibe eine Gesellin und Gehülfin haben sollte. So
hat Gott auch die christliche Kirche gestift, die Gemeinschaft der
Heiligen, daß die Christen zur Predigt zusammen kommen mögen
und Trost aus dem göttlichen Wort anhören und die Sacrament
gebrauchen.

Sonst machet die **solitudo** lauter Traurigkeit, und es hat
einer arge, böse und beschwerliche Gedanken, wenn er alleine ist.
Da denkt man einem Ding emsiger nach, und ist uns etwas
Widerwärtiges geschehen, so bilden wir es uns desto heftiger ein,
und machens größer und ärger, denn es an ihm ist, gedenken,
als sei Niemands unglückseliger, denn als wir sind, und träumen
uns darvon, als werde es ein böses Ende mit unsern Sachen
gewinnen. In Summa, wenn wir alleine sind, so haben wir
wunderbarliche Gedanken und legen ein Ding immerdar ärger
aus, denn es an ihm selbs ist; meinen dargegen, daß andere
Leute viel glückseliger sind, denn wir, und thut uns denn sehr
wehe, daß es Andern also wol gehet und wir dargegen in Trübsal und allerlei Noth stecken.“

Eine gute oder böse Ehe.

Doct. M. redet von seinem Freien. „Wenn ich,“ sprach er,
„vor 13 Jahren hätte wollt freien, so hätte ich Eva Schönfeldin
genommen, die jtzt der D. Basilius der Medicus in Preußen,

hat. Meine Käthe hatte ich dazumal nicht lieb, denn ich hielt sie verdächtig, als wäre sie stolz und hoffärtig. Aber Gott gefiel es also wol, der wollte, daß ich mich ihrer erbarmete. Und ist mir, Gott Lob, wol gerathen, denn ich habe ein fromm, getreu Weib, auf welche sich des Mannes Herz verlassen darf, wie Salomon sagt (Sprüchw. 31, 11.): „„Sie verderbet mirs nicht.""

Ach, lieber Herr Gott, die Ehe ist nicht ein natürlich Ding, sondern Gottes Gabe, das allersüßeste und lieblichste, ja keuscheste Leben, uber allen Cölibat und allein, ohne Ehe, leben, wenn es wol geräth; da es aber auch übel geräth, so ists die Hölle. Denn wiewol sie (die Weiber) gemeiniglich alle die Kunst können, daß sie mit Weinen, Lügen, Einreden einen Mann gefangen nehmen, könnens fein verdrehen und die besten Wort geben, doch, wenn diese drey Stück im Ehestande bleiben, nehmlich Treu und Glauben, Kinder und Leibesfrüchte, und Sacrament, daß mans fur ein heilig Ding und göttlichen Stand hält, so ists gar ein seliger Stand.

Ach, wie herzlich sehnete ich mich nach den Meinen, da ich zu Schmalkalden todtkrank lag! Ich meinete, ich würde Weib und Kinderlin hie nicht mehr sehen. Wie weh that mir solche Sönderung und Scheidung! Nu gläube ich wol, daß in sterbenden Leuten solche natürliche Neigung und Liebe, so ein Ehemann zu seinem Eheweibe und die Aeltern zun Kindern haben, am größten sey. Weil ich aber nu wieder gesund bin worden von Gottes Gnaden, so hab ich mein Weib und Kinderlin deste lieber. Keiner ist so geistlich, der solche angeborne natürliche Neigung und Liebe nicht fühlet; denn es ist ein groß Ding um das Bündniß und die Gemeinschaft zwischen Mann und Weib."

Eines frommen Weibes Lob.

„Wo findet man ein tugendsam Weib? Ein fromm, gottfürchtig Weib, ist ein seltsam Gut, viel edler und köstlicher denn eine Perle; denn der Mann verläßt sich auf sie, vertrauet ihr Alles. Da wirds an Nahrung nicht mangeln. Sie erfreuet und macht den Mann fröhlich und betrübt ihn nicht; thut ihm Liebes und kein Leides sein Lebenlang; gehet mit Flachs und Wolle um, und arbeit und schafft gern mit ihren Händen; zenget ins Haus, und ist wie ein Kaufmannsschiff, das aus fernen Landen viel Waar und Gut bringet. Frühe stehet sie auf, speiset ihr Gesinde, und gibt den Mägden ihren bescheiden Theil, was ihnen gebührt. Denkt nach einem Acker und kauft ihn, und lebt von der Frucht ihrer Hände; pflanzet Weinberge und richtet sie fein an; wartet und versorget mit Freuden, was ihr zusteht. Was sie nicht an-

gehet, läßt sie unterwegen und bekümmert sich damit nicht. Sie
gürtet ihre Lenden fest, und stärkt ihre Arme; ist rüstig im Haus.
Sie merkt, wie ihre Händel Frommen bringen, verhütet Schaden,
und siehet, was Frommen bringet. Ihre Leuchte verlischt nicht
des Nachts. In der Noth hat sie Nothdurft, sie streckt ihre Hand
nach dem Rocken, und ihre Finger fassen die Spindel; arbeit gern
und fleißig. Sie breitet ihre Hände aus zu den Armen, und
reicht ihre Hand den Dürftigen, gibt und hilft gerne armen Leu=
ten. Sie fürchtet ihres Hauses nicht fur dem Schnee, denn ihr
ganzes Haus hat zwiefache Kleider; hält ihr Haus in baulichem
Wesen mit Dachung und Anderm. Sie macht ihr selbs Decke.
Weiße Seiden und Purpur ist ihr Kleid; hält sich reiniglich und
ihre Kleider werth; geht nicht schlammig und beschmutzt daher.
Ihr Schmuck ist, daß sie reinlich und fleißig ist. Sie thut ihren
Mund auf mit Weisheit, und auf ihrer Zunge ist holdselige
Lehre; zeucht ihre Kinder fein zu Gottes Wort. Sie schauet,
wie es in ihrem Hause zugehet, und isset ihr Brod nicht mit
Faulheit; nimmt sich fremder Händel nicht an. Ihre Söhne
kommen auf, und preisen sie selig, ihr Mann lobet sie. Viel
Töchter bringen Reichthum; aber ein tugendsam Weib ubertrifft
sie alle. Lieblich und schöne seyn ist nichts. Ein Weib, das den
Herrn fürcht, soll man loben. Sie wird gerühmet werden von
den Früchten ihrer Hände, und ihre Werk werden sie loben in
den Thoren 2c. Also sagt Salomo in seinen Sprüchen am
letzten Capitel (v. 10 ff.). Redet wol, wie es seyn sollte, und
weislich; hat eine holdselige, liebliche Zunge, schilt nicht."

Ein ehelich Gemahl muß eine fromme und gottfürchtige Person sein.

„Der ein Weib nimmt, muß gewiß ein frommer Mann seyn;
aber H. M. ist solcher Gottes Gaben nicht werth. Denn zu
einem guten Weib gehöret eine fromme Person. Darum muß ein
Ehegatte eine fromme Person seyn, die Gnad und Friede hat
im Ehestande, welche Gabe die nächste ist nach dem Erkenntniß
des Evangelii. Denn mann findet viel störrige, wunderliche
Eheleute, die einander feind sind, raufen und schlagen, zanken
und beißen sich, und fragen nichts nach Weib und Kindern. Das
sind nicht Menschen."

Die lieblichste Gesellschaft und Gemeinschaft ist unter frommen Eheleuten.

„Die höchste Gnade und Gabe Gottes ists, ein fromm,
freundlich, gottfürchtig und häuslich Gemahl haben, mit der du
friedlich lebest, der du darfst all dein Gut und was du hast,

ja dein Leib und Leben vertrauen, mit der du Kinderlin zeugest. Gott aber stößt ihr viel in Ehestand ohne ihren Rath, ehe sie es recht bedenken, und thut wol dran. Käthe, du hast einen frommen Mann, der dich lieb hat, du bist eine Kaiserin! Ich danke Gott. Aber zu einem solchen Stand gehöret eine fromme und gottfürchtige Person."

Des Ehestandes Würde und Nutz, den die Welt nicht siehet.

"Alle Werk Gottes sind der Welt verborgen und sie nimmt ihr nicht wahr, verstehet sie auch nicht. Gott ist wunderbar, der viel unzählige Güter heimlich verbirget, die man nicht siehet noch achtet. Denn wer kann sich genugsam verwundern uber den Ehestand, welcher Gottes Gabe und Ordnung ist, von ihm selbs gestiftet und eingesetzt, aus welchem alle Menschen, so in der Welt sind, und alle Stände kommen, geistlich, weltlich und Hausregiment? Wo wären wir, wenn der Ehestand nicht wäre?

Aber die gottlose Welt beweget weder Gottes Ordnung, noch das holdselige Wesen der Kinderlin, so aus der Ehe gezeuget werden; sie siehet nur den Mangel und die Unlust in der Ehe, aber den großen Schatz und Nutzen, so darinnen ist, siehet sie nicht. Und wir sind doch alle aus der Mutter Leibe gekrochen, Kaiser, Könige, Fürsten, ja Christus selbs, Gottes Sohn, hat sich nicht geschämet, von einer Jungfrau geboren zu werden.

Darum laß man die Verächter und Schänder der Ehe immer hinfahren zum Henker, als die Gartenbrüder und Wiedertäufer, die keine Ehe halten und durch einander leben wie das Viehe, rips, raps. Deßgleichen lasse man die Papisten auch ein gut Jahr haben, wie sie es denn anders nicht haben wollen mit ihrem ehelosen Leben, welche den Ehestand schänden und lästern und gleichwohl Huren haben. Wenn sie ihn ja wollten ins Teufels Namen verachten, so sollten sie es doch wahrhaftig thun, und nicht Huren haben."

Ein unzüchtig Weib ist des Mannes größtes Herzleid.

"Ich hab ein großes Mitleiden mit dem frommen Manne N. N., daß er so ein unzüchtig Weib hat; will sich gleichwol nicht von ihr scheiden lassen. Wenn ers klagte, so wollten wir sie scheiden. Ob sie gleich nicht eine offentliche Ehebrecherin ist, doch ist sie unzüchtig, dem Manne ungehorsam, thut ihm nichts zu Gefallen, gehet und streicht hin und her, wohin es sie gelüstet, und machts nur wie sie selbs will, welchs sind Zeichen des Ehebruchs. Er hat eine böse Krankheit, dazu die Nierensucht.

Es ist ein sehr arm und elend Ding, einen ungetreuen Ge=
sellen haben, mit dem einer sein Leben lang muß umgehen,
der ihm keinen Glauben hält. Wenns einer nicht wüßte, so
wäre es noch zu leiden; aber wissentlich und offentlich einen Ehe=
brecher leiden, der mit seinem Weibe zuhält, das thut wehe.
Man sagt, daß ein Pfau keinen neben ihm könne leiden, der
mit seinem Gegatten auch zuhielte; und wenn er desselbigen,
auch seinen eigenen Schatten nur im Wasser siehet, so ersäufet
er sich drüber. Darum sind das theure, treffliche, herrliche
Wort des heiligen Geists: „„Des Mannes Herz verläßt sich
auf sie““ (Sprüchw. 31, 11.).

Ists nicht eine große Bosheit und Betrug des Satans, daß
er diese Gottes Ordnung, so durch göttlich und natürlich Recht,
mit Leib und Gut, Kinder zeugen und gebären, zusammen ver=
bunden ist, so schändlich betrüben, verwüsten und ein solch Ge=
werre darein machen soll? Ey, schlag todt! Darum sey das
mein Rath, so ich gebe Allen, die da freien wollen: Scherzt
nicht, folget und hänget nicht nach euern Lüsten, nach der Brunst.
Betet! betet! Denn wer ein fromm Weib bekömmt, der krieget
eine gute Mitgift. Betet nur, es ist von Nöthen! Und da gleich
ein Weib etwas bitter ist, doch soll man mit ihr Geduld haben.
Denn sie gehört ins Haus, und das Gesinde darfs bisweilen
auch sehr wol daß man ihnen hart sey, und weidlich zuspreche.“

Doctor Martin Luthers Rath, wie einer heyrathen solle, geschrieben an einen guten Freund.

„Daß du mich um Rath fragest, ein Weib zu nehmen, ge=
schicht der Meinung, wie ich achte, daß Du allem Unglücke gerne
wehren wolltest und es Dir im Ehestande an nichts feilete; ne
scilicet post factum Te coniugii poeniteret. Siehe aber,
daß Dich das Rathgeben und das Klügeln nicht bescheiße und
Du darnach das Beschissene in der Hand behaltest! Jedoch, wie
Du gebeten, so sage ich Dir fur meinen Rath, daß Du fur
allen Dingen den Rath bey Dir selber haben mußt und Dir
hierinnen rathen, damit Du Niemands, wenn Dich der Schimpf
gereuet, zu eifern hast, sonst spottet Dein der, so das Rädlein
treibet, qui est Deus. Das rathe ich Dir. Aber bedarfest Du
keines Weibes, welches Du allein prüfen kannst, so nimm kein
Weib. Si ureris, id est, habes stimolos carnis, pollutiones
et tentationes: was leckerst Du Dich lang? So nimm
immerhin ein Weib! Jedoch bescheret Dir Gott eine, die Dich
und Du sie lieb hast, so thue abermals nach der Lehre Sanct
Pauli, 1. Cor. 7, (29.): „„tanquam non habens.““ Daß

Du aber gerne eine Schöne, Fromme und Reiche haben wolleſt, eia, Lieber, ja, man ſoll Dir eine malen mit rothen Wangen und weißen Beinen! Dieſelben ſind auch die frömmſten, aber in kochen nicht wol und beten übel. Es wird dir gehen wie den Nonnen, zu denen man geſchnitzte Jeſus legte. Sie ſahen ſich aber nach Andern um, die da lebeten und ihnen beſſer gefielen, und ſahen, daß ſie wieder aus dem Kloſter kommen möchten. Soll nu Dein Weib fromm oder bös ſeyn, das wird Gott wol machen. Es heißet: „„Tribulationes carnis habebunt eiusmodi,““ 1. Cor. 7, (28.). Darum iſt die Erfahrung und Übung hierinnen der beſte Rath. Jedoch wird Dich der Markt wol lehren käufen. Darnach hab Dich zu richten! Frühe aufſtehen und jung freien, ſoll Niemands gereuen!

D. Martinus Luther.“

Wie neue Ehemänner geſinnet ſind.

„Im erſten Jahr des Eheſtandes hat einer ſeltſame Gedanken. Wenn er über Tiſch ſitzt, ſo gedenkt er: Vorhin warſt du allein, nu aber biſt du ſelbander; im Bette, wenn er erwacht, ſiehet er ein Paar Zöpfe neben ihm liegen, das er vorhin nicht ſahe. Alſo ſaß meine Käthe im erſten Jahr bey mir, wenn ich ſtudirete, und da ſie nicht wußte, was ſie reden ſollte, fing ſie an, und fragte mich: „„Herr Doctor, iſt der Hofmeiſter in Preußen des Markgrafen Bruder?““

Nach dem Verlöbniß ſoll man die Hochzeit und Beylager nicht aufziehen.

„Ich rathe, wenns Verlöbniß geſchehen iſt, daß man aufs Allererſte das Beylager und öffentlichen Kirchgang halte. Denn die Hochzeit lang aufziehen und aufſchieben, iſt ſehr fährlich, weil der Satan gern Hinderniß und viel Gewerres machet durch böſe Zungen, Verleumder und von beider Theilen Freunden. Wie mir geſchach mit Magiſter Philipp und Eislebens Hochzeit. Darüm ſoll mans nicht verziehen, ſondern nur flugs zuſammen helfen. Und wenn ich nicht alsbald und in der Stille hätte Hochzeit gehalten mit Vorwiſſen wenig Leute, ſo hätten ſie es Alle verhindert, denn alle meine beſten Freunde ſchrien: „„Nicht dieſe, ſondern ein andere!“

Unluſt und Beſchwerung im Eheſtande.

„Am neuen Jahrstag weinete und ſchrie überaus ſehr Doctor Mart. Luthers Kindlin, alſo daß es Niemand ſtillen konnte. Da war der Doctor mit ſeiner Hausfrauen eine ganze Stunde traurig und bekümmert; darnach ſprach er: „Das iſt die Unluſt und

Beschwerung im Ehestande, um welcher willen Jedermann sich dafür scheuet, entsetzt und will nicht ehelich werden. Wir fürchten uns allzumal für der Weiber wunderlichem Sinn, der Kinder Heulen und Schreien, Sorge fur großer Unkost und böser Nachbarn 2c. Darum wollen wir frei und ungebunden seyn, daß wir freie Herrn bleiben und thun mögen, wie es uns gelüstet, mit Huren, müßig gehen 2c. Daher auch keiner von den Vätern etwas merklichs und sonderlich Gutes vom Ehestand geschrieben hat.

Hieronymus ist ein rechter Guardian gewesen, hat ziemlich garstig gnug, wollt schier sagen unchristlich, von der Ehe geschrieben. Sie sehen im Ehestande nur an die Wollust und fliehen darinnen nichts mehr denn nur Trübsal des Fleisches haben. Wollen ein Tröpflin Unlusts meiden und sind ins Meer aller Wollust und böser Begierden gefallen. Allein Sanct Augustin hat einen guten Spruch von der Ehe geschrieben, da er spricht: „„Wer nicht kann keusch leben, der nehme ein Weib, und komme sicher fur das Gericht des Herrn."" Item: „„Wenn einer im Ehestande seyn will nicht um der Kinder, sondern um der Noth willen, darum, daß er sich ohn denselben nicht enthalten, noch keusch leben kann, dasselbige gehöret zur Vergebung der Sünden, ums Glaubens und der Treue willen des Ehestandes"" 2c. Der gute Pater konnte nicht sagen: Um des Glaubens willen an das Wort.

Aber Gott hat den Ehestand, die Oberkeit und das Predigamt aus sonderlicher Gnade vor dem jüngsten Tage durch sein Wort wieder zu Rechte bracht, wie ers eingesetzt und befohlen hat, auf daß wir sehen, daß es seine Ordnungen sehen, die bisher nur Larven gewesen sind. Die Eheleute haben gemeinet, daß solch Verbündniß, daß sie müßten bey einander seyn und bleiben, wäre mehr eine Gewohnheit, daß es also herbracht wäre durch einen Brauch und Übung, denn daß Gott so geordnet hat. Deßgleichen wüßte die Oberkeit nicht, daß sie Gott dienete, sondern war gebunden an die Ceremonien. Also war auch das Predigamt nur eine Larve in Kappen, Platten, Schmierwerk 2c."

Welchs eines jglichen Ehegatten Amt ist.

„Eine jgliche Person in der Ehe soll ihr Amt thun, was ihr gebührt. Der Mann soll erwerben, das Weib aber soll ersparen. Darum kann das Weib den Mann wol reich machen, und nicht der Mann das Weib, denn der ersparete Pfennig ist besser denn der erworbene. Also ist räthlich seyn das beste Einkommen. Ich bleib billig im Register der Armen," sprach D. Martinus Luther, „denn ich halte zu groß Gesinde."

Der Ehestand ist Gotts Segen.

„Es ist ein arm Ding um ein Weib. Die größte Ehre, die es hat, ist, daß wir allzumal durch die Weiber geboren werden und auf die Welt kommen. Denn Kinder zeugen und gebären ist Gottes Gabe. Daher saget Jacob, der Erzvater, im ersten Buch Mosi (33, 5.): „„Das sind meine Kinder, die mir Gott bescheret hat."" Darum ist der Ehestand Gottes Segen, wie geschrieben stehet: „„Und Gott segnet sie,"" Genes. 1, (28.). Aber die Welt klaget über die Mühe und Arbeit, Unlust und Beschwerung, so im Ehestande fürfallen; den Segen aber siehet sie nicht. Gott hat sein Benedicite darüber gesprochen, wir wollen aber nicht das Gratias darauf sprechen. Ein Weib in der heiligen Schrift wird genannt ein Lust und Freude deiner Augen (Sirach 26, 2.). Die Ebräer sagen recht, daß kein Mensch seyn werde, der das vierte Capitel im erstem Buch Mosi könnte auslegen, denn es ist das Licht im Alten Testament."

D. M. Luthers Gebet für seinen Ehestand.

„Lieber himmlischer Vater, dieweil du mich in deines Namens und Amts Ehre gesetzt hast und mich auch willt Vater gennet und geehret haben, verleihe mir Gnade und segene mich, daß ich mein liebes Weib, Kind und Gesind göttlich und christlich regire und ernähre. Gib mir Weisheit und Kraft, sie wol zu regiren und zu erziehen, gib auch ihnen ein gut Herz und Willen, deiner Lehre zu folgen und gehorsam zu seyn. Amen."

Daß rechtschaffene Liebe zwischen Eheleuten seltsam sey.

„Eine hübsche Jungfrau an einem Orte, die sonst viel stattliche Freier hatte, nahm einen Pfaffen um Geldes willen. Da sprach Doctor Martinus Luther: „Das Geld hat die Jungfrau Reginen (Königin) überwunden."

Darnach ward geredet, wie ein sehr hübsch Mägdlin wäre einem alten, wunderlichen Kröpel und geizigen Wittwer gegeben, welcher zuvor mit seinem Weibe hart und übel wäre umgangen; und da er sie nun oft wol geplaget, hatte sie gesaget: „„Kann denn dein der Teufel nicht los werden? Wenn er dich so lange in der Hölle gehabt hätte, so sollt er dein überdrüssig seyn worden!"" Da sprach D. Mart.: „Gott der Herr gebe ihr seinen Segen und dieses Hochzeitliedlin, daß er ein Eiferer sey, wie die alten Männer gemeiniglich pflegen zu seyn gegen jungen

Weibern. Ach, lieber Herr Gott, welch ein groß, aber seltsam Ding ists doch, Weib und Kinder recht lieb haben! Einen Sack können wir wol lieb haben, aber ein ehelich Weib nicht wol. Es muß ein frommer Mann und ein fromm Weib seyn, der sein Gemahl und Kinder von Herzen liebet. Also unterdrückt und dämpft der Satan Gottes Ordnung und die natürliche Zuneigung und Liebe in uns. Denn was wir thun sollen, das können und wollen wir nicht thun.

Denn das Gesetz wirkt doch Zorn, auch in weltlichen und zeitlichen Dingen. Was wir müssen thun, daran geschicht uns wehe, und thuns nicht gern, und da gleich einer durch Gesetz gezwungen würde, daß er alle Woche müßte eine neue Braut haben, doch könnt ers nicht ertragen noch dulden uns Gesetzs und Gebots willen. Also können wir einen Hurenbalg wol lieb haben; ein ehelich Gemahl aber können wir nicht so lieben. Drüm, Weib und Kind lieben ist ein Zeichen eines frommen Ehemannes."

Achte Sammlung.

Von Lucano.

Da D. M. L. den Lucanum hatte gekauft, und las, sprach er: „Ich weiß nicht, ob er ein Poet oder Historienschreiber ist. Denn also werden sie unterschieden: Ein Historienschreiber sagt, was wahrhaftig ist; ein Orator und Wolredener, was der Wahrheit ähnlich ist; ein Poet aber schreibet, das weder wahr noch der Wahrheit gleich ist. Darum sagt Aristoteles: Daß die Poeten viel lügen; denn wenn sie ein wenig Ursach haben, so machen sie ein Ding sehr groß und nutzens hoch auf. Da müssen viel Lügen zu gehören. Wie die guten Maler, die malen eine Person viel schöner denn sie ist."

Wider die Gesetzstürmer.

Anno 38 den 13. Octobris, da der Doctor daheim im Hause das Evangelium Luc. 14. predigte, weil er um Leibes Schwachheit Willen nicht konnte in der Kirchen predigen, verwunderte er sich überaus sehr, daß die Antinomer so unverschämt wären und dürften die Lehre des Gesetzes, so doch nöthig wäre, verwerfen, und sähen derselbigen Effect, Nutz und Frucht nicht. „Darum,“ sagt er, „hat S. Augustinus die Kraft, Amt und Wirkung des Gesetzes durch ein schön Gleichniß abgemalet, nehmlich, daß es uns die Sünde, so in uns ist, und den Zorn Gottes wider die Sünde offenbare und für die Augen stelle und mehre, nicht, daß es des Gesetzes Schuld ist, sondern unser verderbten Natur und bösen Art; gleich wie der Kalkstein ruget und still liegt, aber wenn man Wasser drein geußt, so fähet er an zu rauchen und zu brennen; nicht, daß es des Wassers Schuld wäre, sondern des Kalksteins Natur ist, daß er kein Wasser leiden kann; geußt man aber Oel auf den Kalkstein, so lieget er still und brennet nicht. So hält sichs mit dem Gesetz und Euangelio. Es ist ein schön, herrlich Gleichniß.“

Von Herzog Albrechten zu Sachsen.

Doctor Martinus Luther sagte viel von Herzog Albrechts fürstlichen Tugenden, „daß er wäre ein sehr feiner, schamhaftiger, bescheidener, züchtiger und vernünftiger Herr gewest, hätte seinen Bruder, Herzog Ernsten, den Kurfürsten, allzeit in großen Ehren gehalten, daß er stets etliche Schritt nach und neben ihm gangen sey, und sich neben ihm geneiget und gebückt habe, wenn sie mit einander geredt haben. Daß er aber ein großer Spieler sey gewesen, das ist geschehen, da er noch müßig, in keinem Regiment und Amt gewest ist. Denn man sagt, daß er zu Nürnberg auf einem Reichstage mit einem reichen Müller gespielt habe, welcher ein Mühl mit eilf Gängen und Rädern gar verspielt hat bis auf den letzten Gang. Da hab der Herzog gesagt: „„Also soll man den Bauern den Pflug keilen!““ Aber das Glück, wie es unbeständig ist und sich von Einem zum Andern wälzet, war wieder an Müller kommen, daß er alle seine Mühlgänge wieder gewonnen hat mit einer großen Summa Geldes dazu. Da soll er wieder gesagt haben: „„Also soll man einem Fürsten die Spornrinken ab- und angürten.““ Beides ist höflich geredet.“

Gottlose Obrigkeit können wol feine Weltregenten seyn.

Zu D. Martin Luthern ward ein Mal gesagt, daß ein Fürst, so dem Euangelio sehr entgegen war, dennoch ein feiner Weltregent gewesen wäre, drum er billig hochgelobet sollte werden. Da sprach D. Luther: „Was liegt unserm Herrn Gott daran? Er pfleget mit dieser Larven die Welt zu bethören. Es waren

Saul, Ahab und andere gottlose Könige in Israel glückselig gnug, und ihre Rathschläge und Fürnehmen gingen wol hinaus und ihre Königreiche stunden in großen Würden, im Wachsen und Zunehmen. Dargegen siehe Davids Regiment an, der war doch ein frommer und gottfürchtiger König und hatte wider seine auswendige Feinde groß Glück, denn er bezwunge die Philister, den Moab, Edom und die Syrer; aber in seiner Haushaltung da war er der allerunglückseligste Mensch, und war alles eitel Aergerniß um ihn — um seines Ehebruchs willen. Da folgete darauf Mord, der Kinder Aufruhr, böse Nachrede und daß ihm das Königreich durch seinen eigenen Sohn Absalon genommen wurde. Aber ob David wol in seiner Regierung nicht ist so glückselig gewesen als andere gottlose Könige, so viel die äußerliche Gestalt anlanget, so hat er doch unserm Herr Gott können gute Wort geben und sagen: „„Miserere mei, Deus““; das kunten die Andern nicht thun und damit brach er auch unserm Herr Gott das Herz.“

Etliche Fragen.

„Doct. Mart. kostet seine Weine, die man sollte auf seiner Schwester Tochter (Magdalene) Hochzeit geben, und sprach: „Man soll den Gästen einen guten Trunk geben, daß sie fröhlich werden, denn, wie die Schrift saget (Ps. 104, 15.): „„das Brod stärkt des Menschen Herz, der Wein aber macht ihn fröhlich.““

Darnach fragte er den Engeländer (wahrscheinlich Rob. Barns): „wie er wollte den Wein in Keller bringen mit ganzen großen Fassen, uneingeschroten noch eingegossen?“ Darauf antwortet er selbs: „Man soll Most einschroten, darnach wird wol Wein daraus; das ist eine natürliche Magia und Kunststück.“

Weiter fragt er, „welchs die breitesten Wasser in einem jglichen Lande wären? Antwort: Der Schnee, Regen und Thau. Diese Wasser gehen uber das ganze Land ohn Ende, auch auf den Bergen; die allerhöhesten Berge sind für und für mit Schnee bedeckt, denn sie sind mitten in der Luft, da Niemand wohnen kann, ausgenommen der Teufel, der ein Herr in aller Welt ist, wie ihn Paulus nennet“ (Ephes. 6, 12.).

Große Potentaten sind unsers Herrn Gottes Kartenspiel.

„Gott achtet Könige, Fürsten und Herrn wie die Kinder eines Kartenspiels achten. Weil sie spielen, haben sie es in ihren Händen, darnach werfen sie es in ein Winkel, unter die Bank oder ins Kehrich. Also thut Gott auch mit den Potentaten;

weil sie noch im Regiment sind, hält er sie fur gut; aber so bald
sie es ubermachen, so setzt er sie vom Stuhl, stürzt sie und läßt
sie da liegen, wie den König Christiern von Dänemark 2c."
(König Christian II. von Dänemark wurde, weil er sich der Re=
formation geneigt gezeigt, die er jedoch gleichzeitig in Schweden
hemmte, 1523 von den Prälaten und dem Adel abgesetzt.)

Ein ander Rede von Gottes Karte.

"Wenn ich reich wäre, wollte ich mir ein gülden Schacht und
silberne Karten werklich lassen zurichten zu einer Erinnerung;
denn Gottes Schacht und Karte sind große, mächtige Fürsten,
Könige, Kaiser 2c., da er immer einen durch den andern sticht
oder schlägt, das ist, aushebt und stürzt. N. ist (König Ferdi=
nand) die vier Schellen, der Papst die sechs Schellen, der Türk
die acht Schellen, der Kaiser ist der König im Spiel.

Letztlich kömmt unser Herr Gott, theilt das Spiel aus, schlägt
den Papst mit dem Luther; der ist sein Taus. Er ist aber noch
nicht aller Ding todt; Christus hat angefangen ihn umzubringen
mit dem Geist seines Mundes, daß er nu in der Christgläubigen
Herzen gar todt ist. Ich hoffe, es sei schier an dem, daß er
sein ein Ende machen wird durch die Erscheinung seiner fröhlichen
seligen Zukunft. Amen. (2. Thess. 2, 8.)

Ezechiel und Apocalypsis reden davon, als sollt der Türk
durchs Feuer vom Himmel verzehret werden; welches eine finstere
Prophezei ist. Es kann auch wol geschehen durch ein geistlich
Feur, welches den Antichrist, den Papst, hinrichtet und verzehret.
Denn wenn Gott das Wort gibt, so gibt er auch zugleich mit
den Geist der Gnaden und des Gebets. Wenn der in der Gläu=
bigen Herzen kräftig ist, so ist die Welt geschlagen, der Teufel
uberwunden und gerichtet, welcher das Wort nicht leiden kann,
ja ist ihm in Augen wie ein dicker Rauch oder finster Nebel.

Nu, es geschehe, wie es wolle, lang kanns nicht mehr hin
sein, daß beide, Papst und Türk, mit ihrem Anhang in Abgrund
der Höll sollen verstoßen werden. Amen."

Antwort Doctor Martini Luthers, einem Klügling gegeben.

Als Doctor Martin Luthern einer ein Mal fragte, und ihme
der Herr Doctor drauf geantwortet hatte, und er wollte dar=
mit nicht zu Frieden sein, sondern hielte noch viel mehr an mit
mancherley Fragen, da sagte zu ihme Doctor Luther: "Hüte
dich fur dem Quare, si non vis errare! (Hüte dich fur dem
Warum, willt du nicht irren.) Haber macht Haber! Haber

significat panniculum, ex quo conficitur papyrus. (Haber aber ist ein Lumpe, daraus man Papier macht.)"

Gott gibt bisweilen große Wunderleute.

„Etliche Zeit bringet bisweilen mehr fürtreffliche, große, feine, geschickte Leute. Als, da ich ein junger Knabe war, da waren feine, hohe, verständige, treffliche, großmüthige Leute, geschickt beide mit Rath und That: wie Kaiser Maximilianus in Deutschlanden, König Sigismundus in Polen, König Ladislaus in Ungern, König Ferdinandus, dieses Kaisers Carln V. Ahnherr, in Hispanien. Fromme, weise und großmüthige Fürsten. Desgleichen waren auch feine, fromme Bischöfe, als der zu Würzburg, Cöln, welche ohn Zweifel diese Lehre mit fröhlichem, freudigem Herzen angenommen würden haben, wenn sie zu dieser Zeit gelebt hätten. Denn ich habe oft gehort, daß sie des Papstes Superstition und Wesen verdammt haben. Und der Bischof zu Wurzburg hatte ein Sprüchwort, wenn er einen bösen Buben sahe: „„Ey, in ein Kloster mit dir!"" sprach er, „„du bist weder Gott noch den Menschen nütze."" Als wollt er sagen, in Klöstern sehen nur faule Säue und Bauchknechte, die nichts thuen, denn essen und trinken, sich mästen, müssig gehen, schlafen, faulenzen, und Niemand dienen, denn ihnen selbs, wie die Rattenmäuse."

Vom Cardinal von Salzburg.

Mag. Philippus lobete gegen D. M. Luthern den hohen Verstand und geschwinden Kopf des Cardinals und Bischofs zu Salzburg, Matthiä Langen, und sagete: „Er wäre Anno 1530 sechs Stunde lang bei ihm zu Augsburg gewesen, hätte mit ihme geredt von der Religion. Da hatte er endlich zu ihm gesaget: „„Mein Domine Philippe, wir Pfaffen sind noch nie gut gewesen."" Item er hatte auch gesaget: „„Wir wissen wol, daß Euer Lehre recht ist; wisset Ihr aber nicht hinwiederum, es hat nie jemands den Pfaffen können etwas abgewinnen? Ihr werdet der erste auch nicht sein!"" Dieser Cardinal war eines Ausreiters Sohn von Augsburg gewesen, und war sein Vater von einem guten, alten, fürnehmen Geschlecht daselbs gewesen, aber Armuths halben zu einem Diener worden. Dieser ist der erste Cardinal in Deutschlande gewesen, und durch Beförderung seiner Schwestern an Kaiser Maximiliani Hof bekannt, und darnach zum Papst gen Rom geschickt worden in einer Legation, das denn geschah. Darüber ward er zum Coadjutor des Bisthums Salzburg gemacht."

Von einem andern Bischofe im deutschen Lande.

...... „Dieser Bischof hatte einmal gesehen, daß in seiner Stadt eine das Volk mit Haufen war zur Predigt des Euangelii gelaufen. Da hat er mit weinenden Augen gesagt: „„Ach, das sollten wir Hirten thun! Wie gehen unsere Schafe in der Irre? Nu, ich kanns nicht anders machen!"" Da dieses D. M. Luthero angezeiget ward, sagete er darauf: „Wird Christus ihme daran auch einmal gnügen lassen, das wird er wol sehen! Er hat das Cardinal= und Bischofhütlin lieber denn die göttliche Wahrheit; er fürchtet, er möchts verlieren und er möcht vom Bisthum abgesetzt werden. Er gläubet nicht, daß Gott könnte die Gewaltigen vom Stuhl setzen und die Niedrigen erhöhen, wie sie alle Tage im Magnificat singen. Aber sie gläuben nicht, sie sind die verzagsten Leute. Es kann die Länge mit ihnen nicht bestehen; sie haben zu böse Gewissen; sie sind mit ihnen selbs nicht eins, sie sind irre in ihrem Kram? Denn in der Augsburgischen Handelung Anno 1530 da gedachten sie nicht mit einem Wort des fürnehmsten Artikels vom Primat des Papsts und Vicariat S. Petri, welcher etwan der Häuptartikel war des ganzen Papstthums."

Was da heißt, Gott anbeten, dienen ꝛc.

„Anbeten, das Wörtlin an ihm selbs, heißt, sich mit dem Leibe bücken und neigen mit äußerlichen Geberden. Dienen ist das Werk. Aber Gott geistlich oder im Geiste anbeten (Joh. 4, 24.) ist der Dienst und die Ehre des Herzens, begreift Furcht und Glauben an Gott. Gottesdienst ist zweherlei, äußerlicher und innerlicher, das ist, erkennen Gottes Wohlthaten und ihm danken."

Das Gebet wird gewiß erhört.

„Alle, die Gott im rechten Glauben mit Ernst von Herzen anrufen, werden gewiß erhört und empfahen, was sie gebeten und begehrt haben, wiewol nicht so bald auf dieselbige Stunde, Zeit, Maß oder eben das, darüm sie bitten; doch kriegen sie viel ein Bessers, Größers und Herrlichers, denn sie haben dürfen hoffen. Wie Sanct Paulus zun Römern am 8. (V. 26.) zeuget: „„Denn wir wissen nicht, was wir bitten,"" sintemal wir nicht wissen, was oder wie es besser wäre. Also wenn ich bete, daß H. G. sterbe, und nicht erhört werde, daran soll ich mich nicht kehren, als sei mein Gebete vergebens und umsonst; denn es ist vielleicht besser, daß ein gottloser Fürst lebet, denn, wenn er gestorben, nach ihm sechs, sieben oder mehr gottlose Regenten an seiner Statt wären. Darüm erhöret Gott gewiß die im Glauben bitten, obwol nicht so bald dieselbe Stunde, noch auf die Weise und um das, wie sie fürschreiben; sondern wenn und wie es ihm gefället, und er weiß, daß uns nütze ist. Darnach daß wir gewiß sind, daß es zur Heiligung seines Namens und zu Mehrung und Ehren seines Reichs gereiche, auch nach seinem Willen geschehe, so erhört er uns gewiß. Wenn wir aber wider diese Stücke bitten, so werden wir nicht erhöret; denn Gott thut nichts wider seinen Namen, Reich und Willen."

D. M. Luthers und Anderer Plage im Papstthum mit den horis canonicis.

„Als ich," sprach D. Martin Luther, „noch im Kloster ein Mönch war, hatte ich so viel zu schaffen mit Lesen, Schreiben, Predigen und Singen in der Kirche, daß ich dafür meine horas canonicas nicht beten konnte. Darüm wenn ich sie die sechs Tage uber in der Woche nicht beten konnte, so nahm ich den Sonnabend für mich und bliebe ungessen den Mittag und auf den Abend, und betete den ganzen Tag uber. Also waren wir arme geplagte Leute mit den Decretis und Satzungen des Papsts. Davon wissen itzt die jungen Leute nichts!

Zu Bononien sind Studenten gewesen, die haben bei dem Papst um der horas canonicas Willen eine Dispensation gesucht. Da hat der Papst wieder geschrieben: Surge manius et ora citius. Aber da auf ein Zeit der Mercurinus, Kaiser Carols Canzler, so erstlich ein Bischof gewesen und darnach ein Cardinal worden, solches gethan, und des Morgens frühe schnell und eilend gebetet hatte, da war ihm ein Mal der Teufel in Gestalt einer armen Seele erschienen und hatte zu ihm gesagt: Tu non iusta hora oras. Also konnte uns der Teufel vexiren! Wir hatten auch einen Bruder im Kloster, der versäumete viel Betstunden um seines Studirens Willens, aber er konnte keine Indulgenz erlangen; darüm so dingete er Einen, der des Tages für ihn betete, auf daß er des Tages möchte zweimal lesen."

Christen beten immerdar.

„Ein Christ betet alle Zeit ohn Unterlaß; ob er gleich mit dem Munde nicht betet, doch betet das Herz immerdar, er wache oder schlafe. Denn auch ein Seufzlin eines Christen ist ein Gebet; so oft er seufzet, so betet er. Wie der 12. Psalm (B. 6.) sagt: „„Weil denn die Armen seufzen, will ich auf, spricht der Herr"" rc. Deßgleichen trägt ein Christen allzeit das heilige Creuz, ob ers wol nicht allzeit fühlet."

Daß man mit dem Gebet anhalten musse.

Doctor Martinus Luther sagte, „daß das liebe Gebet die Kirche erhielte, denn das Gebet hätte bis anher das Beste bei der Kirche gethan; darüm muß es noch gebetet sein. Daher saget Christus: „„Bittet, so sollet ihr nehmen; suchet, so werdet ihr finden; klopfet an, so wird euch aufgethan.““ Erstlich will er, wir sollen bitten, wenn wir in Anfechtung sind; denn Gott verkreucht sich oft irgends hin und will nicht hören, ja er will sich nicht lassen finden; so muß man ihn denn suchen, das ist, mit Beten anhalten. Wenn man ihn denn sucht, so verschleußt er sich denn in ein Kämmerlin. Will man denn zu ihm hinein, so muß man denn anklopfen; wenn man denn ein Mal oder zwei geklopfet hat, so verhöret er ein wenig. Letztlich wenn man des Klopfens will zuviel machen, so thut er auf und spricht: Was willt du denn? Herr, ich will dies oder jenes haben. So spricht er: So hab dirs doch! Also muß man ihn aufwecken. Ich halt, daß hie noch viel frommer Leute sind, die sehr fleißig beten; wiewol es auch viel böser Buben hie hat. Darüm dieser Spruch „„Bittet““ will nichts anders haben, denn bittet, rufet, schreiet, klopfet, poltert. Und dies muß man fur und fur treiben ohn Aufhören!"

Dein Wille geschehe.

Einer klagte bei D. M. L.: „„Lieber Herr Doctor, es will nirgend hinaus, noch gehen, wie wir wollen.““ „Ja," sprach der Doctor, „das ist auch eben recht; worüm habt Ihr Euren Willen unserm Herrn Gott ubergeben und betet alle Tage: Dein Wille geschehe auf Erden wie im Himmel?"

Ob man im Gebete auch fluche?

Einer fragte D. Mart. Luthern: „„Ob der, so da betet, auch fluchte?““ „Ja," sprach er, „denn wenn ich bete: Geheiliget werde dein Name, so fluche ich Erasmo und allen Ketzern, die Gott lästern und schänden."

Taß Bauren ungern beten.

Doctor Martinus Luther sagete, „daß der Pfarrherr zu Holsdorf (Holzdorf bei Schweinitz) seine Baurn nicht hätte wollen zum Abendmahl gehen lassen, die weil sie nicht hätten gekönnt die Häuptstück des Katechismi. Nun verklagten ihnen die Baurn für den Visitoribus. Da antwortet der Pfarrherr: „„Lieben Herrn, ich gestehe es, daß ich sie nicht hab wollen zum Abendmahl gehenlassen, denn sie

können nicht beten.""" Da fuhr einer aus den Baurn herfür und
sprach: „„Wir dürfen nicht beten, denn darüm halten wir Euch und
geben Euch Euern Lohn, daß Ihr für uns beten sollet!""

Kein Vater soll seinen Kindern bei seinem Leben seine Güter übergeben.

Einer war bei D. Martino und klaget sein Elend, daß er
von seinen Kindern, die er ausgestattet und ehrlich begabet, ja
alle seine Güter auf sie gewandt hatte, nu in seinen alten ver-
lebten Tagen verlassen und unter die Füße getreten würde. Sprach
der Doctor: „Jesus Sirach gibt den Aeltern den besten Rath,
da er sagt: „„Gibe nicht Alles aus der Hand, weil du lebest,
denn die Kinder halten nicht Glauben."" Ein Vater (wie das
Sprichwort lautet) kann wol zehen Kinder ernähren, aber zehen
Kinder können nicht einen Vater ernähren. Darum predigte man
vorzeiten wider die undankbare Kinder von einem Vater, der sein
Testament hatte gemacht, welches er heimlich in ein Kasten ver-
schloß und legte ein Zettel darzu sammt einer Keulen mit diesen
Worten:

Welcher Vater das Seine gibet aus der Gewalt,
Den soll man todtschlagen mit der Keule bald.

So lieset man von einem Vater, der all sein Gut unter die
Kinder ausgetheilet hatte, daß sie ihn sollten sein Lebenlang davon
ernähren und erhalten; aber die Kinder achteten seiner nicht. Wenn
er acht Tage bei einem Kinde war gewesen, so sagt es: Er soll
zum andern auch gehen und so lange mit ihm essen. Einmal
kam der Vater ohngefähre zum Eidem, der saß und aß von einer
Gans; da er des Vaters gewahr ward und sahe ihn, von Stund
an verbarg er sie und steckte sie untern Tisch. Da nu der Vater wegging und der Sohn wollte die Gans wieder herfür thun,
war ein Kröte daraus worden, die sprang dem Eidem unters
Angesicht, und fraß um sich, daß er ihr nicht konnte los werden,
so hart klebet sie an ihm, bis sie an ihm Alles verzehrete ohn
Aufhören, konnte nicht satt noch voll werden, daß er davon starb.

Solche Exempel zeigeten sie darum an, daß man sehe, wie
hart Gott der Kinder Undankbarkeit gegen den Aeltern strafet;
denn der Ungehorsam und Undankbarkeit der Jugend ist überaus
groß. Gerne nehmen sie, was die Aeltern mit ihrer saur Arbeit,
Blut und Schweiß erworben haben, aber sie wollen sie nicht auch
wiederum nähren, da doch die Aeltern es lassen ihnen darum so
saur werden Tag und Nacht, daß sie die Kinder reich machen
und ihnen viel lassen mit Gefahr Leibs und Lebens, und werden
darnach so verachtet.

Ah! die Welt ist böse, hebt bald in der Jugend und Blüte
an; darum hat Gott das vierte Gebot gegeben und mit großem
Fleiß und Ernst befohlen: „„Ehre dein Vater und deine Mutter ꝛc.““, hält auch hart darüber. Aber der Papst, der Antichrist, hat mit seinen Traditionen dies Gebot Gottes aufgelöset
und mit Füßen getreten."

Töchter soll man mit Gelde ausstatten, die Söhne aber sollen in Lehengütern und im Erbe
bleiben.

„Reicher, kluger Leute Bedenken und Rath ist gewesen, daß
man den Töchtern eine gewisse Summa Geldes gebe fur ihr Erb-
theil zur Mitgift; die Söhne aber in Erbgütern bleiben lasse, daß
sie denselben fürstehen und also beym Geschlecht bleiben und nicht
in fremde Hände kommen ꝛc. Und ist zwar ein gut Bedenken und
Rath gewesen; denn da die Töchter nicht mit Gelde abgetheilet
werden, so muß das Erbe und die Güter den Söhnen zurissen
werden. Darum soll man den Töchtern Geld geben, den Söhnen die Güter lassen."

Neunte Sammlung.

Sonderliche Redener.

Anno 1536 den 1. Augusti, schrieb D. M. Luther auf seinen
Tisch: „Res et verba Philippus; verba sine re Erasmus; res
sine verbis Lutherus; nec rem nec verba Carolostadius; das
ist, was Philippus schreibet, das hat Hände und Füße, die Materie ist gut, so sind die Wort auch gut; Erasmus macht viel
Worte, es ist aber nichts dahinter; Lutherus hat wohl gute Materia, aber die Worte sind nicht gut; Carlstadt hat weder gute
Materie noch gute Wort."

Da kam Philipp. ohngefähr dazu, lächelte D. Basilius an,
und sagete: „„Von Erasmo und Carlstadt wäre wol recht judi-
ciret und geurtheilt, ihm aber würde zu viel gegeben, auch sollt
man D. Luthern auch gute Wort zuschreiben, und daß er wol
reden könnte."“

Was Dialectica sey.

„Dialectica ist eine hohe Kunst, redet einfältig, schlecht und gerecht; als wenn ich sage: Gib mir zu trinken. Rhetorica aber schmückts, und spricht: Gib mir des lieblichen Safts im Keller, das sein krause stehet und die Leute fröhlich macht."

Wie man im Papstthum geprediget.

Weiter ward auch geredt, wie man im Papstthum etwan hat geprediget, was sie für Geberde geführt und Themata furgelegt hätten. D. Fleck fing seine Predigt an mit Jauchzen, Schreien ꝛc., Münzer mit Singen: „„Es fuhr ein Bauer ins Holz"", M. Dieterich: „„Gestern waren wir Alle voll"" ꝛc. Und sagten von einem Pfarrherr, der hätte müssen predigen und das Thema nehmen: „„Inter natos, mulierum, quod ipsae dicunt, non est verum."" Meine furgelegten Wort im Latin lauten auf Deutsch also: „„Vater, in deine Hände befehl ich meinen Geist"" ꝛc. Darnach sagten sie, wie ein Kirchner in der Kirche unter seines Pfarrherrs Predigt geschlafen hätte, und da er vom Hahngeschrei erwacht, wäre er aufgefahren und darauf gesungen: „„Et cum spiritu tuo,"" hätte nicht anders gemeinet, der Pfarrherr singe: „„Dominus vobiscum.""

Da sprach Doctor Martinus: „Es hat sich Alles gereimet. Dazumal war ein Zeit zu scherzen, nu aber ists Zeit, ernst zu sein; wie Christus sagt (Matth. 5, 13.): „Ihr seid das Salz der Erden." Salz beißt und schmerzt, es reiniget aber und behält das Fleisch frisch, das nicht faulet; doch die Welt kann und wills nicht mehr leiden. Wie sollen wir aber thun? Gott wills also haben!"

Viel Wäscher ob sie gleich viel gelehrt und beredt sind.

Doctor M. L. sagte: „Es wären wol viel beredte Prediger, aber es wäre nichts dahinter, sondern nur Wort; sie könnten viel schwatzen und nichts recht lehren." Da sprach M. Phil. M.: „„Die Welt hätte zu allent Zeiten solche Thrasones, ruhmredige Schreihälse, gehabt. Denn man schreibt, daß Cicero, der allerberedste Heide in der latinischen Sprache, gesagt habe, da er einen großen furtrefflichen Schwätzer hatte hören reden: er hätte sein Lebenlang niemals einen gehört, der mit solcher Gewalt und Autorität nichts gesagt hätte. Und Erasmus Roterodamus, da er zu Bononien einen, der in seiner Oration triumphirte und hoch daher prangete, gehört hatte, ward er gefragt, wie er ihm gefallen hätte? Sprach er: „„Wol! Denn er hats weit über

5

meine Gedanken gemachet und wie ich gemeinet habe."" —
„„Wie denn?"" sprach einer. Da antwortet er und sprach:
„„Ich hätte nicht gemeinet, daß ein solcher Narr in ihm steckte.""
Darum ist Reden nicht Kunst; aber fein deutlich und richtig
reden, ist Wenigen gegeben. Niemand soll sich etwas unterstehen,
es sei ihm denn von oben herab gegeben." (Joh. 3, 27.)

Eigenschaften und Tugende eines guten Predigers.

„Ein guter Prediger soll diese Eigenschaften und Tugende
haben. Zum Ersten, daß er ein fein richtig und ordentlich lehren
könne. Zum Andern soll er einen feinen Kopf haben. Zum Dritten wol beredt sein. Zum Vierten soll er eine gute Stimme haben.
Zum Fünften ein gut Gedächtniß. Zum Sechsten soll wissen
aufzuhören. Zum Siebenten soll seins Dings gewiß und fleißig
sein. Zum Achten soll Leib und Leben, Gut und Ehre dran
setzen. Zum Neunten soll sich von jdermann lassen vexiren und
geheien."

Art und Amt eines guten Redeners.

„Eines guten Redeners Amt oder Zeichen ist, daß er aufhöre,
wenn man ihn am liebsten höret und meinet, er werde erst
kommen; wenn man ihn aber mit Überdruß und Unwillen höret,
und wollte gern, daß er aufhörete und zum Ende und Beschluß
käme, das ist ein böse Zeichen. Also auch mit einem Prediger;
wenn man sagt: Ich hätte ihm noch wol länger mögen zuhören,
so ists gut; wenn man aber sagt: Er war in das Waschen
kommen und konnte nimmermehr aufhören, so ists ein bös Zeichen."

Was ein frommer Prediger thun soll.

„Doct. M. L. sprach zu einem Pfarrherrn: „Wenn Ihr
wollt predigen, so redet mit Gott und sprecht: „„Lieber Herr
Gott, ich will dir zu Ehren predigen, ich will von dir reden,
dich loben, deinen Namen preisen; ob ichs wol nicht kann so gut
machen 2c., als ich wol sollte!"" Und sehet weder Philippum,
mich, noch keinen Gelehrten an, und lasset Euch dünken, Ihr seid
der Gelehrteste, wenn Ihr von Gott redet auf der Canzel. Ich
hab mich nie entsatzt, daß ich nicht wol predigen kann; darüber
aber hab ich mich oft entsetzt und gefurcht, daß ich fur Gottes
Angesicht also habe sollen und müssen reden von der großen
Majestät und göttlichem Wesen. Darum seid nur stark und
betet!"

Man predige nur recht, wie man kann, ohne nicht nach.

„Magister Forstenius (D. Joh. Förster Prof. der hebräischen
Sprache an der Universität Wittenberg) klagte D. M. Luthero, daß

sein Predigamt ihm saur und schwer ankäme und alle seine Predigten ihme zu enge würden, auch würde er oft irre drinne, und wollte, daß er noch bei seiner alten Profession geblieben wäre. „Ah,‟ sagt D. Mart., „daß der liebe Paulus und Petrus da wäre! Ihr solltet sie wohl schelten; denn Ihr bereit gerne so geschickt wolltet sein als sie; Ihr wollet haben den Zehenten und nicht die Erstlingen. Est aliquid prodire tenus, sinon datur ultra; Kriechen und Schleichen ist auch etwas, da man nicht weiter kann. Thut Ihr das Eure! Könnet Ihr nicht eine Stunde predigen, so sei es eine halbe oder Viertheilstunde. Und richtet Euch nicht allerding nach Andern, ihnen nachzuahmen und zu folgen; Ihr könnet meine, noch eines Andern Predigt von Wort zu Wort nicht erlangen; sondern fasset aufs Einfältigste und Kürzste zuvor, worauf die ganze Sache und Predigt stehet, und befehlets darnach unserm Herrn Gott. Suchet in aller Einfalt allein Gottes Ehre, nicht Ruhm und Zufallen von Menschen und betet, daß Euch Gott Verstand und Mund und den Zuhörern ein recht rein Gehöre verleihe, und lassets Gott walten. Denn das wollet mir gläuben, daß Predigen nicht Menschenwerk ist; denn ich, wiewol ich nu ein alter und geübter Prediger bin, doch fürcht ich mich, wenn ich predigen soll. Und Ihr werdet gewißlich diese drei Stücke erfahren. Zum ersten, da Ihr gleich die Predigt aufs aller Beste gefasset und begriffen habt, worauf sie stehen soll, so soll es Euch wol zurinnen und zu Wasser werden. Zum Andern, dagegen wenn Ihr am Concept und Begriff gar verzaget, so gibt Gott Gnade, daß Ihr am Besten prediget, das dem Haufen wolgefället, Euch aber nicht gefället. Zum Dritten wenn Ihrs nicht gefaßt habt, daß es beide Euch und den Zuhörern wird gefallen. Darum bittet Gott und lassets dem befohlen sein.

Lasset uns nur studiren und fortfahren, in dreien Jahren werden wir sehen, daß an rechtschaffenen Predigern mangeln wird; denn Zwickau, Altenburg, Torgau, Wittenberg stehen auf zweien Augen; sterben die, so werden wir ihrs Gleichen nicht leichtlich bekommen; man wird wahrlich in unserm Fürstenthum Leute bedürfen. Ich weiß nicht, wie es kömmet, daß wir nicht ehe predigen noch schreiben wollen, es gefalle uns denn zuvor selbs; und da man uns nicht mit dem Vermahnen zwünge, so thäten wirs nicht. M. Ph. (M. Philippus Melanchthon) hätte die Apologiam Confessionis zu Augsburg nimmermehr geschrieben, wenn er nicht so getrieben und gezwungen wäre worden; er hätte es immer wollen besser machen.‟

Wohin ein Prediger sehen soll.

„Doctor Erasmus Alberus, da er in die Mark ziehen wollte, bat er D. M. L., er wolle ihm eine Form und Art stellen, zu predigen furm Fürsten. Der Doctor sprach: „Alle Deine Pre=digten sollen aufs Einfältigst sein und siehe nicht auf den Fürsten, sondern auf die einfältigen, albern, groben und ungelehrten Leute, welches Tuchs auch der Fürst sein wird. Wenn ich in meiner Predigt sollte Philippum Melanchthonem und andere Doctores ansehen, so machte ich nichts Gutes; sondern ich predige aufs Einfältigst den Ungelehrten und es gefällt Allen. Kann ich denn Griechisch, Hebräisch, das spare ich, wenn wir Gelehrten zusammen kommen; da machen wirs so krause, daß sich unser Herr Gott drüber verwundert.“

Von gewaltigem Predigen.

„Magister Forstenius fragte D. Mart.: „„Wo doch solche Kunst herkäme, so gewaltiglich reden, daß alle beide, Gottfürchtige und Gottlose, bewegt würden und es zu Herzen nähmen?““ Da antwortet er und sprach: „Aus dem ersten Gebot Gottes: „„Ich, der Herr, dein Gott, bin ein starker Eiferer (wider die Gott-losen) und thue wol und Barmherzigkeit (den Gottfürchtigen)““ 2c. Denn das will Gott haben und befihlts, daß man den Stolzen das höllische Feur predige, den Frommen das Paradies; die Bösen strafe, die Frommen tröste 2c.“ Da sprach Försten: „„Ich habe ihr uber drei nicht gehört, derer Predigt mir so wären zu Herzen gegangen als Eure, Herr Doctor, M. Cordati und M. Rörers. Wie gehets denn zu, daß Andere das Herz nicht also rühren und treffen wie diese drei?““ D. Martin ant=wortet: „Die Ursach ist, daß die Instrumente und der Werkzeug unterscheidlich sind gleich wie ein Messer baß schneidet denn das ander.“ Da sprach Försten: „„Diese Kunst wollt ich gerne lernen, daß ich den Leuten ins Herz und Gewissen reden könnte; aber meine Predigten sind so kalt, daß ich mich oft, wenn ich vom Predigstuhl wieder gehe, schäme, und hernach gedenke, so und so solltest du das tractiret haben.““ D. Mart. sprach: „Lieber Försten, in dem sollt Ihr von Euch selbr nicht judiciren noch urtheilen, wie Ihr auch nicht könnt, sondern Andere sollen urtheilen. Und mir geschiehets oftmals, daß ich mich meiner Predigt schäme, bald wenn sie aus ist, und meine, sie sei sehr kalt gewest; aber Andere haben sie darnach bei mir sehr gelobet. Denn es gehet gemeiniglich also zu, was uns wolgefällt, daß mißfällt Andern, und wiederum“ 2c.

„Wenn einer in einem Kampf und Streit stehet, so sehe er zu, daß er in **statu negotii** bleibe,“ sagete Doctor Martin Luther, und sprach: „Er hätte keinen Widersacher gehabt, der wäre in **ipso statu** geblieben und gleich zu mit ihme gefochten hätte, son= dern sie wären alle beiseit ausgelaufen, hätten nicht auf dem Platz gestanden und der Streiche gewartet. Es ist Kunst, daß ich stehe **in statu causae** und sagen könne: Hievon handeln wir; da gilt es Treffens; ich lauf ihnen nach, und welcher den Andern jagt, der wird auch müde.

Ich trieb Doctor Ecken damit auch ein (bei der Disputation zu Leipzig im J. 1519) der mit diesem Argument des Papsts Primatum beweisen wollte und furgab, S. Petrus wäre auf dem Meer gewandelt, und das Meer wäre die Welt; darum wäre S. Petrus der Fürst und Oberste unter den Aposteln, und der Papst der oberste Bischof in der Kirche Christi. Als nu jeder= mann darüber lachete, daß er aus S. Bernhardo die Aposteln nennete die Welt, und er (Doctor Eck) sahe, daß ich ihn ins Garn und Netz getrieben und gejagt hatte, da schrie er auf und sprach zu den Mönchen zu Leipzig: „„O vos sancti fratres, videte importunitatem Lutheri, qui patris vestri Bernhardi sententiam reiicit, qui tamen Spiritum sanctum habuit!““ Da blieb ich aber in statu causae stehen und ließ Bernhardum sein Bernhardum, und legte den Spruch recht aus, daß Sanct Petrus wäre auf dem Meer gewandelt, das ist, er hätte die Welt mit Füßen getreten und verachtet.

Dergleichen hab ich sonst ein Mal bei dreien Stunden mit meiner Widersacher einem disputiret und seine Meinung, so er mit der Väter Sprüchen schützen wollte, widerleget aus Gottes Wort und andern Sprüchen der alten Väter: da ward er zornig, und sprach: „„Domine Doctor, vos semper petitis princi= pium.““ Dabei war nu ein feiner alter Mann, der fiel mir bei und erzählet mir ein Exempel von einem Licentiato des Rechten und von einem Doctor, die wider einander in einer Rechtfertigung zu Recht gesatzt hatten. Als nu der Licentiat seine Sache furgebracht und seine Klage mit seinen Rechtsgründen dargethan hatte, und der Doctor darauf seine Antwort thäte und weitläuftig hin und her schweifete und viel sagete, das gar nichts zur Sachen dienete, ja allerlei Winkelhölzer suchete und mit seinem Waschen ins Lerchenfeld kommen war, da hatte der Li= centiat zu ihme gesagt: „„Herr Doctor, ich gönne Euch der

Mühe wol, daß Ihr uber Berge und uber Thal laufet, und
sehr müde werdet, aber hie ist der Platz, darauf wir treffen
sollen,"" und hatte ihme den **statum controversiae** gezeiget,
darauf sollte er Antwort geben.

Derhalben soll noch ein Prediger bleiben **in statu**; aber
meine Widersacher haben ein bös Gewissen, sie erharren des
Streiches nicht, wollen ihre Irrthume nicht bekennen; wie ich
frei und offentlich bekennet, daß ich im Papstthum in vielen
Stücken geirret, und darnach in etlichen Sachen, aber nicht den
Glauben betreffend, auch bin verführet und betrogen worden.
Aber in Glaubenssachen bin ich durch Gottes Gnade allezeit beständig geblieben. Irrthum soll man bekennen, es ist sonst
menschlich, irren. Aber die Bösewichter wollen ihren Irrthum
nicht widerrufen, sie wollens mit uns halten, und lehren doch
das Gegenspiel. Es kanns aber ein jder wol abnehmen, daß wir
mit einander nicht eins seien, denn sonst würden wir wider einander nicht also hart schreiben und streiten."

Worum die Laien den Predigern Feind sind.

"Es ist ein ewiger Haß," sprach Doctor Martinus, "zwischen
den Cleriken oder Geistlichen, so im Kirchenamte sind, und den
Laien oder Weltlichen, und das nicht ohn Ursach. Denn der
ungezähmete Pöbel unter Bauern, Bürgern, denen vom Adel, ja
auch sonderlich große Fürsten und Herrn wollen ungestrafet sein.
Nu aber ist der Prediger Amt, so ihnen Gott ernstlich befohlen
hat, daß sie die Sünder strafen sollen, die in offentlichen Sünden
liegen und thun wider die zehen Gebot Gottes, beide in der
ersten und andern Tafel, welchs sehr verdrießlich ist den Leuten
zu hören und fährlich. Darum sehen sie mit sehr scharfen
Augen auf die Prediger, die ihr Amt fleißig treiben, müssen an
ihnen etwas tadeln und irgend ein Schwärlin und gering Flecklin und kleinen Gebrechen sehen, sollten sie es auch an ihren
Weibern und Kindern ersehen, so wollten sie sich gerne rächen.
Und wenn die Fürsten nicht so gewaltig wären, so thäten sie
ihnen gleich also, wiewol sie ihnen heimlich feind sind.

Ah, lieben Herren! lasset uns nur bei dem reinen Wort
bleiben, daß wir aufm Stuhl Mosi sitzen und nichts anders,
denn was Gott befohlen hat, einfältig und treulich lehren; nicht
was uns nach unser Vernunft gut dünket. Da gleich das Leben
nicht so Schnur gleich und vollkommen ist, so ist Gott gnädig und
hat Geduld mit uns; wenns nur nicht furfätzlich geschicht, so
kann er wol durch die Finger sehen. Der Welt und Laien

Haß und Neid wider uns wird wol bleiben nach diesem alten Spruch:

> Dum mare siccatur, dum daemon ad astra levatur,
> Tunc clero laicus fidus amicus erit.

> Wenns Meer vertrucknet und Satan
>   Wird in den Himmel gnommen an,
> Alsdenn wird der Lai und die Welt
>   Den Dienern Gotts zu Freunden gestellt."

Die beste Weise zu predigen.

„Den gemeinen Mann," sprach D. M. L., „muß man nicht mit hohen schweren Dingen und verdeckten Worten lehren, denn er kann es nicht fassen. Es kommen in die Kirche arme kleine Kinder, Mägdlin, alte Frauen und Männer, denen ist hohe Lehre nichts nütze, fassen auch nichts davon; und wenn sie schon sagen: „„Ei, er hat köstlich Ding gesagt und eine gute Predigt gethan!"" da man sie aber fraget: Was war es denn? so sagen sie: „„Ich weiß es nicht."" Man muß den armen Leuten, weiß weiß, schwarz schwarz sagen, aufs aller Einfältigste, wie es ist, mit schlechten, deutlichen Worten, sie fassens dennoch kaum.

Ah, wie hat doch unser Herr Christus Fleiß gehabt, daß er einfältig lehrete! Von Weinstöcken, von Schäflin, von Bäumen ꝛc. brauchte er Gleichniß; Alles darum, daß es die Leute verstehen, fassen und behalten könnten.

Es ist ein schwerer Handel, Gottes Wort predigen und jdermann Gutes thun, und dazu allerlei Undank leiden; aber darum heißet es Gottes Gerechtigkeit. Die Welt vermag nicht, daß sie sollte Recht thun und Böses dafur leiden, gehört auch nicht in ihr Regiment. Denn das ist nicht Recht, daß, wer Recht thut, gestraft werde oder Gewalt leide, sondern Guts dafur empfahe zu Lohn und Dank. Wer wiederum Guts thut, daß er Dank und Lohn davon haben will, der ist nicht christlich, sondern weltlich.

Die Lehre und Predigt soll man richten nach den Zuhörern.

„Was sich schickt und bequem ist, nach Gelegenheit der Zeit, Orts und Personen, soll man lehren und predigen. Nicht, wie ein Pfarrherr ein Mal geprediget hatte, es wär unrecht und wider Gott, daß ein Weib ihrem Kinde ein Amme hielte; und damit hatte er die ganze Predigt zubracht, da er doch eitel arme Radespinnerin in seiner Pfarre hatte, welche diese Vermahnung nichts anging. Wie auch der gewest ist, der in einem Hospital

unter alten Weibern viel vom Eheſtande ſagte, lobte denſelben
und vermahnete ſie dazu."

Zur Gelehrten predigen oder leſen.

„Doctor Creuziger ſagte zu M. Philip., „„er ſehe ihn un=
gern gegenwärtig in ſeiner Lection."" Da ſprach D. M. L.:
„Ich hab ihn auch nicht gern in meinen Lectionen und Predigten,
aber ich ſchlage das Creuze fur mich und denke, Philipp, Jonas,
Pommer ꝛc. ſei nicht drinnen, und laß mich dünken, daß kein
Klüger auf der Canzel ſtehe als ich."

Hofpredigten.

„Zu Hofe ſoll man dieſe Regel halten, daß man flugs ſchreie
und klage. Will man ein Mal nicht hören, daß man noch ein
Mal ſupplicire. Denn Beſcheidenheit und das Euangelium ge=
hören nicht gen Hofe, ſondern man muß böſe, unverſchämt ſein,
klagen und geilen. Man muß Moſen mit den Hörnern zu Hofe
ſetzen, nicht Chriſtum, der freundlich und gütig iſt. Darum
rathe ich meinen Pfarrherrn, daß ſie ihr Elend, Armuth und
Noth zu Hofe klagen. Denn ich habe offentlich fur dem Kur=
fürſten geprediget, der Fürſt ſei wol fromm und rechtſchaffen,
aber die Leute thun, was ſie wollen. Um des Worts Willen
haben etliche zu Hofe Doctor Jonas und M. Philipp zu Reden
geſetzt, denen haben ſie dieſe Antwort gegeben: „„D. Luther iſt
alt gnug, weiß wol, was er predigen ſoll!""

Das man große Hauſen mit dem Predigamt nicht hart angreifen ſoll.

„Der junge Markgraf Joachim der Ander hat Anno 1532,
als er zu Wittenberg geweſen, Doctor Martinum Luther ge=
fraget: „„Warum er doch ſo heftig und hart wider die großen
Herren ſchriebe?"" Darauf hat Doct. Martinus geantwortet:
„Gnädiger Herr, wenn Gott das Erdreich will fruchtbar machen,
ſo muß er zuvor laſſen furhergehen einen guten Platzregen mit
einem Donner und darnach darauf fein mälich regenen laſſen;
alſo feuchtet er das Erdreich durch und durch." „Item," ſprach
er, „ein weiches Rüthlin kann ich mit einem Meſſer zer=
ſchneiden, aber zu einer harten Eichen muß man eine ſcharfe
Axt und Barten oder Keil haben, man kann ſie dennoch kaum
ſpalten; wie denn eine große Eiche von einem Haue nicht fället."

Was in Amtsverrichtung zu betrachten.

„Wenn ich mirs nicht von Herzen ließe ſaur werden um des
Manns Willen, der fur mich geſtorben iſt, ſo ſollt mir die
Welt nicht können Gelds gnug geben, daß ich ein Buch ſchreiben

ober etwas in der Bibel verdolmetschen wollte. Ich will meine Arbeit von der Welt unbelohnet haben, sie ist zu gering und arm dazu; ich habe noch nie meine Herrn zu Sachsen um einen Pfennig gebeten, weil ich bin hie gewest."

Zehnte Sammlung.

Eine Vermahnung zur Danksagung für Friede.

„Den 11. Maji, am Sonntage Vocem Iocunditatis, 1539 vermahnete D. M. Luther das Volk zur Danksagung, daß Gott dies Jahr hätte Frieden gegeben. „Denn wir sehen offentlich," sprach er, „daß Gott wachet und wehret noch den blutgierigen Papisten, die aus teufelischem Haß wider uns wüthen und toben, und alle Jahr schwanger gehen und dursten nach unserm Blut, welche Gott oft zu Schanden gemacht hat und machen wird; wie denn der liebe Gott itzt selber wunderbarlicher Weise Friede gemacht hat in dem, daß der gottlose Mensch H. G. (Herzog Georg) getödtet ist. Darum sollen wir Gott billig dafur danken, beten und Buße thun, denn kein Fried ist zu hoffen, weil der Papst regiret und das Euangelium leuchtet, so wird der Haß und Uneinigkeit für und für währen und nicht aufhören. Gott behüte uns fur Blutvergießen! Darum soll man bitten."

Da dasselbige Mal vom Friedstand gesagt ward, so zu Frankfurt gemachet war, sprach Doctor Martin Luther: „Ich kann nicht bedenken, wie zwischen uns und den Papisten Friede könne gemacht werden, denn kein Theil weichet dem andern, und ist ein ewiger Krieg zwischen des Weibes Samen und der alten Schlange. Die kriegen sich nicht müde wie weltliche Könige, Fürsten und Herrn; wenn sie sich müde gekrieget haben, so machen sie ein An= und Friedstand etliche Jahre. Solche Conditiones und Mittel haben in dieser Sache nicht statt, denn wir können nicht weichen von dem Bekenntniß der rechten, wahren christlichen Religion und Gottes Worts, darauf sie dringen. So wollen sie herwiederum von ihrer Abgötterei und Gräueln nicht lassen. Der Teufel will ihm die Füße nicht lassen abhauen, so will Christus sein Wort zu predigen und auszubreiten unge=

hindert haben. Darum kann ich kein Anstand noch Fried ge=
denken und hoffen zwischen Christo und Belial."

Einer muß dem Andern um Friedens Willen weichen.

„Doct. Mart. Luther sagete: „Wenn sichs begibt, daß zwo
Ziegen einander begegnen auf einem schmalen Stege, der uber
ein Waſſer gehet, wie halten sie sich? Sie können nicht wieder
hinter sich gehen, so mögen sie auch nicht neben einander hingehen,
der Steg ist zu enge. Sollten sie denn einander stoßen, so
möchten sie beide ins Waſſer fallen und ertrinken. Wie thun
sie denn? Die Natur hat ihnen gegeben, daß sich eine nieder=
leget und läßt die ander uber sich hingehen; also bleiben sie beide
unbeschädiget. Also soll ein Mensch gegen dem andern auch
thun und auf ihme laſſen mit Füßen gehen, ehe denn er mit
einem andern sich zanken, hadern und kriegen sollte!"

Ob man sich wider den Kaiser wehren möge. Ein Anders.

„So mich Jemand", sprach D. M. L., „in meinem Hause
ubereilete, und mir und den Meinen Gewalt thun und sie be=
schädigen wollte, bin ich, als ein Wirth und Hausvater schuldig,
mich zu wehren und sie zu vertheidigen; viel mehr aufm Wege
und Landstraße. Ich bin oft von unserm Gnädigsten Herrn
erfodert worden, da ich wol auf der Straße wäre zu greifen
gewest. Wenn mich Straßenräuber oder Mörder hätten wollen
beschädigen, und mir unrechte Gewalt thun, so wollte ich mich
von wegen des Fürstenamts, als sein Unterthan und Diener,
ihrer gewehret und Widerstand gethan haben; denn sie griffen
mich nicht an um des Euangelii willen, als einen Prediger und
Glied Christi, sondern als des Fürsten und der Oberkeit Glied;
da soll ich dem Fürsten helfen sein Land reine halten; kann ich
ihn erwürgen, soll ich das Meſſer auf ihn legen, und frei das
Sacrament empfahen; soll ich doch in Nöthen einen guten Ge=
sellen retten, viel mehr einem Fürsten sein Land. Würde ich
aber angegriffen um Gottes Worts willen, und als ein Prediger,
da soll ich leiden, und die Rache und Strafe Gott befehlen.
Denn ein Prediger soll sich nicht wehren; darum nehme ich kein
Meſſer mit auf die Kanzel, sondern allein auf dem Wege, wenn
ich wandere und uber Feld ziehe. Die Widertäufer sind ver=
zweifelte böse Buben, tragen keine Wehre, und rühmen sich
großer Geduld."

D. M. L. fragte den Engeländer, der bey ihm im Hause
und sein Tischgänger war: „Ob wir uns auch möchten wehren,

wenn des Papſts Concilium fortginge, und wir darinnen ver=
dammt, und dem Kaiſer die Execution befohlen würde?" Ant=
wortet er: „„Ja, denn die deutſchen Fürſten waren Amtsper=
ſonen, hätten das Schwert, darum gebührete ihnen, ihre Unter=
thane zu ſchützen für unrechter Gewalt.‘‘‘ Dawider ſagte D.
M. L.: „Nein, denn ein Fürſt iſt gegen dem Kaiſer eine Privat=
und einzele Perſon; aber das zu unterſcheiden, wollen wir den
Juriſten befehlen." Doch ſprach er weiter: „Regimente ſind
dreyerlei Art: Eins despoticum, herriſch; das ander, civile,
bürgerlich; das dritte, tyranniſch. Das herriſche iſt ein Ius,
Gerechtigkeit; wie ich habe über meine Hühner, Gänſe, Kühe,
Schweine und Viehe, ſie zu ſchlachten, denn ich bin ihr Herr,
wie ich auch meines Weibes, Kinder und Geſindes Herr bin;
aber wenn ich ſie wollt umbringen und tödten, das gebührete
mir nicht, thäte unrecht, denn ſie ſind mir nicht unterworfen
noch unterthan nach dem herriſchen, ſondern nachm bürgerlichen
Rechte.

Alſo ſind wir dem Kaiſer unterworfen, und ſeine Unterthane,
mit einem gewiſſen Maaß, nach Verordnung der Rechte, wie er
uns dagegen auch nach derſelbigen Verordnung verpflichtet und
verbunden iſt. Da er nu dieſelben Rechte überſchritte, und da=
wider thäte, ſo widerſtünden wir ihm mit Rechte, als einem
Thrannen, der Gewalt übete, und wider ſeine Pflicht thäte.
Darum hat der Kaiſer im Deutſchlande und Reich nicht ein
ſolche Gewalt und Recht, ſo ein jglicher König in ſeinem Reich
hat; denn er hat für ſich ſelbs weder Münz noch Zoll, und
Gleite oder Bergwerke, wie andere Könige und Herrn in ihrem
Reich; ſondern die Fürſten und Städte des Reiches haben ſolchs
Alles. Darum ſind wir dem Kaiſer nicht ſo gar ſtracks und
ohn alle Maße unterworfen. Und obwol wir Theologi wollten
lehren, man ſoll leiden; ſo würde man ſprechen, wie der Land=
graf zu mir ſagte: „„Herr Doctor, Ihr rathet wohl fein, wie
wenn wir Euch nicht folgeten?‘‘‘ Das geſchach den letzten
Auguſti Anno 36."

Vermahnung zur Geduld in ſolcher Thrannei.

„Es iſt beſſer," ſprach Doctor Martinus, „daß wirs mit
Geduld überwinden, denn daß Deutſchland ſollte ein Tumult
erregen und ein Lärmen anrichten. Denn Deutſchland iſt ein
groß Corpus, wenn das recht rege wird, ſo kanns nicht ohn
großen Schaden abgehen. Wie wir in Bauren=Aufruhr geſehen
und erfahren haben, um einer kalten Urſach Willen, wie ſo in

einer kurzen Zeit ein so große Empörung uberhand und zu=
nahm. Schweige denn, wenn die Fürsten und Stände zusammen
thäten, da wir still dazu schwiegen. Ah, die Papisten habens
damit nicht ausgerichtet! Ob sie uns Wittenbergischen oder Säch=
sischen gar austilgeten, so würden sie doch aus einem kleinen
Fünklin ein groß Feuer zubereiten und erregen! Darum lasset
uns bitten um Friede, und daß sie bekehrt werden. Aber sie
wollen lieber mit uns verderben und zu Grunde gehen, so feind
sie uns!"

Daß Krieg Gottes größte Strafe sey.

„Sie (die Papisten,) habens wahrlich im Sinn wider das
arme Deutschland. Ich gläube nicht, daß unsere Nachkommen
werden Friede haben. Gott wende seinen Zorn gnädiglich von
uns abe, denn Krieg ist der größten Strafen eine, als der zer=
stört und nimmt weg die Religion, weltlich und häuslich Regi=
ment. Alles liegt darnieder. Theurung und Pestilenz sind wie
Fuchsschwänze, ja nicht zu vergleichen mit Kriege, sonderlich Pesti=
lenz ist die gnädigste und lindeste Strafe. Drüm wählte David
unter den dreyen Strafen die Pestilenz, wollte lieber in Gottes,
denn in der Menschen Hände fallen, der wäre doch gnädig."

Wie die Welt die Spaltung in Religionssachen aufheben und beilegen will.

„Damals erzählete auch Doctor Luther: „daß zu Rom des
Papsts Narr einmal bei etlichen Cardinäln gewesen wäre, die gerath=
schlaget hätten, wie man doch mit den Lutherischen thun möchte,
daß man sie ausrotten könnte? Sie hätten aber fürgeben, daß
die Lutherischen die heilige Schrift und S. Paulum also ge=
waltig wider sie citireten und in ihren Büchern und Schriften
anziehen, dasselbige läge ihnen im Wege, daß sie die Lutherischen
nicht konnten dämpfen. Da hatte der Narr zu ihnen gesaget:
er wüßte guten Rath, daß man des Pauli los würde und seine
Lehre nicht wider sie wäre. Es hätte der Papst Macht, Heiligen
zu erheben, man sollte S. Paulum auch erheben und aus der
Apostel Zahl unter die Heiligen setzen, so wären seine Dicta
nicht mehr apostolisch."

Von einem Fürsten.

„Ein Fürst (Markgraf von Culmbach) soll gesagt haben:
„„Wenn ich an des Kaisers Statt wäre und Befehl hätte, so
wollte ich die allerbesten Theologen von beiden Theilen, Papisten
und Lutherischen, in ein Haus wohl verwahret zusammen ver=
schließen und ihnen Essen und Trinken zur Nothdurft gnug geben,

bis daß sie sich alle vereiniget und verglichen und beschlossen hätten in der Religions=Sachen. Darnach wollt ich sie fragen: Ob sie auch ihre Decret und was sie mit einander beschlossen hätten, festiglich gläubten und, da es von Nöthen wäre, mit ihrem Tode bestätigen und bezeugen wollten? Und da sie Ja sagten, so wollte ich das Haus anzünden lassen, daß sie alle ver=brennen müßten. Alsdenn wollte ich ihrem Beschluß gläuben."'"

Von der gräulichen Bosheit und dem Regiment zu Rom.

„Da Licentiat Liborius von Magdeburg, und M. G. Spa=latinus, gewesener kurfürstlicher sächsischer Hofprediger, gegen=wärtig und bey Doctor Mart. Luther waren, sprach er: „Weil mich unser Herr Gott in den häßlichen Handel und Spiel bracht hat, wollte ich nicht hundert tausend Gülden dafür nehmen, daß ich nicht auch Rom gesehen hätte; ich müßte mich sonst immer besorgen, ich thäte dem Papst Gewalt und Unrecht; aber was wir sehen, das reden wir."

Bembus (Secretair des Papstes Leo X.), ein überaus gelehrter Mann, da er Rom wol gesehen und nachgetrachtet hatte, soll gesagt haben: „„Rom wäre ein stinkender Pfuhl, voll der aller=bösesten Buben in der ganzen Welt."" Und einer hat geschrieben:

„„Vivere qui sancte vultis, discedite Roma,
　Omnia hic ecce licent, non licet esse probum.
Wer Christlich leben will und rein,
　Der zieh aus Rom und bleib daheim.
Hie mag man thun, was man nur will,
　Allein fromm seyn gilt hie nicht viel.""

...... Ein alter Pfarrherr aß aufn Abend mit Doctor Martin Luthern; der sagete viel von Rom, denn er hätte zwey Jahr lang da gedienet, und wäre vier Mal dahin gegangen; und da man ihn fragte, warüm er so oft wäre dahin gangen? sprach er: „„Erstlich suchte ich einen Schalk da. Zum Andern, fand ich ihn. Zum Dritten, bracht ich ihn. Zum Vierten, trug ich ihn wieder hinein, und satzete ihn hinter den Altar S. Peters.""

Unnützer Ruhm des Papsts von der römischen Kirche.

„Mich wundert," sprach Doctor Martin Luther, „daß der Papst die römische Kirche für die furnehmste rühmet, da doch die zu Jerusalem die Mutter ist, da die Lehre am ersten offen=baret und getrieben ist worden durch Christum, Gottes Sohn, selbr und seine Aposteln. Darnach ist die Kirche zu Antiochia, daher die Christen ihren Namen haben. Zum Dritten ist die

Kirche zu Alexandria, und zum Vierten die römische, wiewol vor derselben zuvor gewest sind der Galater, Corinther, Epheser, Philipper ꝛc. Kirchen.

Ists denn so groß Ding, daß Sanct Petrus zu Rom ist gewest? Da doch Christus, unser Heiland, zu Jerusalem gewest ist, da alle Artikeln unsers christlichen Glaubens gemacht sind, da Sanct Jacob ordinirt und Bischof ist gewest und da die Säulen der Kirche ihren Sitz haben gehabt!

Es ist der letzte Zorn Gottes, so mit Eitelkeit sich rühmet und brüstet und Vieler Gewissen mit Lügen beschweret und plaget!"

Daß der Papst ein vermummeter lebendiger Teufel sei.

„Ich gläube," sprach D. Martinus, „daß der Papst ein vermummeter und leibhaftiger Teufel ist, weil er der Endechrist ist. Denn gleich wie Christus rechter natürlicher Gott und Mensch ist, also ist auch der Antichrist ein leibhaftiger Teufel. Darüm ist es wahr, wie man vom Papst sagt, er sei ein irdischer Gott, der weder purer Gott noch ein purer Mensch ist, sondern zwo Naturen vermischet; ein irdischer Gott, das ist, ein Gott dieser Welt.

Warüm nennet er sich aber ein irdischen Gott? Gleich als wäre der rechte einige und allmächtige Gott nicht auch Gott auf Erden? Es ist fürwahr ein gräulicher großer Zorn Gottes des Papsts Reich, nehmlich „„ein Gräuel der Verwüstung, der da stehet an der heiligen Stätte,"" wie Christus saget und spricht flugs drauf: „„Wer es lieset, der merke drauf."" Math. 24, (V. 15).

Ein großer Grimm Gottes muß es sein, daß ein Mensch darf sich in der Kirche Gottes uber Gott erheben, nach dem Christus kommen und offenbaret ist. Wenn es unter den Heiden wäre geschehen, vor Christus Zukunft und Offenbarung, so wäre es nicht so ein Wunder. Und wiewol uns Daniel, Christus selber, S. Paulus und Petrus fleißig für solcher giftigen Bestien und Pestilenz gewarnet haben, doch sind wir Christen so tölpisch und unsinnig gewest, daß wir alle seine Lügen und Abgötterei angebetet haben und uns bereden lassen, er sei ein Herr uber die ganze Welt, unterm Titel und Namen S. Peters Erbtheils, da doch Christus und S. Peter keine Herrschaft auf Erden gelassen haben."

Des Papsts dreifächtige Krone.

„Der Papst hat drei Kronen. Die erste ist stracks wider Gott; denn er verdammet die Religion. Die ander wider den

Kaiser; denn er verdammet das weltlich Regiment. Die dritte ist wider gemeine Leute; denn er verdammet den Hausstand, hat den Priestern und seinen Geschmierten das kaiserlich Recht, die Ehe und Haushaltung, verboten.

Der Papst ist der rechte Rattenkönig der Mönche und Nonnen und Plättlingen, hat vor sechs hundert Jahren ungefährlich angefangen, aber zwei hundert Jahr hernach, da die Secten einrissen und uberhand nahmen, sehr zugenommen und gestiegen."

Des Papsts Gewalt und Practiken.

„Vor dieser Zeit war der Papst sehr stolz und hoffärtig, verachtete jedermann, wie Cajetanus der Cardinal, sein Legat zu Augsburg, zu mir sagte: „„„Was? Meinest du, daß der Papst nach Deutschland frage? Der kleinste Finger des Papsts ist stärker und mächtiger denn alle Fürsten in Deutschlanden!""" Nu aber, weil er siehet, daß der Kaiser nicht fur ihn streitet, fleuhet ers Concilium, macht ihm eine Zwickmühle zwischen dem Kaiser und Franzosen, ohne welche zwene er nicht sein noch bestehen kann in dieser Zwietracht. Denn wenn der Kaiser gestorben ist, wird der Franzos sich unterstehen, das Reich anzugreifen und einzunehmen; wie er denn in der nächst vergangenen Wahl schier fünf Stimmen der Kurfürsten gehabt. Werden ihn dieselbigen verlassen, so wird er anrufen den Türken, König in Persen, ja den Teufel in der Hölle selbst, den er a parte, ante und fur sich und auf seiner Seiten hat. Er ubergibt die Zwickmühl nicht mit dem Kaiser und Franzosen, sondern hält es mit der beiden ein, und ist neutralisch, trägt auf beiden Achseln!"

Des Papsts Fall zu unser Zeit.

„Ein sehr groß Wunderwerk ists jetzt zur Zeit, daß des Papsts Majestät gefallen ist das mehrer Theil. Denn dafür mußten sich alle Monarchen, Kaiser, Könige, Fürsten und Herrn fürchten und erzittern; keiner durfte auch das Geringste nicht furnehmen noch mucken wider den Papst, der sie Alle nur mit Winken und einem Finger erschreckte und eintreib. Derselbe Gott ist nu gefallen, daß ihm auch alle Mönche Feind sind, ob er wol ihr Patron, Schutzherr, ja Schöpfer und Gott ist und sie seine Creaturichen. Daß sie aber noch uber ihm halten, das thun sie um ihres Genießes Willen, sonst wären sie viel heftiger und böser wider ihn, denn wir sind. Seine Bosheit und Schalkheit aber wird jetzt gar offenbar, weil es am Tage ist, daß er 120,000 Kronen ausgeschickt hat, Mordbrenner zu bestellen."

Des Papsts Krone heißt **Regnum mundi**, der Welt Reich. Doctor Martinus sagt: „Er hab es zu Rom von einem Mönche gehört, daß ein solch Kron soll sein, die ganz Deutschland sammt allen Fürsten nicht könnte bezahlen."

„Gott hat das Papstthum nicht ohn Ursach in Italien gesetzet; denn die Walen können viel Dinges machen und zurichten, als sei es wahr, und ist doch nicht; haben listige und verschmitzte Köpfe!"

Collation oder Vergleichung des Papsts mit dem Vogel Kuckuk.

Doctor Martinus Luther sagte, „daß der Kuckuk hat die Natur und Art, daß er der Grasmücken ihre Eier aussäuft, und legt seine Eier dargegen ins Nest, daß sie die Grasmücke muß ausbrüten. Darnach, wenn die jungen Kuckuk aus der Schalen gekrochen und groß sind, so kann die Grasmücke sie nicht bedecken, darvon werden die Kuckuk aufsätzig, und zuletzt fressen die jungen Kuckuk ihre Mutter, die Grasmücken. Darnach auch kann der Kuckuk die Nachtigall nicht leiden," sagte Doctor Luther. „Der Papst ist der Kuckuk, er frisset der Kirchen ihre Eier und scheißt dagegen eitel Cardinäl aus. Darnach so will er seine Mutter, die christliche Kirche, fressen, darinnen er doch geborn und auferzogen ist; so kann er frommer, christlicher, rechtschaffener Lehrer Gesang, Predigt und Lehre nicht dulden oder leiden."

Der papistischen Meßknechte Platten.

„Es ist gleichwol ein Wunderding und Erfindung," sagt Doctor Martinus, „daß des Papsts geschmierte Creatürichen, Mönche, Pfaffen und Ordenspersonen, gemeiniglich alle müssen Platten und Creuze tragen, da es doch Gott in Mose verboten hat. Vielleicht hat unser Herr Gott mit diesem Zeichen wollen anzeigen, daß man sich für ihnen hüten könnte und sollte."

Vom Papst Adrian und einem engelischen Cardinal.

„Papst Adrian ward von Kaiser Karolo, des Präceptor er gewest war, zum Papstthum gefodert, hat nicht lang regiret, denn er von geringem Geschlecht, eines Bürgers Sohn zu Löwen. In Engeland war ein Cardinal, eines Fleischhauers Sohn, zu dem sagte ein Mal ein Stocknarr: „„Gott sei gelobet, daß wir einen solchen Cardinal haben. Wenn derselbe nu Papst wird, so werden wir dürfen in der Fasten und auf andern verbotenen Tagen Fleisch essen. Denn S. Peter als ein Fischer hat ver-

boten, Fleisch zu essen, damit er seine Fische desto theurer ver=
kaufte; aber dieser Fleischhauers Sohn wird über dem Fleische
halten, daß er Geld draus löse!""

„Papst Adrian hatte zwo Städte lassen auf eine Tafel malen;
eine sein Vaterland, da er geboren war, die ander Löwen, da er
war **Magister noster** promovirt worden, und dabei geschrieben
zu der ersten: „„Ich hab gepflanzt""; zur andern: „„Ich hab
begossen."" Aber unter den zweien Städten war gemalet des
Kaisers Bilde, das antwortete: „„Ich hab das Gedeihen dazu
gegeben!"" Denn er hatte ihn lassen zum Papst wählen. Da
hatte einer mit Kreide dazu höhnisch geschrieben: „„Da hat Gott
nichts gethan!""

Des Papsts Geiz.

„Des Papsts Geiz ist der allergrößte gewesen, dazu hat ihm
der Teufel eben Rom erwählet. Darum haben die Alten gesaget:

„Roma, Radix Omnium Malorum Avaritia."

Zu Rom ist Geiz, ein Wurzel alles Bösen. Und ich habe in
einem sehr alten Buch diesen Vers funden:

Versus amor mundi caput est et bestia terrae.

Das ist, wenn man das Wörtlin amor umkehret, so heißets
Rom, der Welt Häupt, eine Bestien, die alle Land aussäuget
und auffrisset. Es ist ja ein gräulicher Handel mit Geizen, da
man Alles zu sich reißet ohne Arbeit der Hände, ohne Predigen,
ohne Kirchendienst, sondern mit Aberglauben, Abgötterei und
Verkäufen der Werk. Darum malet Sanct Petrus (2. Epist. 2, 4.)
solchen Geiz mit klaren Worten ab, da er spricht: „„Sie haben
ein Herz mit Geiz durchtrieben.""

Ich gläube, man könne die Seuche des Geizes nicht erkennen,
man kenne denn Rom. Denn andere Betrügerei und Täuscherei
sind nichts gegen der römischen. Darum supplicirete zu Worms
auf dem Reichstage Anno 1521 das ganze Reich über solchen
Geiz und baten, Kaiserliche Majestät wollte es abschaffen. Da=
zumal war nur mein Buch an den deutschen Adel, das selbige
zeigete mir Doctor Wick an. Da fing das Euangelium fein an
zu laufen; aber die drei Secten Carlstadt, Münzer und Wieder=
täufer haben ihm einen großen Stoß gethan und sehr gehindert;
noch dennoch hat es gefördert. Des Papsts Gewalt war groß
über alle Könige und Kaiser, welche ich mit einem Büchlin
wider den Bann gestürmet und erlegt habe. Dasselbige Büch=
lin schreib ich nicht der Meinung wider den Papst, sondern

6

wider den Mißbrauch), aber sie erschraken balde, denn ihr Gewissen wußte sich schuldig."

Vom Concilio.

„Wird anders ein Concilium," sprach D. M. L., so werden
die Papisten darinnen ihre Abgötterey und Superstition wollen
vertheidigen und erhalten; darum ist hoch von Nöthen, daß wir
wachen und beten, Gott wollte den Lauf des Euangelii födern,
daß es viel Frucht bringe, und seine Kirche erhalten, auf daß
wir, beide mit dem Munde und Leben, das helle Licht des Euangelii von Herzen bekennen. Werden die Papisten die Leute mit
Gewalt dringen und zwingen zu Irrthumen, so werden sie wol
durch Tyranney getrieben zu abergläubischer Frömmigkeit; also
wird der Gottesdienst und Wille gezwungen seyn, das wird auch
nicht lange bestehen."

Die Welt, sonderlich unser Undankbarkeit, wird dem Papstthum wieder aufhelfen.

„Doct. Martinus bat fleißig für den Lauf der reinen Lehre
des Euangelii und wider Ketzerei und das Papstthum. „Denn
da der Papst sollte wieder ins Regiment kommen, so würde er
seine Tyrannei dupliren und zwiefächtigen. Wie er gethan hat
nach dem Costnitzer Concilio, da hat er sich redlich gerochen
für die hundert Jahre, da man ihn abgesetzet hat, und sehr
gottlose Profanation und Gräuel eingeführet. Aber ich fürchte
mich für dem Papst und Tyrannen nicht so sehr als für unser
Undankbarkeit und Verachtung des Worts, die möchten dem Papst
wieder in Sattel helfen. Wenn das geschieht, so hoffe ich, der
jüngste Tag wird bald darauf folgen.

Eilfte Sammlung.

Uneinigkeit in Kirchen unter den Dienern.

„Im Janner des 40. Jahrs ward Doctori Martino eine
Supplication überantwortet von einem Pfarrherrn, der klagte
über den Ungehorsam seines Capellans. Da sprach D. M. L.:
„Ah, lieber Herr Gott, wie feind ist uns der Teufel, der macht
auch unter den Dienern des Worts Uneinigkeit, daß einer den

andern haſſet. Er zündet immer ein Feuer nach dem andern
an. Ah, laßt uns löſchen mit Beten, Verſöhnen und durch die
Finger ſehen, daß einer dem andern etwas zu Gute halte und
vertrage! Laß gleich ſein, daß wir in Leben und Wandel nicht
einig ſind, und der die, jener ein andere Weiſe hat und wün=
derlich iſt. Das muß man laſſen gehen und geſchehen. Doch
hats auch ſeine Maße; denn man wirds doch nicht Alles
können zu Bolzen drehen und ſchnurgleich machen, was die
Sitten und das Leben belanget. Wenn man nur in der rechten
reinen Lehre einig iſt, da muß auch nicht ein Meitlin Unreines
und falſch ſein, ſondern muß Alles rein und erleſen ſein wie
von einer Taube. Da gilt keine Geduld, noch Uberſehn, noch
Liebe: „„denn ein wenig Sauerteig verſäuret den ganzen Teig,““
ſpricht Sanct Paulus (1. Cor. 5, 6.). Die Papiſten ſind beide
in der Lehre und Leben gar ungleich.“

Darnach ſahe er gen Himmel, ſeufzet und ſprach: „Herr
Gott, wie groß iſt doch die Impietät, gottlos Weſen und Un=
dankbarkeit der Welt, die deine unausſprechliche Gnade ſo ver=
acht und verfolget! Wir, die wir uns doch gut euangeliſch rühmen
und wiſſen, daß unſere Lehre gewiß das reine Wort Gottes iſt,
wie des Vaters Zeugniß, das vom Himmel klinget, klar und
offentlich anzeiget: „„Dies iſt mein lieber Sohn den ſollt ihr
horen:““ doch achten wir das liebe heilige Euangelium Chriſti
ſo gering, als wäre es eine Comödia aus dem Terentio. Wie
werden wir ein Mal uns hinter den Ohren krauen und das
Gelag müſſen gar theuer bezahlen!“

Abgötterei und ihre Strafe.

„Abgötterei heißt und iſt, wenn nicht Alles geſchieht, gelehret
und gethan wird nach Gottes Wort, wie uns das ſelbige für=
ſchreibet und lehret. . Denn wo man Gott dienen will, muß
man anſehen nicht, was man thut und das Werk, ſondern wie
es geſchehen ſoll, obs auch Gott befohlen hab, ſintemal Gott,
wie Samuel (II., 15. 22.) ſagt, „„mehr Gefallen hat am Ge=
horſam ſeines Worts denn am Brandopfer.““

Darum wer Gottes Stimme nicht gehorcht, der iſt ein Ab=
göttiſcher, wenn er gleich rühmete die höheſten und ſchwerſten
Gottesdienſte. Wie denn der Abgöttiſchen Eigenſchaft iſt, daß
ſie nicht erwählen, was leicht und gering iſt anzuſehen, ſondern
was groß und ſchwer iſt. Solchs hat man an Mönchen geſehen,
die immerdar und ſchier täglich neue Gottesdienſt erdachten; aber
weil es Gott in ſeinem Wort nicht befohlen hat, iſts eitel Ab=

götterei, dabei und neben allzeit ist Gotteslästerung, Verachtung Gottes Worts, Geiz, Ungerechtigkeit, Gewalt, unrechte Gericht und Urtheil und dergleichen. Denn was Menschen ohn Gottes Wort und Befehl für Gottesdienst aufrichten, das ist Abgötterei, wie die Schrift saget.

Darum soll man Abgötterei mit höchstem Fleiß fliehen, als auf welche nicht schlechte Straf, sondern endliche und äußerste Verwüstung folget. Denn weil Gott das Unrecht, so dem Nähesten geschieht, mit gräulichen Pönen straft, wie man in Propheten und Historien siehet, wie viel härter und gräulicher wird er strafen, wenn er siehet, daß seine Ehre von den gottlosen Leuten durch Abgötterei, falsche Lehre und Götzendienste besudelt und unterdruckt wird? Ah, die Straf wird viel größer sein, denn eines Menschen Herz gedenken oder seine Zunge ausreden kann!"

Aus dem Besten wird das Aergeste.

„Aus den besten Creaturen Gottes werden die ärgesten, aus den Frömmsten die bösen Schälke. Denn aus der Kirchen kommen Ketzer, aus den Aposteln Verräther, aus den Engeln die Teufel, aus Jerusalem, welche Gottes Herde und Wohnung war, kamen die Prophetenmörder. Darum spricht Sanct Paulus Actorum am 20. (V. 30.): „„Auch aus euch selbs werden aufstehen Männer, die da verkehrte Lehre reden, die Jünger an sich zu ziehen."" Darum hat die Kirche kein äußerlich Ansehen noch Succession, es erbet nicht. Also ist aus Rom die höchste Profanation und der wüste Gräuel kommen. Aus den schönsten Jungfrauen werden Huren; aus Ehemännern Ehebrecher. Dieselben innerlichen und geistlichen Aergernisse in der Lehre thun allzeit den größten Schaden und stoßen die Frommen für den Kopf, viel mehr denn im Leben."

Allerlei Reden D. Luthers von den Mönchen.

„Man redet auf ein Zeit über D. Luthers Tische von der Mönche großen Gewalt, so sie vor Zeiten gehabt. Sprach D. Luther: „Die Mönche sind des Papstthums Columnä gewesen, sie haben den Papst getragen, gleich wie die Rattenmäuse ihren König tragen."

Dergleichen sagete D. M. Luther: „Ich bin unsers Herr Gottes Quecksilber gewest, das er in den Teich, das ist, unter die Mönche, hat geworfen."

Item es sagete D. M. Luther: „Die Barfüßer sind **proprie** die Läuse, die der Teufel unserm Herr Gott an den Adamspeltz setzet; der schwarze Schild, so sie oben führen, ist **simulatio** poenitentiae. Die Predigermönche aber sind die Flöch; die haben sich ewig mit einander gebissen."

Auf ein andermal sagete D. M. Luther: „ein Mönch wär böse und wär nichts Guts an ihme, es wäre nu gleich im Kloster oder außerhalb des Klosters. Denn wie Aristoteles ein Exempel gibt vom Feur, daß es brenne, es sei einer in Aethiopia oder in Germania; also sei es mit dem Mönche auch. Significans, naturam non mutari circumstantiis loci aut temporis."

Lutheri Hunde.

„Doct. M. L. pflegte oft zu sagen: „Ich hab drei böser Hunde: ingratitudinem, superbiam und invidiam; wen diese drei Hunde beißen, der ist sehr ubel gebissen."

Vom Cometen.

„Ein Comet ist auch ein Stern, der da läuft und nicht haftet; wie ein Planet, aber er ist ein Hurenkind unter den Planeten. Ist ein stolzer Stern, nimmet den ganzen Himmel ein; thut, als wäre er allein da; hat ein Natur und Art, wie die Ketzer, welche wollens auch alleine sein und für andern stolziren, meinen sie seien allein die Leute, die es verstehen."

Hoffart, sonderlich in Predigern, thut großen Schaden in der Kirche.

„Stolze, hoffärtige Klüglinge und Naseweisen, die sich dünken lassen, sie sind sehr gelehrt, sind gleich," sprach D. Mart. „dem Icaro, davon die Poeten schreiben, daß er wollte in Himmel fliegen. Wie man sagt: Willt du sicher und wohl wandeln, so fleug nicht zu hoch. Fleugst du zu hoch, so verbrennest du die Federn!

Der Heuchler Hoffart.

„Der Heuchler Demuth ist die allerstölzeste größte Hoffart, wie des Pharisäers, der sich selbs demüthigte, dankte Gott; aber bald beschmeiß ers wieder, da er sprach: „„Ich bin nicht wie die Andern 2c., noch auch wie dieser Zöllner"" (Luc. 16, 11.). Es sind Leute, die sich dünken lassen, sie sind sehr klug und alleine weise, die es Alles verstehen und wissen, verachten und verlachen die Andern allzumal als Gänse; fechtens Alles an, lassen Niemand nichts gut noch recht sein, denn das ihnen gefällt."

Was ein Heuchler sey.

„Doctor Martinus Luther fragte: „wie man doch das Wörtlin hypocrita eigentlich verdeutschen sollte? Denn, Heuchler," sprach er, „wäre zu schwach und zu gering. Es heißt schier so viel als **sycophanta**, ein Bösewicht, der um seins eignen Nutzes und Genießes willen Andern Schaden thut; wie König Sauls Diener und Hofschranzen Heuchler waren, die um ihres Bauchs willen wider den frommen David redeten und ihn beym Könige verunglimpfeten, dadurch das Land beschmitzt und verunreiniget ward. **Hypocrita** ist nicht allein ein Heuchler oder Schmeichler, der einem liebkoset und redet, was man gern hört, sondern der zugleich auch betreugt und Schaden thut und das unterm Schein der Heiligkeit, wie die Exempel Matth. 23 (B. 23 ff.) klar anzeigen, daß **hypocrita** sey ein schädlicher Betrüger. Denn S. Hieronymus sagt, das gedichte Heiligkeit ist zwiefächtige Bosheit. Darum heißt **hypocrisis** Falsch, **hypocrita** ein Kind des Verderbens, ein falscher, verzweifelter Bube. Lucas Maler heißt einen solchen Buben einen heiligen Schalk. Heuchler ist zu dünne und schwach."

Was Gottes Gerechtigkeit sei, und worüm die Predigt des Gesetzes noth sei wider die Antinomer.

„Das Wort Gottes Gerechtigkeit," sprach D. Martinus, „ist vor Zeiten in meinem Herzen ein Donnerschlag gewest. Denn da ich im Papstthum las: „„Errette mich in deiner Gerechtigkeit;"" item: „„in deiner Wahrheit,"" von Stund an gedachte ich, Gerechtigkeit wäre der grimmige Zorn Gottes, damit er die Sünde strafet. Ich war S. Paulo von Herzen feind, wenn ich las, „„die Gerechtigkeit Gottes wird durchs Evangelium offenbaret."" Aber darnach, da ich sahe, wie es auf einander gehet und folget, wie geschrieben stehet (Gal. 3, 11.): „„Der Gerechte lebt seins Glaubens,"" und S. Augustin über diesen Spruch auch las; da ward ich froh, denn ich lernete und sahe, daß Gottes Gerechtigkeit ist seine Barmherzigkeit, durch welche er uns gerecht achtet und hält. Also ward ich getröstet.

Aber unser Antinomer und Gesetzstürmer wollen den Leuten, so sicher sind, muthwilliglich heucheln und fuchsschwänzen und sie fromm machen durch das Wort Gerechtigkeit; da doch jtzt eine solche Welt und Zeit ist, so mit dem Donnerschlage des Gesetzes nicht kann geschreckt noch gedemüthiget und gebrochen werden. Man soll jtzt donnern und blitzen mit dem Gesetz um der großen Sicherheit Willen, in welcher die ganze Welt und der größte Haufe ersoffen ist; denn Bürger, Bauern, Edelleute rc. sind so stolz und gottlos, daß sie keins Pfarrherrn noch Predigers achten, geben nicht ein Klipplin auf sie: wenns Fürsten und Herrn nicht thäten, sollten wir nicht lange bleiben können! Darüm hat Esaias (49, 23.) wol gesagt: „„Und die Könige werden ihre (der Kirchen und ihrer Diener) Säugammen sein."" Bauren werdens nicht thun, wie wir itzt leider sehen und erfahren an den Undankbarn."

Eine wunderliche Geschicht von M. Eißleben (Agricola).

„Anno 1540 hat Doctor Martinus Luther eine Collation angerichtet, dazu er die Fürnehmsten der Universität geladen. Darunter ist auch M. E. gewest, von welches wegen denn solches angefangen worden. Da man nu hatte gegessen und jbermann fröhlich war, da ließ ihme Doctor Martin Luther ein Glas reichen, welchs drei Reifen hatte; dasselbe brachte und trank er mit Wein den Gästen zu. Und als sie hatten alle Bescheid gethan, da kame die Reige auch an M. E. Demselbigen zeigete Doctor Martinus das Glas und sprach: „M. E., Lieber, ich gebe Euch dies Glas mit Wein, bis an den ersten Reif, die zehen Gebot; an den andern, den Glauben; an den dritten, das Vater Unser des Katechismi gar aus." Wie er das gesagt, trank er, D. Martin Luther, das Glas gar aus und ließ es wieder voll schenken und gabs M. Eißleben. Derselbige, da er das gemalete Glas empfing und anhub zu trinken, war es ihm unmöglich, daß er uber den ersten Reif hätte trinken können, satzte derhalben das Glas nieder, und hatte darnach ein Gräuel, dasselbige anzusehen. Da sagte Doctor Martinus Luther: „Ich wußte es vorhin wol, daß M. E. die zehen Gebot saufen könnte, aber den Glauben, Vater Unser und den Katechismum würde er wol zu Frieden lassen!" Denn er hatte auch die Antinomiam angerichtet, daß man das Gesetze aus der Kirchen aufs Rathhaus thun sollte. (Antinomer oder Gesetzstürmer, von Eißleben [Agricola] geführt, nannten die Reformatoren die Verächter des mosaischen Sittengesetzes, welche glaubten, dadurch auf die Wirksamkeit des Evangeliums oder des Glaubens zur Besserung der Menschen erfolgreicher hinzuweisen.) Darbei ist M. Johann Spangenberg, Pfarrherr zu Nordhausen, gewesen, als sich dies in D. Martin Luthers Hause hatte zugetragen, und hat auch solche Geschicht in seine Bibel verzeichnet gehabt.

Der Kinder Glaube.

„Die Kinder sind mit Gott am besten dran, ihres Lebens und Glaubens halben. Wir alten Narren plagen uns selbs und haben das Herzleid mit unserm Disputiren uber dem Wort, obs wahr sei? wie es möglich sei? welchs sie mit einfältigem reinem Glauben fur gewiß und wahr halten und nicht dran zweifeln.

Wollen wir nu selig werden, so müssen wir ihrem Exempel nach uns allein aufs bloße Wort geben. Aber der böse, listige Geist, der Teufel, kann uns, ehe wirs gewahr werden und uns besorgen, dasselbe meisterlich entziehen, weil immerdar neue Sachen und Geschäfte fürfallen, damit wir zu thun haben; darum ists am Besten, nur bald gestorben und zugeschorren!"

Des rechten Glaubens Art.

„Des rechten, wahrhaftigen Glaubens, der sich allein an Christum hält, Art und Gewohnheit ist nicht, daß er viel Disputirens und Fragens davon macht, ob du viel guter Werke gethan habst, dadurch du mögest gerecht werden, oder ob du viel Sünde gethan habst, dadurch du mögest verdammet werden; sondern also schleußt und hält er stracks aufs Einfältigst und Gewissest, wenn du gleich viel guter Werk gethan, bist du darum fur Gott dadurch nicht gerecht. Und wiederum wo du gleich große Sünde gethan hast, so bist darum nicht verdammet.

Ich will aber hiemit die guten Werk nicht lästern noch unehren, verboten noch verworfen haben, viel weniger will ich Sünde loben; sondern das sage ich: Wer fur Gottes Gericht bestehen und ein Kind der Gnade erfunden werden will, der soll und muß allein achten und Fleiß haben, wie er Christum durch der Glauben ergreifen und behalten möge, auf daß er ihm nicht unnütze werde, wenn er sich unterstünde durchs Gesetze gerecht, fromm und selig zu werden. Denn allein Christus macht mich gerecht, ohn aller meiner Werk Zuthun und ohn alle meiner Sünden Verhinderung.

Wenn ich also von Christo halte und gläube, so habe ich den rechten Christum gefaßt und behalte ihn. Wenn ich aber halte, er fodere von mir, daß ich die Werk des Gesetzes halten soll, der Meinung, daß ich dadurch sollt gerecht werden fur Gott; so ist er mir schon allerding unnütz worden und habe ihn gar verloren."

Heuchler Art und Natur ist wie der Scorpion.

„Ein Scorpion meinet, wenn ers Häupt nur unter ein Blatt oder Laub verborgen hat und versteckt so könne ihn Niemand sehen; also thun auch die Heuchler und falsche Heiligen, wähnen, wenn sie ein gut Werk oder zwey erwischen und haben, so sehen alle ihre Sünden damit bedeckt und verborgen."

Art und Eigenschaft der Götzendiener oder Werkheiligen.

„Die Heuchler und Götzendiener haben eben die Art an ihnen, so die Cantores oder Sänger haben; die singen nicht, oder thuns ja ungern, wenn man sie darum feiert und bittet, ungebeten aber können sie nicht aufhören. Eben so sind die Werkheiligen auch geschickt, wenn sie Gott haben will in seinem Dienst (den er befohlen hat, daß sie ihren Nähesten sollen lieben, ihm dienen, womit sie können, mit Rathen, Helfen, Leihen, Geben, Vermahnen, Strafen, Trösten ꝛc.), da kann sie Niemand zu bringen, ja denken, sie seien allein die Leute, denen man solches zu thun schüldig sei.

Dagegen aber, was sie aus eigener Andacht und guter Meinung erwählen und fürnehmen, Gott damit zu ehren und zu dienen (wie sie träumen), da halten sie aus der Maße viel und fest darüber. Thun ihrem Leib weh mit Fasten, Beten, Singen, Lesen, Hartliegen ꝛc., geben große Demuth und Geistlichkeit für und thun Alles mit großem Ernst, Brunst, Andacht ohn Aufhören. Aber wie der Dienst und Arbeit ist, so ist der Lohn auch, wie Christus Matth. 15 (Vers 9.) aus dem Propheten Jesaia Cap. 29 (B. 13.) spricht: „„Vergeblich dienen sie mir, weil sie lehren solche Lehre, die nichts denn Menschengebot sind.““

Von Gerechtigkeit der Werk.

Doctor Martin Luther sagte, „daß die Gerechtigkeit der Werk und Heuchelei sei die aller schädlichste Seuche, uns angeborn, die man nicht leichtlich kann austreiben noch ihr los werden sonderlich wenn sie durch Gewohnheit confirmirt und bestätiget ist. Denn alle Menschen wollen von Natur mit Gott handeln, aus der Vernunft disputiren und genug thun mit ihren Kräften und Werken. Darum pflegte D. Staupitz zu sagen; „„Ich will nicht mehr gereden fromm zu sein; ich habe unsern Herrn Gott ja zu oft getäuscht, will Gott bitten um ein seliges Stündlin!"

Von Vermessenheit des Glaubens.

„Nichts ist schädlicher, denn daß man sich vermisset, man gläube und könne das Evangelium wol; wie die sattsamen, ekeln Geister thun, welche meinen, wenn sie eine Predigt oder zwo gehört oder gelesen haben, so haben sie den heiligen Geist mit Federn mit all gefressen, verstehens nu Alles, erdichten und träumen ihnen selbs ein Glauben, da es doch allein Gottes Werk ist, leben also in großer Sicherheit, meinen, sie sind allbereit im Werk und mit der That selig. Andere aber meinen, sie wollen im Todesstündlin solch Erkenntniß brauchen.

Es sind etliche Leute gleich wie die, so einem rechtschaffenen guten Meister zusehen; die lassen sich dünken, sie wissens Alles besser, waschen und plaudern viel davon, könnens Alles meistern und tadeln. Also thun auch die Zuhörer, verstehen und wissen Alles wol, was der Pfarrherr und Prediger lehret, sprechen: „„Also wollt ichs machen; ich kanns auch!"“

Zwölfte Sammlung.

Wechselkinder vom Teufel.

„Wechselbälge und Kilekröpfe legt der Satan an der rechten Kinder Statt, damit die Leute geplaget werden. Etliche Mägde reißet er oftmals ins Wasser, schwängert sie und behält sie bei ihm, bis sie des Kindes genesen; und legt darnach dieselben Kinder in die Wiegen, nimmt die rechten Kinder draus und führet sie weg. Aber solche Wechselbälge sollen, wie man sagt, über 18 oder 19 Jahr nicht leben."

Vom Teufel umkommen, ist rühmlicher, denn von Menschen.

„Ich will," sprach Doctor Martinus, „lieber durch den Teufel denn durch den Kaiser sterben, so sterbe ich doch durch einen großen Herrn! Aber er soll auch ein Bissen an mir gessen haben, der ihm nicht wol bekommen soll! Er soll ihn wieder speien und ich will ihn wieder fressen, wenn nur der jüngste Tag kömmt!"

Zäuberei auf theologisch abgemalet.

„Wiewol alle Sünde sind ein Abfall von Gottes Werken, damit Gott greulich erzörnet und beleidiget wird; doch mag Zäuberei von wegen ihres Gräuels recht genannt werden crimen laesae Maiestatis divinae, ein Rebellion und ein solch Laster, damit man sich furnehmlich an der göttlichen Majestät zum höchsten vergreift. Denn wie die Juristen fein künstlich disputiren und reden von mancherlei Art der Rebellion und Mißhandlung wider die hohe Majestät, und unter anderen zählen sie auch diese, wenn einer von seinem Herrn feldflüchtig, treulos wird, und begibt sich zu den Feinden; und denselbigen allen erkennen sie zu die peinliche Strafe an Leib und Leben. Also auch, weil Zäuberei ein schändlicher, gräulicher Abfall ist, da einer sich von Gott, dem er gelobt und geschworen ist, zum Teufel, der Gottes Feind ist, begibt, so wird sie billig an Leib und Leben gestraft."

Daß Zäuberei eine die andere bezahlet hat.

Kaiser Friederich, Maximiliani Herr Vater, ließ einen Schwarzkünstigen zur Mahlzeit laden, und machte durch seine Geschicklichkeit und Kunst, daß der Schwarzkünstige Ochsenfüße und Klauen an den Händen bekame, und da er uberm Tisch saß, hieß ihn der Kaiser, er sollt essen. Er aber schämte sich und verbarg die Klauen unterm Tisch. Endlich, da ers nicht länger kount bergen, mußte ers sehen lassen. Da sprach er zum Kaiser: „„Ich will E. K. M. auch etwas machen, da sie mirs erläubet."" Da sagte der Kaiser: „„Ja."" Da machte er mit seiner Zäuberei, daß ein Lärmen ward draußen fur des Kaisers Gemach. Und da der Kaiser zum Fenster hinaus sahe, und wollte erfahren, was da wäre, da kriegte er am Häupte ein groß Geweih und Hirschhörner, daß er den Kopf nicht konnte wieder zum Fenster hinein bringen. Da sprach der Kaiser: „„Mach sie wieder ab. Du hast gewonnen!"" Und saget D. M. Luther: „Das gefällt mir wohl, wenn ein Teufel den andern bexiret und geheiet. Daraus schließe ich, daß ein Teufel stärker ist denn der ander."

Wie man fromm werde fur Gott.

„Wie man soll fromm werden, darnach fragt man. Ein Barfüßermönch spricht: Zeuhe ein graue Kappe an, trag ein Strick und Platte. Ein Predigermönch saget: Lege ein schwarze Kutte an. Ein Papist: Thue dies oder das Werk, höre Meß, bete, faste, gib Almosen ⁊c., und ein jglicher, was ihn dünkt, dadurch selig zu werden. Ein Christ aber spricht: Allein durch den Glauben an Christum wirst du fromm, gerecht und selig, aus lauter Gnade, ohn alle dein Werk und Verdienst. Nu halte mans gegenander, welche die wahre Gerechtigkeit sei."

Des menschlichen Herzen Unersättlichkeit, und es wird doch eines Dings balde uberdrüssig.

Doct. Martinus sagete: „Wer jtzt ein Fürst ist, der wollte gern ein König sein oder ein Kaiser. Ein Buhler, der eine Jungfrau lieb hat, gedenket immerdar, wie er sie möchte zur Ehe bekommen, und ist in seinen Augen keine schöner denn sie. Wenn er sie nu bekommen hat, so wird er ihr balde uberdrüssig und meinet, ein andere sei viel schöner, die er wol hätte kommen uberkommen. Also gedenkt ein Armer, hätte ich hundert Thaler, so wollt ich der aller reicheste sein, wenn er sie aber kriegt, so will er ihr noch mehr haben. Das Herz bleibet auf einem Ding nicht beständig, das haben die Heiden auch **ab experientia** gehabt und gesaget: **Virtutem praesentem odimus, sublatam ex oculis quaerimus invidi.**"

Und sagete Anno 1542 Doctor Luther darauf: „Als Lucas Cranach Maler, der älter, sein Weib genommen hatte und die Hochzeit wäre gehalten gewesen, da hätte er immerdar bei der Braut der näheste sein wollen. Da hatte er einen guten Freund gehabt, der hat ihn ein Weil aufgehalten und gesaget: Lieber, thue nicht also! Ehe ein halb Jahre hingehet, wirst du sein gar gnug haben, und es wird keine Magd im Hause sein, du wirst sie lieber haben denn dein Weib. Und es gehet auch also. Denn **praesentia odimus, absentia amamus.** Davon saget auch Ovidius: **Quod licet, ingratum est, quod non licet, acrius urit.** Das ist **imbecillitas nostrae naturae, quod caro praesens bonum non agnoscere potest, sed solus Spiritus agnoscit.** So kömmet denn der Teufel auch dazu und wirft in Weg odia, suspiciones und böse **concupiscentias** auf beiden Seiten; daher kömmt denn das Weglaufen im Ehestand. Darum so ist ein Weib wol balde genommen, aber dasselbige stets lieb zu haben, das ist **donum Dei,** und es mag einer unserm Herrn Gott wol dafur danken. Darum wenn einer ein Weib will nehmen, so lasse ers ihme ein Ernst sein, bitte Gott um ein fromm Weib, und sage: Lieber Herr Gott, ists dein göttlicher Wille, daß ich soll leben ohne Weib so hilf du mir; wo nicht, so beschere mir ein frommen Mann oder Weib, mit dem oder der ich mein Leben zubringe, den oder die ich lieb habe und sie mich wieder. Denn **copula carnalis** thuts nicht, es muß da sein, **ut conveniant mores et ingenium.**"

Männer, Weiber.

„Männer haben eine breite Brust und kleine Hüften, darum haben sie auch mehr Verstandes denn die Weiber, welche enge Brüste haben und breite Hüften und Gesäß, daß sie sollen daheim bleiben, im Hause still sitzen, haushalten, Kinder tragen und ziehen."

Weiber sollen nicht beredt sein.

Ein Engeländer, ein sehr gelehrter, frommer Mann, ging mit Doctor Martin zu Tisch, verstunde die deutsch Sprache nicht; zu dem sagte er: „Ich will euch mein Weib zum Präceptor geben, die soll euch die deutsche Sprache fein lehren, denn sie ist sehr beredt, kann es so fertig, daß sie mich damit weit übertrifft. Wiewol wenn Weiber wol beredt sind, das ist an ihnen nicht zu loben; es stehet ihnen das an, daß sie stammlen und nicht wol reden können. Das zieret sie viel besser."

Was den Weibern ubel anstehet.

„Es ist kein Rock noch Kleid, das einer Frauen oder Jungfrauen ubeler anstehet, als wenn sie klug will sein."

Wozu sie geschaffen sind.

„Gott hat Mann und Weib geschaffen, das Weib zum Mehren mit Kinder tragen; den Mann zum Nähren und Wehren. Die Welt aber kehrets um, mißbrauchet der Weiber zur Unzucht, der Männer Schutz zur Tyrannei.

Weibern mangelts an Stärk und Kräften des Leibes und am Verstande. Den Mangel an Leibeskräften soll man dulden, denn die Männer sollen sie ernähren. Den Mangel am Verstande sollen wir ihnen wünschen, doch ihre Sitten und Weise mit Vernunft tragen, regiren und etwas zu Gute halten; wie Sanct Petrus lehret: „„Ihr Männer, wohnet bei euern Weibern mit Vernunft und gebet dem weibischen, als dem schwächsten Werkzeuge seine Ehre als Miterben der Gnade des Lebens ꝛc."" 1. Pet. 3 (V. 7.).

Ein anders von Weibern, wozu sie geschaffen seien.

„Der heilige Geist lobet die Weiber, als Judith, Esther, Sara ꝛc., und bei den Heiden sind gelobet Lucretia, Artemisia. Die Ehe kann ohne Weiber nicht sein, noch die Welt bestehen. Ehelich werden ist ein Aerznei für Hurerei, der steuret sie etlicher Maße; denn Fleisch und Blut bleibet für und für seiner Art nach unrein, bis man mit Schaufeln uber ihm herschläget. Ein Weib ist ein freundlicher, holdseliger und kurzweiliger Gesell des Leben. Weiber tragen Kinder und ziehen sie auf, regiren das Haus und theilen ordentlich aus, was ein Mann hinein schaffet und erwirbet, daß es zu Rath gehalten und nicht unnütze verthan werde, sondern daß einem jglichen gegeben werde, das ihm gebühret. Daher sie auch vom heiligen Geist Hausehren genannt werden, daß sie des Hauses Ehre, Schmuck und Zierde sein sollen; sind geneiget zur Barmherzigkeit, denn sie sind von Gott dazu auch fürnehmlich geschaffen, daß sie sollen Kinder tragen, der Männer Lust und Freude und barmherzig sein."

Ein bös Weib ist der größten Plagen eine.

„Auf Erden ist kein größer Plage denn ein bös, eigensinnig, wünderlich Weib. Drüm spricht Salomo (Sprüchw. 30, 21—23.):

„„Ein Land wird durch dreherleh unruhig, und das vierte mag es nicht ertragen: Ein Knecht, wenn er König wird; ein Narr, wenn er zu satt ist; eine Feindselige, wenn sie geehlichet wird, und eine Magd, wenn sie ihrer Frauen Erbe wird.““

Von der Weiber Ungehorsam.

„Wenn ich noch eine freien sollte, so wollte ich mir ein gehorsam Weib aus einem Stein hauen; sonst hab ich verzweifelt an aller Weiber Gehorsam.“

Weiber-Regiment.

„Das Weib,“ sprach D. M. L. „habe das Regiment im Hause, doch des Mannes Recht und Gerechtigkeit ohne Schaden. Der Weiber Regiment hat von Anfang der Welt nie nichts Guts ausgerichtet, wie man pflegt zu sagen: Weiber=Regiment nimmt selten ein gut End! Da Gott Adam zum Herrn uber alle Creaturen gesetzt hatte, da stund es Alles noch wol und recht, und Alles ward auf das Beste regiret; aber da das Weib kam und wollte die Hand auch mit im Sode haben und klug sehn, da fiel es Alles dahin und ward eine wüste Unordnung.“

Weiber Amt, dazu sie verordnet sind.

„Weiber,“ sprach D. Mart. Luther, „reden vom Haushalten wol als Meisterin mit Holdseligkeit und Lieblichkeit der Stimm und also, daß sie Ciceronem, den beredtesten Redner, ubertreffen; und was sie mit Wolredenheit nicht können zu Wegen bringen, das erlangen sie mit Weinen. Und zu solcher Wolredenheit sind sie geboren; denn sie sind viel beredter und geschickter von Natur zu den Händeln denn wir Männer, die wirs durch lange Erfahrung, Ubung und Studiren erlangen. Wenn sie aber außer der Haushaltung reden, so tügen sie nichts. Denn wiewol sie Wort genug haben, doch feilet und mangelts ihnen an Sachen, als die sie nicht verstehen, drüm reden sie auch davon läppisch, unordentlich und wüste durch einander uber die Maaße. Daraus erscheinet, daß das Weib geschaffen ist zur Haushaltung, der Mann aber zur Policeh, weltlichem Regiment, zu Kriegen und Gerichts=händeln, die zu verwalten und führen.“

Gott will Fleiß und Treu in eines Jeden Beruf haben; denn wer in geringen Dingen nachlässig ist, der ist auch im Großen nachlässig.

„Doctor Luther sagete Anno 1540, „daß eine edele Frau wäre gewesen, wenn dieselbige eine Magd hätte gemiethet, so hätte sie ihr ein Besen in den Weg geworfen: wenn sie ihn hätte liegen lassen, so hätte sie ihr Urlaub gegeben, denn welche einen Besen lässet liegen, die hebt auch nicht ein Faß auf. Und das ist auch also in allen Regimenten. Wer in einem Regiment ist, der soll nichts Geringes verachten. Das lerneten die Römer auch, daß man keinen geringen Feind sollte verachten. Denn da sie den Hannibalem geschlagen hatten, und meineten, sie wären nun sicher, da fing sich bellum Carthaginense erst recht an. Drüm soll man sich bey Zeit gewöhnen, daß man auch in dem Geringsten fleißig sey, sonst wird nichts aus solchen Schlingeln."

Davon hat Doctor Martinus Luther mit eigener Hand in seiner Stuben an die Wand mit Kreide hinter den Ofen diese Wort geschrieben, Lucä am 16. (V. 10.): „„Wer im Geringsten treu ist, der ist auch im Größten treu; wer im Geringsten untreu ist, der ist auch im Größten untreu."" Ursach ist:

An den Lappen lernen die Hunde Leder fressen.

Also auch: Wer im Geringsten fleißig ist, der ist auch im Größten fleißig.

Wer im Geringsten unfleißig ist, der ist auch im Größten unfleißig.

Wer den Pfennig nicht achtet, der wird keines Güldens Herr.

Wer eine Stunde versäumet, der versäumet auch wohl einen ganzen Tag.

Wer das Geringste verschmähet, dem wird das Große nicht.

Wer den Kropf verschmähet, dem wird das Huhn nicht.

Und Jesus Sirach Cap. 19 (1.) saget: „„Wer ein Geringes nicht zu Rath hält, der verdirbet immer fort.""

„„Wer laß ist in seinem Thun, der ist ein Bruder deß, der sich verderbt,"" Proverb. 18 (9).

Doctor Martini Luthers Reim.

„Wer was weiß, der schweig.
Wem wol ist, der bleib.
Wer was hat, der behalte.
Unglück das kömmt balde."

Vom Saufen.

„Ich habe neulich," sprach D. M. L., „zu Hofe eine harte scharfe Predigt gethan wider das Saufen; aber es hilft nicht. Taubenheim und Minkwitz sagen: Es könne zu Hofe nicht anders sein, denn die Musica und alles Ritter- und Seitenspiel wäre gefallen, allein mit Saufen wäre itzt die Verehrung an Höfen.

Und zwar unser Gnädigster Herr und Kurfürst ist ein großer starker Herr, kann wol einen guten Trunk ausstehen, seine Nothdurft machet einen andern neben ihm trunken; wenn er ein Buhler wäre, so würde es sein Fräulein nicht gut haben.

Aber wenn ich wieder zum Fürsten komme, so will ich nicht mehr thun, denn bitten, daß er uberall seinen Unterthanen und Hofeleuten bei ernster Strafe gebieten wolle, daß sie sich ja wol vollsaufen sollten. Vielleicht, wenn es geboten würde, möchten sie das Widerspiel thun, quia nitimur in vetitum, was verboten ist, dawider thut man gern."

Doctor Martinus Luther sagete: „Wenn man im deutschen Lande gleich nicht so viel Sammets und Seiden hätte, noch so viel Würze gebrauchte, so wäre es ohn Gefähr, so wäre Deutschland auch viel reicher, denn es ist. Item: Wir könnten der Gersten auch wol entrathen, und für das Bier Wasser trinken; wiewol die junge Gesellen schier ohne Bier sonst gar keine Freude haben. Denn Spielen macht nicht fröhlich, so macht Buhlen auch nicht fröhliche Leute. Darüm nehmen sie das Trinken für sich. Wie mans auf dem fürstlichen Beylager zu Torgan nächst bewiesen hat, da man nicht zu ganzen und halben getrunken, sondern Einer hat dem Andern ganze halbe Stübichens Kandeln voll Bescheid thun müssen. Das haben sie genennet einen guten Trunk. Sic inventa lege, inventa est et fraus legis."

M. Georgius Spalatinus hatte ein Mal an Kurfürst Friederichs zu Sachsen Hofe gesaget: „daß Cornelius Tacitus schriebe, daß bey den alten Deutschen keine Schande gewesen, Tag und Nacht zu saufen."" Solches höret nun ein Edelmann, und fraget ihn: „„wie alt solchs wol sey, da dies geschrieben worden wäre?"" Als er nun antwortet: „„Es sey wol bey funfzehen hundert Jahren."" Da spricht der Edelmann: „„O lieber Herr, weil Vollsaufen so alt, ehrlich Herkommen ist, so lassets uns itzunder nicht abbringen.""

„Leihest du, so krigst du es nicht wieder. Gibt man dirs wider, so geschiehts doch nicht so balde und so wol und gut. Geschiehts aber, so verleurest du einen guten Freund."

„D. Johannes Cellarius fragte D. M. L. um Rath: „„Es wäre ein Schulmeister in der Schlesien, nicht ungelehrt, der hätte ihm fürgenommen eine Comödien im Terentio zu agiren und spielen; Viel aber ärgerten sich dran, gleich als gebührete einem Christenmenschen nicht solch Spielwerk aus heidnischen Poeten rc. Was er, D. Lutherus, davon hielte?"" Da sprach er: „Comödien zu spielen soll man um der Knaben in der Schule willen nicht wehren, sondern gestatten und zulassen, erstlich, daß sie sich üben in der lateinischen Sprache; zum Andern, daß in Comödien fein künstlich erdichtet, abgemalet und fürgestellt werden solche Personen, dadurch die Leute unterrichtet, und ein Iglicher seines Amts und Standes erinnert und vermahnet werde, was einem Knecht, Herrn, jungen Gesellen und Alten gebühre, wol anstehe und was er thun soll, ja, es wird darinnen fürgehalten und für die Augen gestellt aller Dignitäten Grad, Aemter und Gebühre, wie sich ein Iglicher in seinem Stande halten soll im äußerlichen Wandel, wie in einem Spiegel.

Zudem werden darinnen beschrieben und angezeigt die listigen Anschläge und Betrug der bösen Bälge; desgleichen, was der Eltern und jungen Knaben Amt sey, wie sie ihre Kinder und junge Leute zum Ehestande ziehen und halten, wenn es Zeit mit ihnen ist, und wie die Kinder den Eltern gehorsam seyn, und freien sollen rc. Solchs wird in Comödien fürgehalten, welchs denn sehr nütz und wol zu wissen ist. Denn zum Regiment kann man nicht kommen, mag auch dasselbige nicht erhalten, denn durch den Ehestand. Und Christen sollen Comödien nicht ganz und gar fliehen, drum, daß bisweilen grobe Zoten und Bühlerey darinnen sehen, da man doch um derselben willen auch die Bibel nicht dürfte lesen. Darum ists nichts, daß sie solchs fürwenden, und um der Ursache willen verbieten wollen, daß ein Christe nicht sollte Comödien mögen lesen und spielen.

Comödien gefallen mir sehr wol bey den Römern, welcher fürnehmste Meinung, Causa finalis, und endliche Ursach ist gewest, daß sie damit als mit einem Gemälde und lebendigen Exempel, zum Ehestand locken und von Hurerey abziehen. Denn Policeyen und weltliche Regiment können nicht bestehen ohn den Ehestand. Eheloser Stand, der Cölibat und Hurerey, sind der Regiment und Welt Pestilenz und Gift."

Von der Musik Nutzen und Kraft.

„Der schönsten und herrlichsten Gaben Gottes eine ist die Musica. Der ist der Satan sehr feind, damit man viel Anfechtungen und böse Gedanken vertreibet. Der Teufel erharret ihr nicht. Musica ist der besten Künsten eine. Die Noten machen

7

den Text lebendig. Sie verjagt den Geist der Traurigkeit, wie man am Könige Saul siehet. Etliche vom Adel und Scharrhansen meinen, sie haben meinem gnädigsten Herrn jährlich 3000 Gülden erspart an der Musica; indeß verthut man unnütz dafür 30000 Gülden. Könige, Fürsten und Herrn müssen die Musicam erhalten; denn großen Potentaten und Regenten gebühret, über guten freien Künsten und Gesetzen zu halten. Und da gleich einzele, gemeine und Privat-Leute Lust dazu haben und sie lieben, doch können sie die nicht erhalten.

H. Georg, der Landgraf zu Hessen, und H. Friederich, Kurfürste zu Sachsen, hielten Sänger und Cantorey; jtzt hält sie der Herzog zu Bayern, K. Ferdinandus und Kaiser Carl. Daher lieset man in der Bibel, daß die frommen Könige Sänger und Sängerin verordnet, gehalten und besoldet haben.

Musica ist das beste Labsal einem betrübten Menschen, dadurch das Herze wieder zufrieden, erquickt und erfrischt wird; wie der sagt beym Virgilio: **Tu calamos inflare leves, ego dicere versus**; Singe du die Noten, so will ich den Text singen.

Musica ist eine halbe Disciplin und Zuchtmeisterin, so die Leute gelinder und sanftmüthiger, sittsamer und vernünftiger machet. Die bösen Fiedler und Geiger dienen dazu, daß wir sehen und hören, wie eine feine gute Kunst die Musica sey; denn Weißes kann man besser erkennen, wenn man Schwarzes dagegen hält."

Anno 38 am 17. Decembr., da D. M. L. die Sänger zu Gaste hatte, und schöne liebliche Moteten und Stücke sungen, sprach er mit Verwunderung: „Weil unser Herr Gott in dies Leben, das doch ein lauter Schmeishaus ist, solche edle Gaben geschütt und uns gegeben hat, was wird in jenem ewigen Leben geschehen, da Alles wird aufs Allervollkommenste und Lustigste werden; hie aber ist nur **materia prima**, der Anfang.

Musicam habe ich allzeit lieb gehabt. Wer diese Kunst kann der ist guter Art, zu Allem geschickt. Man muß Musicam von Noth wegen in Schulen behalten. Ein Schulmeister muß singen können, sonst sehe ich ihn nicht an. Man soll auch junge Gesellen zum Predigtamt nicht verordnen, sie haben sich denn in der Schule wol versucht und geübet."

Da man etliche feine, liebliche Moteten des Senfels (Er war der Lieblingscomponist Luther's und setzte vorzüglich Kirchenmusiken) sang, verwunderte sich D. M. L. und lobt sie sehr, und sprach: „Eine solche Motete vermöcht ich nicht zu machen, wenn ich mich auch zureißen sollte, wie er denn auch wiederum nicht einen Psalm predigen könnte als ich. Drum sind die Gaben des h. Geistes mancherley, gleichwie auch in einem Leibe mancherley Glieder sind. Aber Niemand ist zufrieden mit seiner Gabe läßt sich nicht gnügen an dem, das ihm Gott gegeben hat, alle wollen sie der ganze Leib seyn, nicht Gliedmaße.

Die Musica ist eine schöne herrliche Gabe Gottes, und nahe der Theologie. Ich wollt mich meiner geringen Musica nicht um was Großes verzeihen. Die Jugend soll man stets zu dieser Kunst gewöhnen, denn sie macht feine geschickte Leute."

„Die schöne treffliche Gabe Gottes, zu reden, ist sehr seltsam in der Welt, denn ob wol allen Menschen sonderlich das Reden angeborn ist, und Viel die Sprachen können; doch ist das Reden eine seltsame Gabe. Doct. Gregorius Brück kann reden."

Singen.

„Singen ist die beste Kunst und Übung. Es hat nichts zu thun mit der Welt; ist nicht fürm Gericht noch in Hadersachen. Sänger sind auch nicht sorgfältig, sondern sind fröhlich, und schlagen die Sorgen mit Singen aus und hinweg."

„Ich freue mich, daß Gott die Bauren einer so großen Gabe und Trosts beraubet hat, daß sie die Musicam nicht hören, und achten des Worts nicht."

Dreizehnte Sammlung.

Allein der Glaub macht gerecht.

Er Doctor Martinus redete Anno 1541 viel von der Majestät und Herrlichkeit des Artikels von der Rechtfertigung, so der menschlichen Weisheit gar unbekannt ist, „dieweil wir von Natur also gesinnet, daß wir uns mehr befleißigen auf die Gerechtigkeit oder Werk denn auf die bloße Barmherzigkeit Gottes, die uns um sonst aus Gnade um Christus Willen angeboten und geschenkt wird. Darüm ist das Gleichniß Matth. 20 (V. 1 ffg.) von den Arbeitern, die der Hausvater in seinen Weinberg dingte, ein gewaltiger Donnerschlag wider diesen fleischlichen Wahn menschlicher Vernunft."

Und sagte darauf ein Historien ex vitis **Patrum** von einem Einsiedler, der ein sehr gestreng Leben geführt hatte und für ein lebendigen Heiligen gehalten ward, derselbige lag todtkrank. Da aber ein Altvater zu ihm kam mit einem jungen Bruder, ihn zu besuchen in seiner Zelle, da kam ihm entgegen gelaufen ein Mörder, der ging mit ihnen zum Kranken, blieb außen für der Thür stehen, höret und sahe des kranken Alten Heiligkeit, daß er so ein gestreng Leben geführt hatte, verwundert sich drüber, seufzet und sprach: Ah, also sollte ich auch gelebt haben. Der Kranke sprach: Ja, billig solltest du auch gethan haben wie ich, wo du anders wolltest selig werden. Und da er das gesagt hatte, verscheid er.

Der junge Bruder aber sahe, daß seine Seele von dem Teufel in Lüften weggeführt ward, und weinete bitterlich. Der Mörder folgete ihnen nach, hatte Reu und Leid, wollte beichten und die Absolution und Vergebung seiner Sünde durch den Glauben an Christum empfahen, eilete und liefe also sehr, daß er den Hals stürzete und starb. Da nahmen die Engel seine Seele zu sich. Das sahe der junge Bruder, und lachete und war fröhlich drüber.

Der alte Vater, da er solches sahe, daß sich der junge Bruder so seltsam stallte (denn jtzt weinete er über dem Tode des heiligen Mannes, bald lachete er über dem Unfall des Mörders), da fraget er ihn, worüm er sich also stellete? Er aber sprach, daß er hätte recht und christlich daran gethan; denn da er gesehen hätte, daß der hoffärtige Heilige verdammet wäre, hätte er geweinet; da er aber gesehen hätte, daß dieser arme Sünder sich bekehrt und selig wäre worden, so hätte er billig gelacht. Und sprach D. Luther drauf: „Also gehets im Reiche Christi zu, daß die Letzten die Ersten werden und die Ersten die Letzten; denn Gott kann keine Sünde weniger dulden denn die scheinende Hoffart und Vermessenheit eigener Gerechtigkeit."

Welchen das göttliche Wort nütze sei.

Es fraget einer über D. Luthers Tische, wie es doch zuging, daß das Evangelium von der Vergebung der Sünde durch den Glauben an Christum von so wenig Leuten angenommen würde? Man achtete des lieben Evangelii nicht viel, allein daß es etliche höreten, und zwar (wie es im Papstthum geschehen und die Messe gehöret wäre) der größte Theil höreten nur aus Gewohnheit Gottes Wort, und wenn solches geschehen wäre, so meinete man, es wäre nu alles ausgericht. Darauf antwortet D. Martinus und sprach: „Dem Kranken ist der Arzt nütze und angenehme, die Gesunden achten sein nicht, wie man an dem cananäischen Weiblin wol siehet Matth. am 15. Cap. (B. 22 ffg.), die fühlet ihre und der Tochter Noth, darum lief sie Christo nach und wollte sich trauen nicht lassen abweisen noch erschrecken. Also muß auch Moses furhergehen und die Sünde lernen fühlen, auf daß die Gnade süße werde.

Darum ists verloren, wie freundlich und lieblich Christus fürgebildet wird, wo nicht zuvor der Mensch durch sein selbs Erkenntniß gedemüthiget und begierig wird nach Christo, wie das Magnificat auch saget: „„Die Hungrigen füllet er mit Gütern und lässet die Reichen leer““ (Luc. 2, 53.). Das ist alles uns zu Trost gesaget und den elenden, armen, dürftigen, sündigen und verachten Menschen zum Unterricht geschrieben, daß sie in alle ihrer Noth wissen mögen, zu wem sie sollen fliehen, Trost und Hülfe suchen. . . . .

Gottes Wort zweierlei.

„Gott hat zweierlei Wort; eines schrecket und das ander tröstet. Dawider setzet sich der Teufel und spricht: Weil du das Gesetz Gottes nicht hältest, noch bist fromm gewesen, darum bist du verdammet nach dem Gesetze. Darauf antworte du, und sprich: Gott hat gesaget, ich soll leben, denn seine Barmherzigkeit und Gnade ist größer denn die Sünde; item, daß im Ezechiel (C. 33, 11.) geschrieben stehet: „„Er wolle nicht den Tod des Sünders, sondern daß er sich bekehre und lebe.““ Hab ich denn dieses oder jenes gethan, so helfe mir Christus mit seiner Gnade. — Aber es ist schwer dahin zu kommen, wenn die Anfechtung wehret; es ward Christo selber sauer. Durch die Verheißung des Euangelii werden wir wieder aufgerichtet.

Reime Doctor Martin Luthers von dem Neuen Testamentbuch.

„Das Testament ist ein edels Buch,
    Groß Kunst, Weisheit es lehren thut.
Wol dem, der sich auch hält darnach,
    Dem wird Gott segnen all sein Sach;
Denn Gottes Wort bleibt ewiglich
    Und theilt uns mit das Himmelrich.
Wir müssen doch von dieser Welt,
    Als denn das Wort fest bei uns hält,
Und stärket uns in Sterbens Noth,
    Und hilft uns aus dem ewigen Tod.“

Gott gläuben und vertrauen.

„Viele, auch Kirchendiener, sagen, sie vertrauen Gott ihre Leibe und Seelen; wenn aber ihr Stündlin kömmet, daß sie aus dieser Welt scheiden sollen, bekümmern sie sich um Weib und Kinderlin. Heißet das Gott vertrauen was groß ist, und können das Kleineste Gott nicht heimstellen? Ja, es heißet Gott nicht gläuben noch vertrauen!"

Von Bätern.

„Lieber, sehet doch," sprach Doctor Martinus Luther, „wie groß Finsterniß ist in der Väter Büchern vom Glauben! Denn wenn der Artikel von der Justification (wie man für Gott fromm und gerecht wird,) verfinstert ist, so ists unmöglich, daß man den allergröbsten Irrthum könne dämpfen. S. Hieronymus hat uber Matthäum, uber die Epistel an die Galater und an Titum geschrieben; aber wie kalt Ding ist es doch! Ambrosius hat 6 Bücher uber das erste Buch Mosi geschrieben; o wie dünne sind sie! Augustinus schreibt nichts Sonderlichs vom Glauben, denn da er wider die Pelagianer streitet, die haben Augustinum aufgeweckt und zum Manne gemacht.

Sie, die Väter haben zwar wol und fein gelehret, aber außer dem Kämpfen und Streiten haben sie es nicht könnt öffentlich geben und lehren. Ist doch keine Auslegung uber die Epistel zun Römern und Galatern, darinne etwas Reines und Rechtschaffens angezeiget und gelehret wird. O, wie eine selige Zeit haben wir itzt, da die Lehre rein ist; und leider, wir achtens nicht! Die lieben Väter haben besser gelebt, denn geschrieben.

Da ist denn der Papst mit seinen schädlichsten Traditionen und Menschensatzungen herein gefallen, wie eine Wolkenbrust und Sündfluth, und die Kirche uberschwemmt, hat die Gewissen gebunden an Speise, Kappen, Messe, an seinen Dreck und schissferige Gesetze, hat also von Tag zu Tage, für und für gränliche Irrthum eingeführt, daß er auch den Spruch Augustini für sich gezogen hat, da er spricht: „„Euangelio non crederem etc. Ich gläubte dem Euangelio nicht, wenns die Kirche nicht hätte angenommen rc."" Und: „„Ich, Papst, bin das Häupt der Kirchen, und wo ich bin, da ist die Kirche rc."" Da er doch nur allein ein Diener und Knecht der Kirchen ist. Die Eselsköpfe sehen nicht, was Augustinum zu diesem Spruch verursacht hat; denn er redt wider die Manichäer, als wollt er sagen: Ich gläube euch nicht, denn ihr seyd verdammte Ketzer, die Kirche aber, des Herrn Christi Braut, kann nicht irren, mit derselbigen halte ichs.

Epiphanius hat lange für Hieronymo der Kirchen Historien beschrieben, die sehr gut und nütze sind; wenn man sie von zänkischen Argumenten und Habersachen absonderte und musterte, so wären sie wol werth, daß sie gedruckt würden.

Die Väter haben ein groß Ansehen und Schein gehabt ihres guten Wandels und strengen Lebens halben; mit Fasten und Wachen haben sie herfür geleuchtet und sind fürtrefflich gewest. Es muß auch in solchen Leuten seyn; denn es muß da seyn entweder ein Schein und Glanz, wie der Heuchler, oder ein rechtschaffen Wesen, so von Herzen gehet, wie der großen Helden, die Gott erweckt."

Vergleichung des göttlichen Worts und der Väter Schrift.

„Item, dieser Andreas Proles (ein Augustiner Mönch) hat von dem göttlichen Wort, wenn man dasselbige durch die Väter wolle auslegen, deuten und glossiren, pflegen zu sagen: „„Wenn das Wort Gottes zu den Vätern kömmet, so gemahnet michs gleich, als wenn einer Milch seiget durch einen Kohlsack, da die Milch muß schwarz und verderbt werden."" Darmit er hat wollen zu verstehen geben, daß Gottes Wort an ihm selbs rein und lauter, helle und klar gnug sey; aber durch der Väter Lehre, Bücher und Schriften werde es sehr verdunkelt, verfälschet und verderbet."

Ob auch das Licht der Vernunft zur Theologie diene?

Darauf sprach D. Martinus: „Unterscheide ich also: die Vernunft, so vom Teufel besessen ist, thut großen Schaden in Gottes Sachen, und je größer und geschickter sie ist, desto größern Schaden thut sie. Wie wir an weisen, klugen Weltleuten sehen, die mit ihrer Vernunft mit Gottes Wort nicht uberein stimmen, ja je verständiger und klüger sie sind, je mehr und hoffärtiger sind sie wider Gottes Wort. Wenn sie aber vom heiligen Geist erleuchtet wird, so hilft sie judiciren und urtheilen die heilige Schrift. Des Gottlosen Zunge lästert Gott; meine aber lobet und preiset ihn, und ist doch ein Glied, Instrument und Werkzeug; an beiden ists eben eine Zunge, wie vor und nach dem Glauben; und die Zunge an ihr selbs, als eine Zunge, hilft nichts zum Glauben, und doch dienet sie ihm, wenn das Herz erleuchtet ist. Also dienet die Vernunft dem Glauben auch, daß sie einem Dinge nachdenket, wenn sie erleuchtet ist; aber ohne

Glauben hilft die Vernunft gar nichts nicht, sie kann es auch nicht, ja schadet mehr; wie die Zunge ohn Glauben an ihr selbs redet eitel Gotteslästerung. Wenn aber die Vernunft erleuchtet ist, so nimmet sie alle Gedanken aus Gottes Wort, nach dem=selbigen richtet und lenket sie die auch. Die Substanz und das Wesen an ihm selbs bleibet, wie es geschaffen ist, die Eitelkeit aber und das Böse gehet unter, wenn die Vernunft vom heiligen Geist erleuchtet wird."

Gottes heimliche Räthe soll man nicht wissen, noch darnach grübeln.

„Wer der hohen göttlichen Majestät Räthe oder Werk so genau und scharf erforschen und ausgründen will, außer und ohne sein Wort, der unterstehet sich, den Wind mit Löffeln zu messen, und das Feur auf Wagen zu wägen. Gott handelt und wirket bisweilen mit sonderlichem wunderbarlichem Rath und Weise uber unser Vernunft und Verstand; verdammet diesen, jenen macht er gerecht und selig. Darnach zu forschen gebühret uns nicht, worum ers thue, sondern wir sollen uns deß zu Gott versehen, und gläuben, daß ers nicht thue ohne gewisse Ursach. Und zwar er wäre wahrlich gar ein armer Gott, wenn er einem iglichen Narren müßte Ursach anzeigen und Rechnung geben, worum er dies oder jenes Werk thäte. Wir wollen uns an seinem Wort gnügen lassen und damit zufrieden sein, in welchem er uns seinen Willen offenbaret hat."

Der Apostel Wunderzeichen sind nöthig gewesen.

„So lang Jupiter, Diana, und andere Götzendienste und gräuliche Abgöttereyen der Heiden regirten, war es noth, daß Christus und die Aposteln leibliche Wunderzeichen thaten, zu be=stätigen die Lehre des Glaubens an Christum, und zu zerstören und danieder zu werfen alle andere Lehren und abgöttische Gottes=dienste, und solche leibliche Wunderzeichen sollten nur so lange währen und geschehen, bis daß das Euangelium und die Taufe bestätiget würden. Aber die geistlichen Mirakel und Wunder=werk, die Christus fur rechtschaffene Wunderzeichen hält, die bleiben fur und fur, bis ans Ende der Welt; wie das ist, daß der Häuptmann einen so großen Glauben fassen und haben kann an Christum, der doch dazumal bey seinem kranken Knecht nicht gegenwärtig war."

Gottes Wort soll man gläuben und nicht daran zweifeln.

„Verleitet euch nicht mit hohen Gedanken und lasset dieselbige euch nicht einnehmen," sagt Doctor Martinus, „sondern gesellet euch zu der christlichen Kirchen, und haltet euch zum Häuflin, bei dem Gottes Wort rein gelehret wird. Denn da ist Gott selber gegenwärtig, der da tröstet und hilft, wie denn auch der Herr Christus (Matth. 18, 22.) saget: „„Wo ihr zweene oder drei in meinem Namen versammlet sind, da will ich mitten un= ter ihnen sein."„

Und hie sollet ihr gewiß gläuben, was ich, Doctor Luther, oder ein ander Diener des göttlichen Worts, oder sonst ein Christ aus der heiligen Schrift und dem göttlichen Wort mit euch redet. Denn ich und ein jglicher rechtschaffener Prediger hat Befehl und Gewalt von Gott, euch zu lehren und zu trösten; darum sollet ihr meinem Wort gewiß gläuben. O wie ein fein Ding ists um die Beichte und Absolution!

Man gläubt aber noch auf den heutigen Tag nicht, daß meine Predigt Gottes Wort sei, oder daß einer im Sacrament des Al= tars den wahren Leib und Blut des Herrn Christi empfahe, und daß er in der Taufe abgewaschen und gereinigt werde von Sün= den durch das Blut Christi. Aber daß ich das rechte und reine Wort Gottes lehre und predige, dafür setze ich meine Seele zu Pfande, und will auch darauf sterben. Denn was ich und ein jglicher getreuer Diener des Euangelii oder Christi redet und thut in seinem Amt aus Gottes Befehl mit Lehren, Predigen, Trösten, Strafen, Täufen und Abendmahl reichen und Absolviren, dasselbige Alles thut Gott selber durch und in uns, als seinen Werkzeugen. Gläubst du nun das, so wirst du selig; gläubst du es aber nicht, so wirst du verdammet.

Und soll derhalben im Glauben auf Gottes Wort mich festig= lich verlassen und wissen, mein Unglaub wird darum solches Al= les nicht umstoßen, noch zu nichte machen. Denn wenn ich dir schenkte und gäbe hundert Goldgülden und legte sie dir unter den Tisch; du aber gläubtest solches nicht, sondern sprächest, es wäre Blei oder Kupfer, was könnte ich dazu, denn ich hätte dir Gold geben? Es feilet nur an dir, daß du es nicht gläubest; es ist dennoch Gold, wiewol du es nicht dafür hältst. Also leugnet Gott nicht; wem er das ewige Leben zusaget, dem hält ers auch gewiß und treuget nicht; man sehe nur zu, daß man es gläube und für wahr halte."

Hoffnung.

Alles, was in der ganzen Welt geschieht, das geschieht in Hoff nung. Kein Ackermann säete ein Körnlin aus, wenn er nicht hoffete, es sollte aufgehen und Saat draus werden. Kein junger

Gesell nähme ein Weib, wenn er nicht hoffete, Kinder mit ihr zu zeugen. Kein Kaufmann oder Tagelöhner arbeite, wenn er nicht Gewinn und Lohn davon hoffete und gewartete ꝛc. Wie viel mehr fodert uns die Hoffnung zum ewigen Leben!

D. M. Luthers Reim einer.

„In luctu gaudium,
In gaudio luctus;
Gaudendum in Domino,
Lugendum in nobis!"

„In Trauren Freud,
In Freuden Trauren;
Fröhlich im Herrn,
Traurig in uns sein!"

Vierzehnte Sammlung.

Was Zähneklappern sey?

Magister Veit (Dietrich) fragte: „„Was doch das Zähneklappern sein würde?"" Sprach D. M. Luther: „Es wäre die äußerste Pein etwa, die einem bösen Gewissen wird folgen, das ist Verzweifelung; nehmlich wissen, daß man von Gott muß ewig gescheiden seyn. Denn ein bös Gewissen fürcht sich für allen Creaturen. Ein Blatt am Baum hat Niemand jemals erschlagen, gleichwohl fürcht sich und fleuget ein erschrocken und zitternd Herz für ihm. Wenns verzagt ist, so erschrickts für einer jglichen Creatur, auch die gut ist."

Dreierlei Grad der Menschen.

„Menschen sind dreierlei Art. Die ersten sind der große Haufe, der sicher dahin lebet, ohn Gewissen, erkennet seine verderbte Natur und Art nicht, fühlet Gottes Zorn nicht wider die Sünde, fraget nicht darnach. Der ander Haufe ist derer, die durchs Gesetz erschreckt sind, fühlen Gottes Zorn und fliehen für ihm, kämpfen und ringen mit Verzweifelung wie Saul. Der dritte Haufe ist derer, die ihre Sünde und Gottes Zorn erkennen und fühlen, daß sie in Sünden empfangen und geboren und derhalben ewig verdammet und verloren müßten sein, hören aber die Predigt des Euangelii, daß Gott die Sünde vergibet aus Gnaden um Christus Willen, der für uns dem Vater dafur gnug gethan hat, nehmens an und gläubens, werden also gerecht und selig fur Gott. Darnach beweisen sie ihren Glauben auch mit allerlei guten Werken als Früchten, die Gott befohlen hat. Die andern zweene Haufen gehen dahin."

Gottes Zorn wird bald versöhnet.

"Besser ists, daß Gott mit uns zürne, denn wir mit ihme; denn Er ist barmherzig, wie der Prophet (Habac. 4, 2.) spricht: „„Wenn du zürnest, so gedenkest du der Barmherzigkeit."" Darum läßt Er den Zorn bald fahren und nimmt, die sich bessern, wieder zu Gnaden an. Zürnen wir aber mit Ihm, so ist der Sache nicht zu helfen. So wird auch im Propheten Esaia gesagt: „„Sein Zorn währet nur ein Augenblick"" (Pf. 30, 6.), item (Jef. 54, 7.): „„Einen Augenblick hab ich dich verlassen, aber mit großen Gnaden will ich dich wieder sammlen.""

Von einem bösen Gewissen.

"Doctor Martinus Luther sagete einmal uber Tische, „daß es ein zart schwach Ding wäre um ein böses Gewissen, denn es könne sich nicht bergen, wie auch die Heiden darvon gesaget haben: Conscia mens pravi de se putat omnia dici. Und erzählete Doctor Luther drauf diesen Possen: Es wäre einer in eine Herberge eingekehret und darinnen ubernachten wollen, der hatte gerne pflegen zu stehlen. Wie nun der Gast und Wirth zu Tisch sitzen, da fänget das Licht an zu rinnen, denn ein Knote im Dacht gewesen war. Da weiset der Wirth mit der Hand aufs Licht, und schreiet: ein Dieb, Dieb. Der Gast, so ein Dieb war, springt vom Tisch herfür, nimmt sich der Wort an und wollt den Wirth schlagen. Dahin triebe ihn sein Gewissen; denn wäre er kein Dieb gewesen, so hätte er sich an diese Wort nicht gekehret."

Wie man recht fromm wird.

"Wenn wir ein Mal aufhören werden zu lügen, trügen, stehlen, morden, rauben, ehebrechen, als denn so werden wir fromm werden, das ist, wenn man uns mit Schaufeln in die Erd verscharret. Denn Paulus sagt: „„Wer gestorben ist, der ist gerechtfertiget von der Sünde."" Rom. 6 (V. 7.)"

Lügen.

"Eine Lügen ist wie ein Schneeball; je länger man ihn wälzet, je größer er wird."

Eines vom Adel gottlose und spöttische Rede wider D. M. L.

„Einer vom Adel, der D. M. L. feind war, sagte zu ihm: „„Seyd Ihr der heilige Mann? Lieber, wenn Ihr ehe in Himmel kommt, denn ich, so stäubt mir die Augen nicht aus.““ Da antwortet ihm D. M. L. und sprach: „Lieber Junker, es möcht wol kommen, daß ich Euch gerne drein stäuben wollte, so werde ich Euch nicht können erreichen.“ Als sollte er sagen: Ich werde Euch im Himmel nicht finden.

Ein andere Frage, gethan an Doctor M. L. Anno 1542.

„„Ob einer das Sacrament nehmen möge von einem Diener, der offentlich hält und lehret, daß der wahre Leib und Blut Christi nicht sei im Sacrament, sondern Christus sei geistlich da, wie er denn an allen Orten ist mit seiner Gnad?

Etliche gebens zu und lassens nach, denn man soll nicht ansehen die Person oder derselben Dignität, Würdigkeit oder Unwürdigkeit, so das Sacrament reichet. Aber D. M. L. sagte stracks Nein dazu; „denn da höret auf nicht die Würdigkeit der Person, sondern die Sache selbs, **res ipsa**, es ist kein Sacrament da. Item wenn er das Sacrament nicht recht hält, so dürfen sie nicht wider Christum thun, der sein Blut für sie vergossen hat.“

Ob man in der Beichte alle Umstände berichten müsse?

„Darauf,“ sprach D. Martin, „sagte D. Staupitz zu D. Henningo: „„Juristen, Theologen und Aerzte soll und muß man recht berichten, so können sie auch rathen, helfen und absolviren. Was man aber auch solchen Personen sagt, das sollen sie auch schweigen und heimlich halten; sagen sie es aber, so solls nichts sein.““

Ob man in der Beichte alle Sünde erzählen müsse.

„In der Ohrenbeichte ist es nicht von Nöthen, daß man alle Sünde erzähle, sondern die Leute mögen sagen, was sie wollen; steinigen wir sie doch nicht! Wenn sie von Herzen sich arme Sünder bekennen, begehren darauf das Sacrament und können Ursach ihres Glaubens anzeigen, so sind wir zu Frieden. Und das ist die furnehmste Ursach, daß wir die Beichte behalten, auf daß der Catechismus sonderlich repetirt und gehört werde, ob man denselben auch könne und verstehe. Wiewol ich sie (die Ohrenbeichte) mein Leben lang nicht unterlassen will; denn da absolvirt und spricht mich von Sünden los nicht ein Mensch, sondern Gott selber.“

Auch soll man die Leute für allen Dingen wol lehren und ihnen einbilden, daß man nicht einem Menschen, sondern Gott und dem Herrn Christo beichte; item daß nicht ein Mensch, sondern Christus absolvire. Aber das verstehen und glauben itzt die Leute nicht. Heute habe ich den Böhemen Antwort geben, die wollen und dringen drauf, daß allein Gott die Sünde vergibt, und ärgern sich an meinem Büchlin von Schlüsseln.

Darum soll man die Leute lehren, daß man Christo beichte, daß Christus absolvire durch den Mund des Dieners. Denn des Dieners Mund ist Christus Mund, des Dieners Ohre ist Christus Ohre. Aufs Wort und Befehl Gottes soll man sehen und sich verlassen, nicht auf die Person; Christus sitzt da Beichte, Christus hörets; Christus Wort sinds, nicht Menschen Wort, so da gehort und geredt werden aus des Beichtvaters Munde."

Da sagte einer: „„So wird folgen, daß Christus Wort, das er auf Erden geredt und geprediget hat, und seiner Diener ist ein Wort, beide des Mundes und Effects oder Wirkung halben?"" „Ja," sprach D. M. L, „denn Christus spricht (Luc. 19, 16): „„Wer euch höret, der höret mich, und wer mich höret, der höret den Vater."" Und S. Paulus heißt das Euangelium Gottes Macht und Kraft. Rom. 1 (16.)."

Daß man mit der Handelung des Abendmahls nicht Schimpf noch Scherz treibe.

Doctor Martinus Luther wurde aus Nürnberg zugeschrieben, daß ein Pfarrherr, ein Gauch, in ihrem Gebiete einem Weibe hat sollen das Abendmahl reichen, und da er nicht hatte einen Kelch gehabt, da hatte er einen Löffel genommen und gesaget: „„Nehmet hin und trinket, das ist der Löffel des neuen Testaments."" Darüber wurde Doctor Martin Luther etwas lachend; aber er sprach: „Das muß ein Bube sein! Und wenn ich wäre als die Herrn von Nürnberg, so wollt ich ihme des Löffels geben! Denn es ist ein blasphemia; ich wollt ihn ein Jahr lang lassen in Thurm werfen, und sagen: Dieser Löffel gehört in ein solch Löffelfutter!"

D. Martinus Luther erzählte diese Reim.

„Hüte dich für der Alchimisten Sublime,
Und für der Juristen Codice,
Für der Medicorum Recipe,
Für der Pfaffen praesta quaesumus Domine,
Willt du mit einem vollen Beutel zu Markt gehen."

Großer Herrn Diener zu Hofe vom Teufel besessen.

„Man redete, wie K. und F. (Kaiser Karl V. und Ferdinand) jämmerlich gefangen wären von ihren Räthen, Bischofen und Cardinäln. Da sprach D. Martinus Luther: „Darum vermahnet die heilige Schrift, für die Oberkeit zu bitten, nicht um ihrer Personen willen so sehr, als ihres Amts halben; denn ihr Hofgesind mit eitel Teufeln besessen ist. Wenig Joseph und Daniel findet man zu Hof!"

Warum Fürsten und Herren ihre Anschläge und Practiken nicht alle fortgeben.

„Die Fürsten beten itziger Zeit nicht, wenn sie etwas wollen anfahen, sondern sagen nur also: Drey Mal drey ist neun; das feilet nicht. Item zwey Mal sieben ist vierzehn; diese Rechnung feilet nicht, also muß es gewiß hinaus gehen. So spricht denn unser Herr Gott: Für wen haltet ihr mich denn? Für eine Ziffer, die nichts gilt? Ich muß vergebens hie oben sitzen? Darum so kehret er ihnen auch die Rechnung gar um und machets ihnen Alles falsch."

Zeichen, so vor der Strafe hergehen.

„Wenn Gott ein Königreich, Land oder Volk strafen oder gar verwüsten will, so nimmet er erstlich hinweg fromme, gottselige Lehrer und Prediger, item weise, gottfürchtige Regenten und Räthe, vernünftige und erfahrne Krieger und andere ehrliche Leute. Esa. 3 (V. 2 ffg.).

Da wird denn der Pöbel sicher und fröhlich, treibt allen Muthwillen, fragt nach reiner göttlicher Lehre nicht mehr, ja verachts und geräth in Blindheit, acht weder Strafe, Zucht noch Ehrbarkeit, treibt allerlei Sünd und Schande, daraus denn ein wild, wüst, teufelisch Wesen folget, wie wir leider jtzt sehen und erfahren, das nicht lang bestehen mag.

„Darum besorge ich, die Axt sei schon dem Baum an die Wurzel gelegt, daß er nu balde soll abgehauen werden. Der liebe Gott nehme uns mit Gnaden weg, daß wir den Jammer nicht erleben noch sehen müssen!"

Junge Herrn.

„Junge Herrn müssen gute Tage haben und ein frischen Muth bis ins 20. Jahr, daß sie nicht zu kleinmüthig werden; aber darnach tröste sie Gott! Wenn sie ins Regiment kommen, da werden ihnen die guten Tage gesalzen werden! Wie man siehet an einem Baum, der in ein Scherben oder Topf gesetzt ist, der wurzelt nicht weit um sich, kann auch nicht."

Fürsten müssen der Schreiber und Häuptleute Knechte seyn.

Ein Fürst herrschet im Friede untern Schreibern, im Kriege muß er untern Scharhansen und Thrasonen (beide Ausdrücke bedeuten s. v. a. Prahler) Knecht und Diener seyn; denn er muß eines jglichen Häuptmanns, Obersten und Kriegsgurgeln Muthwillen, Hoffart und Thranney dulden und leiden, darf nicht mucken dawider, hat eben so viel Herrn als viel er Häupt= leute und Kriegsleute hat, welchen er nicht alleine muß gnug, ja uberflüssig geben, sondern auch dazu danken, sie schier anbeten, auf den Händen tragen, freundlich grüßen und mit ihnen ein gut Geselle seyn, unten und oben liegen; sonsten wird er veracht und verlassen. Dies ist wahr, sonderlich zu unser Zeit, da keine Disciplin noch Zucht unter solchen Leuten ist. Nimmt er aber einen Schnapp (eine Schlappe erhalten), daß er erschöpft wird, und hat nicht mehr Geld, oder wird erlegt, so ziehen sie ein Andern zu und verlassen ihn, ja lassen sich wol wider ihn brau= chen in Kriegen, und helfen ihn uberziehen, dem sie zuvor bey= stunden und vertheidigten. Summa Summarum, er führt allein den Titel, ein Knecht der Knechte des Teufels; wo er nicht auch wie ein Christ ist und zu betet, wird er der ärmeste und elendeste Mensch, deß man sich billig erbarmet. Doch muß ein Fürst solche Leute haben, und ist unmöglich, daß Alles könnte recht ge= hen, wie sichs wol gebührete. Aber gleichwol ist das der frömmste Fürst, der es nicht gerne will, noch drein williget, sondern leidet nur solche Gesellen, ja muß sie wol leiden, und strafet, was er weiß und kann, auf daß nicht Alles frei dahin ungestraft und zaumlos gehe, sondern daß man sich gleichwol müsse für dem Schwert fürchten. Zu Hofe vergönnt ein Jglicher dem Andern sein Glück, und wollt gern der erste am Brette seyn und empor schweben."

Herzog Friederichs kluge Rede.

„H. F. Kurf. zu Sachsen hat als ein weiser Fürst pflegen zu sagen," sprach D. M. Luther: „„Die Händel wären wol zu vertragen, wenn man die Leute vertragen könnte!""

Item S. Kurfürstliche G. hat einmal gesaget: „„Ich sehe und erfahre es, daß Fürsten Gut nicht derer ist, die es verdie= nen und denen mans billig geben sollte, sondern denen es besche= ret ist!"" Dergleichen hat Kaiser Sigmund auch gesaget. Denn als er einmal durch ein Wasser geritten war, und sein Pferd (mit Urlaub zu reden) im Wasser gestallet, und ein Diener an= gefangen und gesagt: „„Dies Pferd hat seines Herrn, des Kai=

fers, Art und Natur an sich, denn es stallet ins Wasser, da zuvor
Wassers gnug ist; also gibt auch der Kaiser denen Begnadung
und Geschenk, die zuvor reich gnug sind.""" Als solchs der Kaiser
hörete, hat er geantwortet: """Großer Herrn Güter und Gaben
sind nicht derer, die es verdienen, sondern denen es bescheret ist,
und daß solches wahr sey, so sollt du es erfahren, alsbald wir
in unser Hoflager kommen.""" Wie die kaiserliche Majestät vom
Pferde im Schloß absteigt, befiehlt er, man soll ihm zwo hölzerne
Büchsen lassen zurichten. Die eine thut er voll Goldes, die ander aber voll Bley, gleiche Schwer, und ließ denselbigen alten
Diener, der im Wasser geklaget hätte, daß sein Herr ihm auch
nichts gebe, fur sich fodern und setzete ihm die zwo Büchsen fur
und sprach: """Eine ist voll Goldes, die ander voll Bley, nimm
du nu, welche du willt, so soll sie dein seyn.""" Der Diener
fühlete und prüfete beide Büchsen, und dieweil sie gleich schwere
waren, so griff er zu und erwischete die, so mit Bley gefüllet
war. Da sagte der Kaiser: """Da siehest du wol, daß es meine
Schuld nicht ist, daß du nichts von mir bekömmest!"""

Fünfzehnte Sammlung.

D. M. Luthers tröstliche Reden in seiner Tochter Krankheit und Begräbniß.

"Da seine Tochter noch sehr krank lag, sprach er, Doctor
Martinus: "Ich hab sie sehr lieb; aber, lieber Gott, da es dein
Wille ist, daß du sie dahin nehmen willt, so will ich sie gerne
bey dir wissen." Und da sie also im Bette lag, sprach er zu
ihr: "Magdalenchen, mein Töchterlin, du bliebest gerne hie bey
deinem Vater, und zeuhest auch gerne zu jenem Vater!" Sprach
sie: """Ja herzer Vater, wie Gott will!""" Da sagte der Vater:
"Du liebes Töchterlin, der Geist ist willig, aber das Fleisch ist
schwach!" Und wandte sich herum und sprach: "Ich habe sie ja
sehr lieb; ist das Fleisch so stark, was wird denn der Geist
seyn?" Und unter andern sagte er: "Gott hat in tausend Jahren
keinem Bischof so große Gaben gegeben als mir, denn Gottes
Gaben soll man sich rühmen. Ich bin zornig auf mich selbs,

daß ich mich ihrer nicht von Herzen freuen, noch danken kann; wiewol ich unterweilen unserm Herrn Gott ein Lieblin singe und dank ihm ein wenig dafür.

Wolan wir, wir leben oder sterben, so sind wir des Herrn sive, vivimus, sive morimur, Domini sumus, nämlich beide in Genitivo, des Herrn, und in Nominativo, Herrn. Herr Magister, seyd guter Ding!" Da sprach M. Georg Rörer: „„Ich hab etwan ein Wort von Euer Ehrwürde gehört, das mich sehr oft tröstet, nehmlich: „Ich hab unsern Herrn Gott gebeten, daß er mir ein seliges Stündlin geben wollte, daß ich dahin fahren möge, und er wirds auch thun, daß weiß ich gewiß. Ich werde noch an meinem letzten Ende mit Christo, meinem Herrn, reden, und wenns noch so kurz sollte werden!" Da sagte M. Rörer: „„Ich habe Sorge, ich werde ein Mal plötzlich dahin gehen, stillschweigend, daß ich kein Wort reden werde.""" Da sprach D. Martinus Luther: „Wir leben oder sterben, so sind wir des Herrn! Wenn Ihr gleich die Treppe hinab fielet oder säßet und schriebet und stürbet plötzlich dahin. Es schadet nichts, wenn ich schon von der Leiter fiele und bliebe so da todt liegend, denn der Teufel ist uns feind."

Da nu Magdalenchen in Zügen lag und jtzt sterben wollte, fiel der Vater furm Bette auf seine Knie, weinte bitterlich und betete, daß sie Gott wolle erlösen. Da verschied sie und entschlief ins Vaters Händen. Die Mutter aber war auch wol in derselben Kammer, doch weiter vom Bette um der Traurigkeit willen. Das geschach ein wenig nach neun Horen am Mittwoch des 17. Sonntags nach Trinitatis Anno 1542.

Er, der Doctor, wiederholete oft, wie droben angezeigt, und sprach: „Ich wollte gern meine Tochter behalten, denn ich habe sie ja sehr lieb, wenn mir sie unser Herr Gott lassen wollte; doch geschehe sein Wille! Ihr kann zwar nichts Besseres geschehen!" Da sie noch lebete, sprach er zu ihr: „Liebe Tochter, du hast noch einen Vater in dem Himmel, zu dem wirst du ziehen!" Da sprach M. Philipp.: „„Der Aeltern Liebe ist ein Gleichniß und Bilde der Gottheit, so menschlichem Herzen eingedruckt ist. Ist nu eine so große Liebe Gottes gegen das menschliche Geschlecht, wie groß der Aeltern ist gegen ihre Kinder, wie die Schrift saget, so ist sie furwahr groß und hitzig.""

Da sie nu in Sarg geleget war, sprach er: „Du liebes Lenichen, wie wol ist dir geschehen!" Sahe sie also liegend an, und sprach: „Ach, du liebes Lenichen, du wirst wieder aufstehen,

und leuchten wie ein Sterne, ja wie die Sonne!" Da man ihr
aber den Sarg zu enge und zu kurz gemacht hatte, sprach er:
„Das Bette ist ihr zu klein, weil sie nu gestorben ist. Ich bin
ja fröhlich im Geist, aber nach dem Fleisch bin ich sehr traurig;
das Fleisch will nicht heran, das Scheiden vexirt einen uber die
Maße sehr. Wunderding ists, wissen, daß sie gewiß im Friede
und ihr wol ist, und doch noch so traurig seyn!"

Und da das Volk kam, die Leiche helfen zu bestatten, und
den Doctor nach gemeinem Brauch und Gewohnheit anredten
und sprachen, „„es wäre ihnen sein Betrübniß leid,"" sprach
er: „Es soll Euch lieb seyn! Ich hab einen Heiligen gen Himmel
geschickt, ja, einen lebendigen Heiligen! O, hätten wir einen
solchen Tod! Einen solchen Tod wollt ich auf diese Stunde
annehmen." Da sagte einer: „„Ja es ist wol wahr; doch behält ein Jeder gerne die Seinen."" Doctor Martinus antwortet: „Fleisch ist Fleisch und Blut ist Blut! Ich bin froh,
daß sie hinüber ist, keine Traurigkeit ist da denn des Fleisches."
Abermal sprach er zu Andern, die da kamen: „Lasset Euch nicht
leid seyn! Ich hab ein Heiligen gen Himmel geschickt; ja, ich
hab ihrer zween hingeschickt!" Unter Andern, die zur Leich
kamen, da man singet: „„Herr, gedenk nicht unser vorigen
alten Missethat,"" sagte er: „Ich spreche: O Herr, Herr, nicht
allein der vorigen und alten, sondern auch der itzigen und gegenwärtigen Sünden, denn wir sind Wücherer, Schinder, Geizhälse 2c. Ja, da ist noch der Greuel der Messen in der
Welt!"

Da man sie einscharrete und begrub, sprach er: „Es ist die
Auferstehung des Fleisches!" Und da man wieder von der Begräbniß kam, sprach er: „Meine Tochter ist nu beschickt, beide
an Leib und Seel 2c. Wir Christen haben nichts zu klagen,
wir wissen, daß es also seyn muß. Wir sind je des ewigen
Lebens aufs Allergewissest; denn Gott, der es uns durch und
um seines lieben Sohnes willen zugesaget hat, der kann je nicht
lügen. Zweene Heiligen hat unser Herr Gott aus meinem
Fleisch, aber nicht ausm Geblüte."

Unter andern sagte er weiter: „Man muß die Kinder doch
versorgen und sonderlich die armen Mägdlin; wir dürfen nicht
sorgen, daß sich ein ander ihr annehmen wird. Ich habe mit
den Knaben keine Barmherzigkeit; ein Knabe ernähret sich, in
welchs Land er kömmt, wenn er nur arbeiten will. Will er
aber faul seyn, so bleibt er ein Schlingel. Aber das arme

Mägdevölklin muß einen Stab in der Hand haben. Ein Knabe kann in die Schule laufen nach Parteken, daß darnach ein feiner Mann aus ihm werden kann, wenn ers thun will. Das kann ein Mägdlin nicht thun, es kann bald zu Schanden werden, krieget sie den Bauch voll." Item: „Ich gebe diese Tochter unserm Gott sehr gerne, nach dem Fleisch aber hätte ich sie gerne länger bey mir behalten; weil er sie aber weggenommen hat, so danke ich ihm."

Als Magdalena, D. M. Luthers Tochter, Anno 1542 gestorben war, da hatte Doctor Martini Luthers Frau die Nacht zuvor einen Traum gehabt, daß sie gedaucht hatte, daß zween schöne junge, wolgeschmückte Gesellen kommen wären und hätten ihre Tochter wollen zur Hochzeit führen. Als nu Philippus Melanchthon des Morgens kömmt ins Kloster, und sie fragete: „„Was ihre Tochter machete?"" da hat sie ihm den Traum erzählet. Aber er war darüber erschrocken, und zu Anderen gesaget: „„Die junge Gesellen sind die lieben Engel, die werden kommen, und diese Jungfrau in das Himmelreich, in die rechte Hochzeit führen."" Und an demselbigen Tag war sie auch gestorben."

Oberkeit soll immerdar das Böse wegräumen und strafen.

..... Man hat ein Mal einen jungen Knaben von 18 Jahren um des Diebstahls willen gefänglich eingezogen. Nun hätte ihn der Richter und die Schöpfen um seiner Jugend willen gerne vom Galgen erlöset und ihn los gegeben. Da hat er gesaget: „„Nur immer mit mir hinweg! denn ich bin drein kommen. Laßt Ihr mich los, so heb ich doch das Stehlen wiederüm an, wo ichs gelassen hab."" Drüm wer den Tod verdienet hat, mit dem fahre man nur immer hinweg!" Und erzählet Doctor Luther das alte Sprichwort: „„Ein Dieb ist nirgends besser denn am Galgen, ein Mönch im Kloster und ein Fisch im Wasser."" Und saget Doctor Luther, „er hätte Etliche erbeten vom Galgen, daß man ihnen das Leben geschenkt hatte, aber nach wenig Tagen hätten sie doch wieder gestohlen und wären alsbald drauf gehenkt worden.

Oberkeit und Juristen bedürfen Vergebung der Sünden in ihrem Amt.

„Fürsten und alle Regenten und Oberkeit, da sie gleich fromm und gottfürchtig sind, können in ihrem Amt und weltlichen Regiment ohne Sünde nicht seyn; sie thun bisweilen Manchem Unrecht, wenn sie sich gleich aufs Allerfleißigste hüten. Denn sie könnens nicht allzeit also schnurgleich treffen und fadenrecht ma-

8*

chen, wie etliche Klüglinge meinen; drüm bedürfen sie am aller-
meisten Vergebung der Sünden."

Woher es komme, daß die Oberkeit sündiget und Unrecht thut.

Doctor Martinus Luther saget: „Die Erfahrung bezeugets,
daß die Oberkeit und Juristen oftmals böse seyn und ubel haushalten und ihr Amt und weltlich Regiment ohne Sünde nicht
ausrichten, und ihrem Stande, den sie als **publicae personae** führen, nicht können gnug thun. Das ist denn die Ursache, daß
die Oberkeit auch eine Privatperson an ihr hat, dieselbige ist
sündhaftig, steckt in vielen Gebrechen und Sünden; darum richtet
sie so viel Böses an und thut Unrecht. Gleich als wenn einer
ein schärtig Beil hat, da verderbet er Alles mit, was er darmit
hauet. Item man saget auch, daß böse Zimmerleute machen
grobe Späne. Drüm, weil unser Privatperson eine Sünderin
und durch die Erbsünd ganz und gar verderbt ist, derhalben so
verderbet sie die **publicam personam** auch, daß sie bisweilen
viel Unrechts thue, es komme einer gleich ins Predigamt oder
in die weltliche Regirung. Wiewol unser Herr Gott die Kunst
auch kann, daß er oft durch böse Personen wol regiret oder
Buben mit andern Buben strafet.

Siehe, wie auch die Aposteln sind Sünder gewesen und grobe,
große Schälke. S. Paulus sagt von ihm, daß er sey ein Lästerer und Verfolger gewesen, aber er hab Barmherzigkeit erlangt.
S. Petrus verleugnet Christum, das war ein Stück Bösewichts;
Judas verrieth Christum gar, und ich gläube, die Propheten haben auch oft große Fälle gethan und hart gestrauchelt, denn sie
sind auch Menschen gewesen als wol wir sind, und von Adam
und Eva herkommen, die Fleisch und Blut an sich haben. Nun
ist unser Fleisch des Teufels Bastey, denn Fleisch und Blut dem
Teufel balde zufället; drüm hat der Teufel einen Vortheil wider
uns."

Ernste Disputation D. M. L. mit den Juristen.

Es kamen zween Doctores im Rechten zu D. Mart., die
empfing er also: „O ihr Canonisten, ich könnte euch wol leiden,
wenn ihr nur mit den kaiserlichen, und nicht mit den päpstlichen
Rechten umginget und zu thun hättet; aber ihr beider Rechten
Doctores vertheidiget den Papst und seine Canönichen. Und ich
wollt meine Hand drüm geben, daß alle Papisten und Canonisten
müßten des Papsts Recht und Decret halten, wollt ihnen keinen
ärgern Teufel wünschen.

Der Bischof von M. kann nicht rühmen, daß er mit gutem

Gewissen drey Bisthum inne hat. Ihr aber vertheidigts. Wel=
ches ich also beweise: Ein Iglicher soll die Kunst und das Hand=
werk treiben und uben, so er gelernt hat; nu aber seyd ihr Doc=
tores auch im päpstlichen Rechte; welchs nichts ist; darum ist
ein Doctor des päpstlichen Rechts nichts, und gar eine Chimära,
ungeheur Thier, das ist, ein Fabel und nichts. Wollt ihr aber
Doctores in kaiserlichen Rechten seyn, so seyd ihr halb lahm,
der Tropf hat euch auf der einen Seiten gerührt und geschlagen.
Des Papsts Recht und Decret stinkt nach eitel Ehrgeiz, Hoffart,
Eigennutz, Geiz, Superstition, Abgötterey, Thranney, und der=
gleichen Lastern, und ist ein Grundsuppe, darein der Papst, der
Antichrist, sein Unflath geschmissen hat. Denn der Papst ist nur
ein **Doctor Ceremoniarum**, er lehret allein von Ceremonien,
die Gott nicht befohlen, ja verboten hat, Menschen=Tand. Was
er aber Guts hat in seinen Rechtsbüchern, das zu Gerichtshän=
deln und Policey gehört, und weltlichen kaiserlichen Rechtes ist,
da ist er gar ein Kaiser; wiewol er ihm den Kaiser zum Unter=
than gemacht, und unter seine Füße und Gewalt geworfen und
bracht hat, also, daß ihn Daniel recht beschreibet und abmalet
(c. 12.), das Papst seyn, sey und heiße nichts Anders, denn vo=
gelfrei seyn, und thun nur, was einen gelüstet; keine Rechte hal=
ten, sondern sie verachten und mit Füßen treten, wie ein grau=
samer Thrann und Wütherich: **Sic volo, sic iubeo, sit pro
ratione voluntas.** Wir haben Macht, zu gebieten, was wir
wollen, uns soll man gehorsam seyn rc. Aber Kaiser seyn, ist
ein Schutzherr des Rechten seyn, uber welchem er halten soll.“

Ein Jurist sagte zu Ph. (Melanchthon): „„Ihr Theologi schrei=
bet und macht, was ihr wollt; darnach constituiren, setzen und
machen wir Juristen, was wir wollen, dem müßt ihr ins Teu=
fels Namen gläuben.““ Darauf antwortet D. Mart., und sprach:
„Das hat darnach auch Bestand, so lang es kann. Denn Got=
tes Wort, wenn es kömmt, so kehrets die Welt um. Und wenn
unser Herr Gott die Königreiche und Regimente hinweg wirft,
so wirft er die Rechte auch weg, mit allen Ordnungen, Gesetzen
und Policeyen.“

Ein frommer Jurist ist ein seltsam Thier.

„Juristen sind oft Christi Feinde, wie man sagt: Ein rechter
Jurist, ein böser Christ; denn er rühmet und preiset die Gerech=
tigkeit der Werke, als würde man dadurch für Gott gerecht und
selig. Ist er aber erleuchtet und neu geboren, und ein Christ,
so ist er wie ein Monstrum, Wunderthier untern Juristen, er

muß ein Bettler seyn, und wird von andern Juristen fur auf=
rührisch gehalten.

Ihr Herren Juristen," sprach D. M. L. auf ein Zeit, „tre=
tet uns nur nicht mit Füßen; werdet ihrs aber thun, so wollen
wir euch in die Fersen beißen. Man schlage den Juristen die
Conscienz und das Gewissen nieder, so wissen sie nicht, was sie
thun sollen. Münzer griffs mit dem Schwert an, der war ein Narr.

Die Juristen sind nicht zu leiden, wenn sie sich in Sachen,
so das Gewissen belangen, mischen und einlassen wollen, dieselben
regiren, und furschreiben, was man predigen soll, nach ihrem
Kopf. Wenn ich," sprach der D., „nur zwei Jahr im Rechten
studirete, so wollte ich gelehrter drinnen werden, denn D. C.
(Melchior Kling). Denn ich wollt von Händeln reden, wie sie
in Wahrheit an ihnen selbs recht oder unrecht sind; er zankt
allein uber den Worten. Denn die Juristen disputiren und han=
deln gemeiniglich von Worten, und ändern die Sachen, gehen
nicht aufm Grunde damit um, die rechte Wahrheit zu berichten;
liegen auf einem **Quos**, das dürfen sie auf alle Fälle ziehen;
sagen viel, und machen viel Worte, aber ohn Verstand.

D. C. ist Doctor **Quos**, die Lection gefällt mir, aber die
Application nicht. Der Juristen Lehre ist nichts, denn ein **Nisi**,
das ist, ohne das, oder ausgenommen. Das **Nisi** muß in allen
Sachen seyn. Theologia gehet nicht mit dem **Nisi**, es sey denn,
um; sondern ist gewiß, und hat einen beständigen festen Grund,
der nicht fehlet noch betrüget. Juristen dürfen wol der Theolo=
gen Beystand und Hülf, wir aber bedürfen ihrer Stimm und
Beyfall gar nicht. Werdet ihr unter einander zanken und euch
beißen, so werdet ihr auch mit einander verzehret werden und zu
Boden gehen.

Zeiget mir einen Juristen, deß Ende sey und der um der
Ursache willen studire, daß er die rechte Wahrheit lerne, und
wisse, was recht und unrecht sey, Gotte zu Ehren, und Andern
damit zu dienen; sondern alle studiren sie uns Genießes und
Nutzes willen, groß Ehr und Gut zu erlangen. Alle Höfe und
Regenten müssen sich nach den Juristen richten, und ihnen folgen
und gehorsam seyn; was sie fur recht erkennen, wenn es gleich
unrecht ist, so muß recht seyn, wie sie es gut dünkt.

Laß gleich seyn, daß sie uns in sonderlichen einzelen Stücken
und Fällen widerstehen, und mit uns nicht gleich ubereinstimmen;
doch halten sie die Universalia, was gemeine ist, und Alle antrifft;
wie auch uns Theologen geschieht, daß man wider uns ist,

und es nicht mit uns hält. Doch bleibt das Wort fest und un=
bewegt.

Der Theologen Autorität und Gewalt stehet in dem, daß sie
können die Universalia, was gemein ist und Alles angehet, ver=
dunkeln; denn sie können aufheben und niedersitzen. Wenn das
Wort kömmt, so soll Moses und der römische Kaiser weichen.
Die Oberkeit ist den Rechten und Gesetzen unterworfen. Denn
Moses sagt: So ihr werdet richten und urtheilen nach den Rech=
ten und Gesetzen ꝛc. Nu sind dieselbigen Gottes Wort unter=
worfen, darum sollen sie ihm auch weichen.

Der Perser und Griechen Rechte und Gesetze haben aufge=
hort und sind abgethan. Die römischen oder kaiserlichen hangen
noch gar ein wenig, gleichwie an einem seiden Faden. Denn
wenn ein Kaiserthum, Königreich oder Fürstenthum fällt, so fallen
auch desselben Rechte, Gesetz und Ordnungen. Man kann nicht
sprechen, urtheilu und richten nach den Rechten, so gefallen sind.
Darum, lieben Herren, ihr Juristen, lasset uns das Regiment,
so werden eure Rechte bleiben stehen. Fällt aber das Recht und
die Sachen, davon man redet und handelt, so fallen auch die
Wort und Vocabel. Mit dem Regiment fallen Gesetze und Bräuche
oder Gewohnheiten. Als, wenn einer wollte meine Hausfrau
nunmals an der Nonnen Rechte und Regel binden und verpflich=
ten, sollte man deß nicht billig spotten und lachen? Denn sie ist
nu eine Hausmutter, hat einen Ehemann und Kinderlin. Es
heißt: Gebrauch der Wort, die itzt im Branch sind, wie der
Münze, die gäng und gebe ist; als wenn ich itzund wollte die
spitzigen Schuhe strafen und verfprechen, die nu nimmer im
Branch sind. Wär ich nicht ein Narr, deß man billig spotten
sollte?"

Was Juristen sind.

„Ein Jurist ist ein Balkenträger; ein Theologus ein Splitter=
träger. Und ein Doctor Iuris ist ein Balkendoctor; ein Theo=
logus ein Splitterdoctor. Ein Jurist ist nach menschlicher Weis=
heit klug; aber ein Theologus ist klug nach Gottes Weisheit.
Viel sind gelehrter, denn ich bin; aber daß sie sollten gelehrter
seyn in Gottes Wort, das ich lehre und predige, das ist un=
möglich. Ich will einen Schuster, Schneider, Juristen, und ein
Jglichen lassen bleiben; sicht mir aber einer den Predigtstuhl
an, so will ich ihn herab weisen, daß er sichs soll wundern.
Ein Jurist ist nicht mehr, denn ein Schuster oder Schneider."

Juriſten ſollen rathen.

„Juriſten ſollen nicht **Rabulae**, Zungendreſcher noch Procuratoren ſeyn, ſondern Rechtsverſtändige, die da Rathſchläge ſtellen und des Rechten berichten, was Recht iſt; nicht procuriren und fürm Gericht einem ſeine Sache führen und Wort ſpehen, fürnehmlich Doctores; ſollen nur Abvocaten ſeyn, ſo da richten, was in Rechten gegründet iſt.

Aber weil man ihr ſonſt nicht achtet, und geringe Beſoldung gibt, ſo müſſen ſie, Noth halben gezwungen, procuriren. In Italia gibt man eim Juriſten wol ein 400 oder mehr Ducaten zu Beſoldung ein Jahr, da einer in Deutſchland nur 100 hat; drüm müſſen ſie procuriren und Sachen annehmen und führen. Alleine mögen ſie zuſehen, und nicht aus Unrecht wollen Recht machen, oder wiederüm, die Sachen nicht fürſetzlich aufziehen und verſchleifen, ums Gelds willen. Man ſollte ihnen Beſoldung geben, daß ſie ſich ehrlich erhalten könnten, wie man denn auch fromme, rechtſchaffene, treue Pfarrherr, Lehrer und Prediger wol ſollte verſehen; weil es aber nicht geſchicht, ſo müſſen ſie, wiewol unbillig, des Ackerbauens und der Haushaltung warten, damit ſie ſich mit Weib und Kindern ernähren.‟

Sechszehnte Sammlung.

Troſt wider Vieler Feindſchaft.

„Es thut mir keiner kein Leid, es wird ihm ehe leid werden, denn er ſterben wird. Ich thue keine Sünde, daß ich ſolchs dulde und leide, ſondern der mir Leides thut, der thut Sünde.‟

Geduld iſt allenthalben nöthig.

„Ich muß,‟ ſprach Doct. M. Luther, „Geduld haben mit dem Papſt, ich muß Patienz haben mit den Schwärmern, ich muß Geduld haben mit den Scharrhanſen, ich muß Patienz haben mit dem Geſinde, ich muß Patienz haben mit Käthen von Bora; und der Patienz iſt noch ſo viel, daß mein Leben nichts anders will ſein als Patienz. Der Prophet Eſaias ſpricht (30, 15.): „„In Schweigen und Hoffen ſtehet euer Stärk,‟‟ das iſt, habt Geduld, leidet, hoffet und verzweifelt nicht in eurem Gewiſſen!‟

Gott hält uns viel zu gut.

„Kann mir unser Herr Gott das schenken, daß ich ihn wol zwanzig Jahr gecreuziget und gemartert hab mit Meßhalten, so kann er mir das auch wol zu gute halten, daß ich bisweilen einen guten Trunk thue ihm zu Ehren; Gott gebe, die Welt lege es aus, wie sie wolle.“

Worum Krankheiten kommen?

„Ich“, sprach Doctor Martinus Luther, „forsch ihm nach, wie diese zweene Sprüche möchten versöhnet und verglichen werden, Matth. 9. (v. 2.) von dem Gichtbrüchigen, da Christus spricht: „„Sey getrost, mein Sohn, deine Sünden sind dir vergeben 2c.““ Da wußte Christus wol, daß die Sünde war ein Ursache der Gicht, ja aller Krankheiten; da er doch von dem, der blind geboren war, saget Joh. am 9. Capitel (v. 3.) „„daß weder er noch seine Aeltern gesündiget haben.““

Antwortet Doctor Martinus Luther: „In diesen Worten bezeuget Christus, daß der Blinde nicht habe gesündiget, drüm ist die Sünde nicht ein Ursach der Blindheit; denn allein die wirklichen Sünde, so ein Mensch selbs thut, sind Ursachen der Krankheiten und Plagen, nicht die Erbsünde. Drum waren des Gichts Ursach die Sünde, so der Gichtbrüchige selbs gethan und begangen hatte; aber die Erbsünde ist nicht die Ursach der Blindheit im Blinden, der blind geborn war, sonst müßten alle Menschen blind oder gichtbrüchig geborn werden. Der Erbsünde Frucht und Strafe ist eigentlich: Erstlich, daß man Gott nicht erkennet, als da ist Gotteslästerung. Zum Andern, den Nähesten nicht kennen; derselben Frucht und Effect ist, ihn tödten und umbringen. Zum Dritten, sich selbs nicht kennen; demselbigen folget denn seiner selbs nicht achten und sich in die Schanz ergeben.“

Wozu die Leute gezüchtiget werden von Gott.

„Der Gottfürchtige wird gezüchtiget, auf daß er nicht mit der Welt verdammet werde; der Gottlose aber, auf daß er sich erkenne oder verstockter werde. Je größer Christen, je mehr Anfechtung; je mehr Sünde, je mehr Furcht.“

Der arme Judas.

„Unser große Sünde und Missethat,
Die Christum, den wahren Gott von Art,
Ans Creuz geschlagen hat.
Drum wir dich armen Juda, dazu die Judenschaar
Nicht billig dürfen schelten, die Schuld ist unser gar.“

„Da Christus zu Petro sagte: „„Petre, hast du mich lieb? Weide meine Schafe 2c.““ (Joh. 21, 15.), hat er Petrum wollen demüthigen in dem, daß er ihn nicht ein, sondern drei Mal fragte: „„Petre, hast du mich lieb? Weide meine Schafe 2c.““ Richte sie wieder auf, nicht mit der Strenge des Gesetzes, sondern mit der heilsamen und süßen Weide des holdseligen Evangelii. Gegen Andern aber, die nicht Schafe sind, da brauch des Gesetzes Schärf und Strengkeit; denn ich thue und leide Alles um der armen, demüthigen Schäflin Willen.

Denn die höchste Weisheit der Natur und Vernunft ist das Gesetz. Darum wenn der Satan darnach in deinem Herzen prediget, und gibt für, Gott wolle dir deine Sünde nicht vergeben: wie will sich der arme Sünder da trösten, aufrichten und ermannen? Sonderlich wenn die Zornzeichen dazu schlagen, als nehmlich Krankheit, Armuth, Verachtung 2c. Da sagt er: Siehe, du bist krank, arm, veracht 2c. Wie kannst du denn wissen, daß dir Gott gnädig sei? Dies sind je nicht Gnade-, sondern Zornzeichen.

Da muß sich ein Christ auf die ander Seite wenden und sagen: Wahr ists, ein Sünder bin ich, das bekenne ich und leugnes nicht; aber ich bin getauft und durchs Sacrament des wahren Leibs und Bluts des Herrn Christi im Brod und Wein, so ich mit dem Munde empfangen habe, Christo eingeleibet und sein Gliedmaß worden, Ein Kuche mit ihm; darzu hab ich sein Wort, das ist gewiß, und kann mich nicht betrügen, ehe müßt Himmel und Erden vergehen!

Ja, sagt er hiewieder, es ist nichts; denn viel sind berufen, aber wenig auserwählet (Matth. 20, 16). Hierauf sprich du: Die, so sich ihrer Tauf nicht annehmen, verlieren, daß sie getauft sind, fallen wider davon, bleiben bei dem Gesetz und vergessen des Herrn Christi, die sind nicht auserwählet; denn ob sie wol berufen sind und haben eben die Tauf, das Sacrament und den Christum, so wir haben, aber wenns zum Treffen kömmt, so fallen sie auf die Kappen, Messen und andere Werk.

Aber ein Christ bleibet Schnur gleich auf dem Christo und spricht: Bin ich nicht fromm? Ist doch Petrus auch nicht fromm gewest; so ist aber Christus fromm und heilig, der schenkt mir seine Frömmigkeit und Heiligkeit, ja sich selbs zu eigen 2c. Und die sind auserwählt. Die Andern aber sagen wol: Gott ist mir gnädig; denn ich will mich bessern. Das ist nur ein Galgenreu! Wiewol, wie man sagt, die Bösen und Schälke bisweilen auch Reu und Leide haben, das ist, nehmen und setzen ihnen für, sie wollen fromm werden, währet aber nur ein Tanz und hoh Meß, wie man spricht; gehen beiseit abe wieder den Holzweg, sind gute Gesellen, bleiben heur wie ferne, wollens verdienen 2c. Aber ein Christ spricht: Ich will thun, so viel ich durch Gottes Wir= kung und Hülfe kann; aber Christus ist der Seelen Bischof und Erzhirte, an dem will ich hangen; wenn ichs gleich als ein Mensch versehe, falle und doch stehe ich wieder auf. Also kann man bleiben!"

Unbeständigkeit menschliches Herzen.

„Des Menschen Herz ist gleich wie Quecksilber, das jtzt da, balde anders wo ist, heut also, morgen anders gesinnet. Darum ists gar ein armselig Ding und Eitelkeit, wie Ecclesiastes, der Prediger Salomonis, saget, daß ein Mensch begehrt ungewiß Ding und sehnet sich darnach, und daß er nicht weiß, wie es gerathen wird; dagegen das gewiß ist und das allbereit gerathen ist, verachtet er.

Da Herzog Friederich regirte, mißfiel uns beide, er und seine Sanftmüthigkeit und Lindigkeit, daß er ein friedlich, gerngig und eingezogen Regiment und Hof führete, und hofften auf einen andern bessern, der nach ihm würde ans Regiment kommen. Ei, sagten wir, wenn wir Herzog Hansen hätten, da wirds fein werden! Da wir ihn nu hatten nach Herzog Friederichs Tode, da begehrten wir den jtzigen Herzog, Johanns Friederichen Kur= fürsten, der wirds thun, sagten wir; aber uber drei Jahre so wird er uns gewißlich auch nicht tügen.

Darum was uns Gott gibt, das wollen wir nicht; derhalben hat auch Christus nicht wollen auf Erden regiren, sondern hats dem Teufel befohlen, zu dem sagt er: Regire du. Gott aber ist ein ander Mann und hat ein ander Natur, Art und Sinn. Ich, spricht er, bin Gott, der sich nicht ändert. Ich halte feste uber meinen Verheißungen und Draungen.

Christen sollen Gott danken für das, das gegenwärtig ist; und gleich wie es gewiß ist, also ists auch gut, und Gott be= scheret und gibts aus lauter seiner unendlichen Barmherzigkeit, und singen den 117. Psalm: „„Lobet den Herrn alle Heiden, preiset ihn alle Völker, denn seine Gnade und Wahrheit waltet uber uns in Ewigkeit.""

Was ein Chrift fey.

„Ein Chrift feyn, ift, das Enangelinm haben und an Chriftnm gläuben. Diefer Glaube bringt Vergebung der Sünden, und Gottes Gnad. Er kömmt aber allein vom heiligen Geift, der wirket ihn durchs Wort, ohne unfer Zuthun und Mitwirkung. Es ift Gottes eigen Werk, nicht auch mit zu unfer Kräfte und freien Willens. Derfelbige leidet nur, und läßt fich zurichten und fchaffen vom heiligen Geift, wie ein Thon oder Lehm vom Töpfer zu einem Gefäß gemacht wird. Ein folcher Menfch, fo an Chriftum gläubt und ihn bekennet, daß wir allein durch ihn Vergebung der Sünden, ewiges Leben und Seligkeit erlangen, aus lauter Gnade und Barmherzigkeit, ohn alle unfer Verdienft, gute Werk und Würdigkeit, der wird in der Welt wol geplagt und zumartert: aber der heilige Geift ftehet ihm bey, tröftet und ftärket ihn, gibt ihm ein freudig Herz, das Alles verachtet, und hilft ihm aus; denn er will uns nicht alleine laffen.“

Falfche Chriften.

„Falfche Chriften, die fich euangelifch rühmen und bringen doch keine gute Frucht, find wie Wolken ohne Regen, damit der ganze Himmel uberzogen, dunkel und finfter gemacht wird, und doch daraus kein Regen fället, der die Erde fruchtbar machete. Alfo geben nu viel Chriften große Heiligkeit für, aber da ift kein Glaube gegen Gott, noch Liebe gegen den Nähesten.“

Gleichniß eines Chriften Lebens.

„Unfer Leben ift gleich wie ein Schifffahrt. Denn gleich wie die Schiffleute fur ihnen haben den Port, nach und zu welchem fie ihre Fahrt richten, daß fie den erlangen und dahin kommen mö= gen, da fie ficher und aus aller Gefahr find; alfo ift uns die Verheißung des ewigen Lebens auch gefchehen und gethan, daß wir in derfelben gleich wie in einem Port fein fanft und ficher ruhen follen. Weil aber das Schiff, in dem wir gefuhrt werden, fchwach ift und große, gewaltige, fährliche, ungeftüme Winde, Wetter und Wellen zu und auf uns einfallen und gern bedecken wollten, fo bedürfen wir wahrlich wol eines verftändigen, gefchick= ten Schiffmannes und Patrons, der das Schiff mit feinem Rath und Verftand alfo regire und führe, daß es nicht irgend, entwe= der an ein Steinklippe anftoße oder gar verfaufe und untergehe. Nu ift unfer Schiffherr und Patron alleine Gott, der das Schiff nicht alleine will, fondern auch kann regiren und erhalten, auf daß, da es gleich von ungeftimen Wellen und Sturmwinden

hin und wieder gewehet und uberfallen wird, gleichwol unversehret
und unzubrochen, ganz aus Ufer und an Port kommen möge.

Er hat aber verheißen, daß er uns will beystehen, wenn wir
ihn nur um Regirung und Hülfe, Schutz und Schirm fleißig
bitten und mit Ernst anrufen; und so lange wir diesen Schiff=
herrn bey uns haben und behalten, so hats kein Noth, und kommen
aus allem Unglück, daß uns die grausamen Winde und Wellen
nicht schaden noch bedecken können. Wenn aber die, so im Schiff,
in der größten Gefahr den Schiffherrn und Regenten muthwillig=
lich ausm Schiff werfen, der sie doch durch seine Gegenwärtigkeit
und Rath erhalten könnte, in dem Fall muß das Schiff umkom=
men und verderben. Und man siehet klärlich, daß der Schiffbruch
geschehen ist nicht aus Verwahrlosung und Schuld des Schiff=
herrn, sondern aus Muthwillen und Unsinnigkeit derer, die im
Schiff gewest sind.

Dies Gleichniß und Bilde zeiget fein an, was die Ursach
sey unsers Unglücks und Elendes und woher es komme."

Ein Christ ist beherzt.

„Gleich wie der heilige Geist beherzt ist, und den Tod und
alle Fährlichkeit verachtet; also sind auch rechtschaffene Christen,
in welchen der heilige Geist ist, freudig und muthig. Denn ein
Christ trotzt und spricht: „„Will mich Gott nicht lebendig haben,
so will ich sterben; will er mich nicht reich haben, so will ich arm
seyn.““ Aber des Teufels Geist betrübet und machet schwer=
müthig; darum muß er mit den Schlangen und Pharisäern,
den Heuchlern, anders reden; wie er in Mose spricht: „„Er wird
sich aufmachen und euch umbringen““ (Jes. 31, 2.)."

Des Todes Verzug ist nur ein Galgenfrist.

„„Eine große Thorheit ists," sprach Doctor Martinus Luther,
„derer man sich billig verwundern sollte, daß ein Mensch sich
fur dem Tode also sehr fürchtet, dem er doch nicht entlaufen
kann, denn er ist gemein und herrschet über alle Menschen, ver=
schonet keines, er sey arm oder reich, hohes oder niedrigs Standes,
sie müssen ihm alle herhalten. Cicero hat sich fein können trö=
sten als ein Heide 1. Tuscul. Quaestion. Viel mehr solltens
die Christen thun, die da haben einen Herrn und Verstörer des
Todes, der ihn uberwunden hat, nehmlich Christum, Gottes Sohn,
der das Leben und die Auferstehung ist. Und wenn wir gleich
länger leben wollen, so ists doch eine kleine Frist. Gleich wenn
ihr Viel gegen Düben nach Leipzig wanderten, Etliche um vier
Uhr, Etliche um sieben oder acht, ehe hinein kommen, gegen

Abend, doch müssen sie alle über Nacht da beherbergen. Also
ist uns der Altvater wenig Stunden zuvor kommen. Er wird
doch nicht mehr denn eine Nacht geruhet haben, gleichwie
wir." . . . .

Siebzehnte Sammlung.

Doctor Martini Luthers Antwort auf einen fürgeworfenen ärgerlichen Fall.

"Doctor Martinus Luther ist ein Mal zu Leipzig Anno
1545 in einem Convivio gewesen, da hatte man ihm fürgeworfen
einer hohen Person Fall und Aergerniß, und ihn damit sehr
vexiret und geplagt: da hat er zur Antwort gegeben: „Ihr lieben
Junkern von Leipzig! Ich, Philippus und Andere wir haben viel
schöner nützlicher Bücher geschrieben und Euch lange gnung das
rothe Mündlin gewiesen, da habt Ihrs nicht gewollt; nun läßt
Euch der N. in Ars sehen. Ihr habt das Gute nicht wollen
annehmen, so möget Ihr nun in das Böse sehen!

Und erzählte drauf die Fabel mit Marcolfo und König Salomon, und sprach: „Es kam einmal Marcolfus bey König
Salomo in Ungnade also, daß er ihm seinen Hof verboten hatte
und sollte dem Könige nicht mehr für die Augen kommen. Nun
ging Marcolfus in ein Holz oder Wald, und als es geschneiet
hatte und ein tiefer Schnee lag, da nahm er ein Fuß von einem
wilden Thier in eine Hand, und in die ander Hand ein Sieb,
und kroch also mit beiden Füßen, auch mit dem Sieb und Fuß
gleich als ein wild Thier im Schnee umher, bis er zu einer
Hölen kam; darein verkroch er sich. Als nun König Salomons
Jäger im Schnee Wildpret ausspürete, kam er auf die Spur,
und sahe, daß so ein wünderlich Thier in dieselbige Hölen gekrochen war. Derhalben eilete er an den Hof, und zeiget solches
dem Könige an. Da war Salomo eilends auf und mit seinen
Jagdhunden für die Höle, und wollt sehen, was für ein Wild
drinnen wäre. Da stak Marcolfus im Loche. Als ihn nun
der König hieß heraus kriechen, da deckt er den Ars auf, und kroch
also rücklings heraus. Da wurde das ganze Hofgesinde zornig
auf Marcolfum, und sprach der König zu ihm: „„Du Schalk,

warum haſt Du mir dieſe Schalkheit gethan?"" Da antwortet
Marcolfus: „„Ihr wolltet mir nicht mehr unter Augen ſehen,
ſo mußt Ihr mir nu in den Hintern ſehen.""

Und ſaget der Herr Docter drauf: „Alſo gehts allhier auch
zu. Was an uns zu tadeln iſt, das klaubet Ihr heraus; aber
was wir Gutes thun, das wollet Ihr nicht haben. Wir haben
die Bibel, den Pſalter, die Poſtillen fertig gemacht und vom
Papſtthum Euch errettet; das wollet Ihr nicht ſehen. Erasmus
thät auch alſo; was er in doctrina Christi fande, das zu tadeln
war, das war ketzeriſch und er mußt es herfür und exagitirets;
was aber gut war, als ſchöne Exempel der Martyrer und
Apoſteln, das ſchwieg er. Was er aber bey den Heiden fur
ſchöne Tugend fand, die ſtrich er herfür. Wie er denn ſaget an
einem Ort, da er Ciceronem de senectute geleſen hatte:
„„Vix me contineo, quin exclamem: Sancte Cicero, ora
pro nobis!"" Dieſe Demuth ſchütte der Mann aus! Aber iſt
das nicht eine närriſche Rede? Soll Cicero drüm heilig ſeyn,
daß er eine ſchöne Rede kann thun? Was aber fur vitia und
portenta bey den Heiden ſeyn, da ſchweiget er, cum sola Roma
satis portentorum potuerit suppeditare. Alſo thun alle unſere
Widerſacher; was an uns böſe iſt, das mutzen ſie auf, des andern
Guten ſchweigen ſie."

Derhalben ſprach Docter Martinus Luther: „Ich will dem
Teufel und allen Papiſten nicht ſo viel zu Liebe thun, daß ich
mich darüm bekümmern wollte. Gott wirds wol machen, dem
will ich dieſe Sachen befehlen nach dem Spruch Petri (I. 5, 7):
„„Iacta super Dominum curam tuam, et ipse te enutriet!""
Der Herr Chriſtus hat in der Welt auch viel Aergerniß aus-
ſtehen müſſen, da Judas ihn verrathen hat. Wie werden die
Phariſäer drüber gejauchzet haben und geſagt: Solche Geſellen
hat der neue Prophet, was ſollte aus dem Chriſto kommen?
Dergleichen werden ſie auch geſagt haben, da Chriſtus iſt am
Creuz gehangen. Aber die da nicht wollten Chriſti Miracula
ſehen, die mußten darnach Aergerniß leiden.

Ob wir nun auch müſſen ſolch Aergerniß ſehen: wie ſollen
wir ihm thun? Gott will die Leute vexiren, wirds nun auf mich
walzen, ſo will ich ihnen die nährlichſten Worte geben und ſie
heißen Marcolfum in Ars lecken, dieweil ſie ihm nicht unter
Augen ſehen wollten. Unſer lieber Scheflimini, (das iſt Chriſtus,
ſo zur rechten Hand ſeines himmliſchen Vaters ſitzet) der ſtehe
uns bey! der hat uns wol eher aus größern Nöthen geholfen.

Die Papisten sind itzt wie der Demea im Terentio, und ich bin der Mitio. Saget man: „„Meretrix et materfamilias in una domo““; item, „„Puer natus est, indotata etc.““ So spricht Mitio: „„Dii bene vertant. Sic vita est hominum, ac si ludas tesseris. At dicat aliquis: Placet tibi factum? Non; si queam mutare, facerem libenter, cum non queo, fero aequo animo.““ Ich versehe mich noch ein viel Aergers denn das. Ego sum rusticus et durus Saxo et callum obduxi ad huiusmodi. Ich befehls dem lieben Gott! Ille conservet Ecclesiam suam in unitate fidei et confessione vera verbi sui!"

Geben soll aus freiem Herzen und einfältiglich geschehen, ohn allen Genieß.

„Doctor Martinus Luther ist ein Mal mit D. Jonas, M. Veit Dieterich und andern seinen Tischgesellen spazieren zum Jessen ins Städtlin gefahren. Daselbst gab D. M. Luther Almosen den Armen. Da gab D. Jonas ihnen auch und sprach: „„Wer weiß, wo mirs Gott wieder bescheret.““ Darauf sagte D. M. Luther lachend: „Gleich als hätte es Euch Gott nicht zuvor gegeben; frei einfältig soll man geben, aus lauter Liebe willig!"

Liebe gegen dem Nähesten.

„Die Liebe gegen dem Nähesten soll sein wie eine reine keusche Liebe zwischen Braut und Bräutigam, da alle Gebrechen dissimulirt, zugedeckt und zu Gute gehalten, und nur die Tugende angesehen werden.

In Ceremonien und Satzungen soll das Reich der Liebe die Oberhand haben und regiren, und nicht Tyrannei; item Willfahrung der Liebe, nicht ein Strick. Sie sollen dem Nähesten alle zu Nutz und Bestem geschehen, gerichtet und gedeutet werden. Je größer der ist, der regiret, je mehr er dienen soll nach der Liebe."

Erkenntniß der Natur.

„Adam durfte keines Buchs, denn er hatte das Buch der Natur; und alle Erzväter, Propheten, Christus und die Aposteln citiren viel aus dem Buche, als von Schmerzen der Gebärerin (Joh. 16, 21.) und von der Gesellschaft und Gemeinschaft der Glieder am menschlichen Leibe. Wie denn S. Paulus (1. Cor. 12, 12.) solch Gleichniß auch anzeuhet und saget, daß kein Glied des andern entbehren kann. Wenn die Augen nicht sähen? wo wollten die Füße hingehen; wie würden sie sich zustoßen? Wenn

die Hände nicht zugriffen wie wollt man effen? Wenn die Füße nicht
gingen, wo solltens die Hände nehmen? Allein der Magen, der faule
Wanst, lieget mitten im Leibe, läffet sich mästen wie eine Sau; wenn
die Hände nichts reichen wollten, so wurde der Leib balde Noth leiden.
Dies Gleichniß lehret, daß ein Mensch den andern soll lieb haben.
Wie auch der Griechen Gemälde lehret vom Lahmen und Blinden,
da einer dem andern Wolthat erzeigte mit dem, was ein jglicher
vermochte; der Lahme wiese dem Blinden den Weg, welchen er sonst
nicht wußte noch kennete, und der Blinde trug den Lahmen, der
sonst nicht gehen konnte; also kamen sie alle beide fort.

Aber das ist wol feiner, daß damit auch fein abgemalet und
abcontrafeiet ist die Vergebung der Sünde. Es tritt oft ein Fuß
den andern, der Zahn beißet oft die Zunge, es stößet sich mancher selber mit einem Finger ins Auge und thut ihm wehe. Aber
da ist reiche Vergebung, und hat ein Glied mit dem andern ein
Mitleiden und Gebuld, sonst könnte der Leib nicht erhalten werden. Also soll auch unter den Menschen Versöhnung, Vergebung,
Einigkeit, Liebe und freundlicher Wille sein rc."

Wie ferne man Aftronomiam billigen foll.

„Es ward gebacht eines neuen Astrologi, der wollte beweisen,
daß die Erde bewegt würde und umginge, nicht der Himmel oder
das Firmament, Sonne und Monde; gleich als wenn einer auf
einem Wagen oder in einem Schiffe sitzt und bewegt wird,
meinete, er säße still und ruhete, das Erdreich aber und die
Bäume gingen um und bewegten sich. Aber es gehet jtzt also:
wer da will klug seyn, der soll ihm nichts lassen gefallen, was
Andere machen, er muß ihm etwas Eigens machen, das muß
das Allerbeste sein, wie ers machet. Der Narr will die ganze
Kunst Astronomiae umkehren. Aber wie die heilige Schrift anzeiget, so hieß Josua die Sonne still stehen, und nicht das Erdreich (Jof. 10, 12. 13.)."

„In den Sternen," sprach Doctor Martinus Luther, ist
keine Kraft noch Wirklichkeit, sondern sie sind nur Zeichen, drüm
haben sie billig über und wider die Astrologos und Sternkücker,
die Wahrsager, zu klagen, die ihnen eine sonderliche Kraft und
Wirklichkeit geben und an sie binden, die ihnen doch Gott nicht
gegeben und zugeeignet hat, und schreiben ihnen gemeiniglich das
Aergeste zu, welchs man sollte den Cometen zuschreiben, die nur
Böses bedeuten, ausgenommen den Stern, der den Weisen im
Morgenland erschien, derselbe zeigte an, daß die Offenbarung
des Euangelii fur der Thür wäre."

Gott verbirget seine Gaben, daß man ihr nicht recht gewahr wird.

„Die größten, höhesten und besten Gaben Gottes verbirget, versteckt und verhüllet Gott damit, daß er ein kleines Flecklin dran hänget, als wären sie schlecht und geringe, daß man ihr nicht achtet. Als die Theologiam verdeckt er für jungen Leuten, daß sie darinne ncht studiren, damit, daß die Prediger nicht feiste Pfründen und groß Einkommen haben, sondern arme Bettler und verachtet bleiben."

Gottes leibliche Gaben achtet man gering.

„Die großen und mancherlei Gaben Gottes uberschütten und blenden uns und machen, daß wir sie so gering achten, auch die allergrößten, darum, daß sie so gemeine sind. Es geschiehet unserm Herrn Gott, gleichwie den Aeltern mit ihren kleinen Kindlin; die achten des täglichen Brots nicht so viel, aber ein Apfel, Birn und ander Obs das wird von ihnen groß geachtet."

Es ist am Brauch der Güter am meisten gelegen.

„Da M. Ph. sagte, daß ein reicher Burger zu Leipzig, Simon Leubel, ein groß, schön, lustig, wolgebauet Haus hätte, antwortet D. Martinus: „Es liegt nicht daran, daß man die Erben reich mache, sondern daran ists am meisten gelegen, daß sich die Erben darein schicken konnen und Gottes Segen recht brauchen. Und wir Aeltern sind große Narren, daß wirs uns blut sauer werden lassen, arbeiten Tag und Nacht, daß wir unsern Kindern viel Guts lassen; aber sie in Gottes Furcht, guter Zucht und Ehrbarkeit zu ziehen und unterweisen, da sind wir sehr nachläßig. Es ist gar ein böse, verkehrte Weise!"

Uberfluß der zeitlichen Güter hindert den Glauben.

„Gott könnte bald und leichtlich reich werden, wenn er sich besser fürsähe und versaget uns seiner Creaturen Brauch. Wenn er itzt die Sonne aufhielt, daß sie nicht scheinen könnte, ein andermal die Luft einschlösse, auf ein ander Zeit das Wasser aufhielte, darnach das Feuer auslöschte, da würden wir gerne alles Geld und anders, was wir hätten, heraus geben, daß wir solcher Creaturen wieder gebrauchen möchten.

Weil er aber so mildiglich und häufig uns mit seinen Gaben und Gütern uberschüttet, wollen wirs für ein Recht haben; Trotz ihm, daß ers uns versagen dürfte! Darum verhindert und verfinstert die unaussprechliche große Menge seiner unzähligen Wohlthaten den Glauben auch der Gläubigen, will geschweigen der Gottlosen."

Der Welt Reden und Wesen.

„Des Bischofs von Mainz Leibarzt, der vom Euangelio wieder zum Papsttum gefallen und zum Mamelucken war worden, sagte: „„Ich will Christum dieweil hinter die Thür setzen, bis ich reich werde, darnach will ich ihn wieder herfür nehmen.““ Und ein gottloser Wücherer sagte: „„Willt du todtschüchter sein, so wirst du nimmermehr reich.““ Solche gottlose und gotteslästerische Wort verdienen und bringen mit sich die höchste Strafe.

Wenn einer das könnte enden, daß er Gott hinter die Thür könnte beiseit setzen und ihn wieder herfür ziehen, wenn er wollte, so hätten die Menschen gut handeln; denn also müßte Gott ihr Gefangener sein. Es sind Wort der epicurischen Säuen und der letzten Zeiten, die eine große Plage und Strafe Gottes, dazu den jüngsten Tag reizen und reif machen.“

Wie die Leute um zeitlicher Güter willen auch ihrer Seligkeit vergessen.

„Doctor Luther ward zu Eisleben Anno 1546 uber Tische gefraget, wie es doch käme, daß die Leute in der Welt also geizeten und scharreten, und ein izlicher reich werden wollte auch oft mit seiner Seelen Schaden? Auch ward ein Exempel eines Edelmanns erzählet, der hatte gesaget: „„Vor Zeiten, da ich jung war, wollts mit mir nicht fortgehen; wenn ich sollte Weib und Kind kleiden, so hatte ich kein Geld; ich wußte nicht, wie es doch zuginge. Aber da ich anfinge, das Seelchen auf den Rücken zu setzen, ward ich reich und uberkam Geld und Gut. Hätte ich das nicht gethan, so wäre ich mein Lebtage arm geblieben; das war alles des Seelchen Schuld.“

Da hob Doctor Luther an und saget zu Doctor Jona: „Herr Doctor wisset Ihr nicht, was Assche von Cram (ein braunschweigischer Ritter) zu mir zu Wittenberg sagete, daß einer ein Mal zu ihm gesprochen hätte: „„Lieber, wollt ihr reich, gewaltig und groß werden, so müsset ihr ein Loch in einen Baum bohren, die Seel drein setzen und einen Pflock dafür schlagen, daß sie drinne bleibe. Wenn ihr nu reich worden seid, alsdenn gehet hin und nehmet euer Seel wiederum heraus.“ Da sagete Doctor Jonas drauf: „„Wie, wenn einer mittler Weile käme und nähme das Seelchen aus dem Baume weg?““ Da sprach Doctor Luther: „Traun, da laß ich ihn für sorgen, ich wagte es nicht drauf.“

9*

Zu dem sagete der Doctor von Wücherern, daß man itzt spreche in Sachsen:

>,,„Wer fägt, dat Wucher Sünde si,
>Die hefft kein Geld, dat gläube fri.""

„Aber ich Doctor Luther sage dagegen:

>Wer fägt, dat Wucher kein Sünde si,
>Die hefft kein Gott, dat gläube nur fri."

Und sprach Doctor Luther: „Ich wollte gerne dem Geiz und dem Wucher wehren und sie gar ausrotten, ich vermags aber nicht zu thun; aber das wollte ich gerne wehren, daß der Geiz und Wucher nicht uberhand nehmen. Also wollt ich auch gern dem Stehlen, Ehebrechen und der Hurerei steuern, daß daraus kein Gebrauch würde, und nicht solche Sünde und Laster uber= hand nähmen und regireten. Denn wir Prediger müssen uns wider die Sünde legen und sie ernstlich strafen, sonst müssen wir den Fluch hören, so im Esaia (5, 20.) stehet: „„Vae vobis, qui malum dicitis bonum."" Ich muß thun, wie mein Vetter Fabian Kaufmann (wahrscheinlich ein Sohn Georg Kaufmann's, des Schwagers **Dr. Mart.** Luthers, zu Mansfeld), der ginge spaziren in Speck (Wäldchen bei Wittenberg) und wollt sich drinne schlafen legen; nun kömmet er ohne Gefähr an einen Ort, da ein ganz Nest voller Schlangen war, so uber einem Haufen lagen. Als die Schlangen zu ihm einzischeten, zog er sein Schwert aus und hieb unter sie, hieb einer den Kopf, der andern den Schwanz ab, und zerstöret das Nest. Also kann ich nicht wehren, daß nicht eine Schlange in meinen Garten laufe, aber komme ich uber sie, so erschlage ich sie und hänge sie an einen Zaun; da= rum kann ich wol ihr wehren, daß sie drinne kein Nest mache. Also kann ich auch den Lastern nicht wehren, daß sie nicht sein sollten, sondern daß sie in mir nicht regiren und herrschen und in Mores sich verwandeln und gar uberhand nehmen (Röm. 6, 12.). Denn der Heide Seneca sagt: „„Deest remedii locus, ubi ea, quae vitia fuerunt, in mores abeunt.""

Domherrn sind eitel Epicurer.

„Die Domherrn zu Würzburg, Mainz und Cöln haben die besten Tage, leben in Mussiggang, Schlemmen und Dämmen, haben Alles im Vorrath, ohn alle Sorge, was ihr Herz begehret, und fahren auch darnach fröhlich in Himmel, da es zischet. Die Bischofe habens so gut nicht, denn sie sind im Regiment und haben etlicher Maß mit den Händeln zu thun."

Von epicurischen Leuten.

„Es ward Doctor Martin Luthern uber Tisch zu Eisleben gesaget, daß ein Edelmann, C. von Seckendorf, sollte in einem **Convivio** gesagt haben: „„Wenn Gott ihm seinen Reichthum und Wollust ließe, daß er tausend Jahre leben und allen seinen Willen treiben möchte, so wollte er darnach unserm Herrn Gott gerne seinen Himmel lassen.“ Darauf sagte Doctor Martinus Luther: „Das ist ein rechte Sau gewesen, und denen gehören nichts anders denn Trebern.“

Auch sagete Doctor Martinus, „daß Doctor Henning Göde, ein Jurist und Dompropst zu Wittenberg, nicht viel von unserm Herrn Gott gewußt hätte; denn er, Doctor Luther, wäre zu ihm kommen, als er krank auf der Erden ohne Bett gelegen und nur seine Schaube uber sich gedeckt gehabt, da hätte er ihn gefraget: Was er Guts machete? Er aber hatte geantwortet, daß er krank wäre. Da hatte der Doctor angefangen mit ihme zu reden und gesprochen: Lieber Herr Doctor, ihr seid ein schwacher Mann, ihr sollt euch nu mit unserm Herrn Gott auch versöhnen, und wäre euer Bestes, daß ihr euch mit dem hochwürdigen Sacrament versorgetet, auf daß ihr bereit wäret, wenn Gott uber euch gebieten möchte. Da hatte Doctor Henning geantwortet: Ei, es hat noch keine Noth, Gott wird so schweizerisch an mir nicht handeln und mich also ubereilen. Aber Doctor Luther sagete, es wäre ihm gleich geschehen, wie er ihm gesaget hätte. Denn des andern Tages wäre ihm die Sprach entfallen und wäre balde darauf gestorben; ging also dahin und wußte nicht viel von Gott. Und sagete der Doctor darauf, daß wir allezeit bereit und fertig sein sollten, wenn Gott anklopfete und uns von diesem Leben abfoderte, daß wir geschickt wären, einen christlichen Abscheid aus dieser Welt zu nehmen.“

Der Welt Güter und Schätze.

„Die Fugger können,“ sprach Doctor Martinus, „in einer Eile aufbringen eine Tonne Goldes, fünf oder sechs, das der Kaiser nicht vermag. N. Fugger hat bei 18 Tonnen Golds verlassen. Man sagt, daß die Fugger und Welser haben dem Kaiser einmal zwölf Tonnen Goldes im Kriege für Padua geliehen. Augsburg vermag in dreien Wochen dreißig Tonnen Goldes aufzubringen; das vermag der Kaiser nicht.“

Und sagte der Herr Doctor: „Daß ein Bischof von Brixen einmal zu Rom gestorben, welcher auch war ein Cardinal gewesen und sehr reich, und als er war todt gewesen, hatte man bei ihm kein Geld gefunden, denn allein ein Zeddelin eines Finger lang, das in seinem Aermel gesteckt war. Als nu Papst Julius denselbigen Zeddel bekommen, hat er balde gedacht, es würde ein Geldzeddel sein, schickt bald nach der Fugger Factor in Rom und fraget ihn, ob er die Schrift nicht kenne? Der selbige spricht ja, es sei die Schuld, so der Fugger und seine Gesellschaft dem Cardinal schuldig wären und machte dreimal hundert tausend Gülden. Der Papst fraget: Wenn er ihme solch Geld erlegen könnte? Des Fuggers Diener sprach: alle Stunde. Da fodert der Papst zu sich den Cardinal aus Frankreich und England, und fraget: Ob ihr König auch vermöchte drei Tonnen Goldes in einer Stunden zu erlegen? Sie sagten: Nein. Da sprach er: das vermag ein Bürger zu Augsburg zu thun. Und hat der Papst Julius dasselbige Geld bekommen.“

Es sagete auch der Herr Doctor: „Daß der Fugger dem Rath zu Augsburg einmal hätte sollen die Schatzung geben, da hätte er die Antwort gegeben: Er wüßte nicht, wie viel er hätte oder wie reich er wäre, darum könte er die Schatzung nicht geben. Denn er hätte sein Geld in der ganzen Welt, in Türkei, Griechenland, zu Alexandria, in Frankreich, Portugal, England, in Polen und allenthalben; jedoch wollte er die Schatzung geben von dem, das er zu Augsburg hätte.“

Der Herr Doctor sagete auch, „daß er von einem gehört hätte, der da gesaget, daß er von dem Kaiser Maximiliano ein Kartenblatt hätte empfangen, darauf wenig Wort waren geschrieben gewesen, damit war er zum Fugger gen Augsburg kommen, der hätte ihme darauf sechs tausend Gülden gegeben, die hätte er in einen Aermel gesteckt und bei sich geführet, daß es seine Knechte nicht wären gewahr worden.“ Aber der Doctor sagete, „daß er das mit dem Kartenblatt gerne gläubete, denn vor Zeiten hätte man kleine Brief geschrieben und wäre großer Glaub gehalten worden. Aber das Geld zu führen, daß mans nicht gewahr würde, däuchte ihn etwas zu milde geredt sein.“

Gottes Unkost und Zehrung, so auf die Welt gehet.

„Unser Herr Gott verthut einen Tag mehr, denn der Kaiser vermag; ja, kein menschlich Herz kann rechnen, was er nur einen Tag muß haben, daß er die ganze Welt speiset. Ich weiß, daß die Welt unserm Herrn Gott alle Tag mehr denn ein Königreich verzehret. Wie viel sind nu Tage von der Welt? Wo sind dagegen so viel Königreiche? Pfui dich! und wir wollen ihm

nicht vertrauen, der uns doch Alles reichlich gibt und schenkt,
Laub, Gras, Gold, Silber, Bergwerk, Stein, Land, Leute und
Güter, dazu seinen Sohn zu eigen gibt; allein behält er in (ihn)
demselben für Leben und Tod. Aber die Welt erkennet diese
tägliche Wolthaten nicht, Gott uberschütt sie zu häufig damit. Wenn
er uns Alles seltsams ums Geld gäbe, so würde er reich, und
wir mißbrauchtens nicht also."

Achtzehnte Sammlung.

Ein jglicher Christ ist schuldig Christum zu bekennen.

„Ein jglich Christ, sonderlich die, so offentlich ein Amt führen in der Christenheit, soll als für sich selbr allzeit bereit sein,
daß er stehen könne, wo es Noth ist, seinen Herrn Christum zu
bekennen und seinen Glauben zu vertreten, und immerdar gerüst
sein wider die Welt, Teufel, Rotten und, was er vermag, aufzubringen. Das wird aber Niemand bald thun, er sei denn der
Lehre also gewiß, daß, ob auch ich selbr zum Narren würde (da
Gott für sei), und widerrufete oder verläugnete meine Lehre, daß
er darum nicht davon trete, sondern spreche: „„Wenn auch Luther
selbr oder ein Engel vom Himmel anders lehrete, so sei er ver-
maledeiet."" Gal. 1, (V. 8. 9.)

Vom Bekenntniß des Euangelii und Beständigkeit Herzog Johanns, Kurfürsten zu Sachsen.

Als Anno 1530 Kaiser Carol einen Reichstag zu Augsburg
anstellete, daß er die streitigen Religionsachen zu einer Vergleichung bringen möchte, und in Ankunft Kurfürst Hansen zu Augsburg man S. Kurfürstl. Gnaden das Predigamt einlegte und
allerlei Beschwerung zufügete, auch viel Ausschüsse machte, Rathschläge hielte, Practiken und Ränke erdachte, wie man hochgedach-
ten Kurfürsten von dem Euangelio hätte mögen abwendig machen:
„dennoch," sagte D. M. Luther ein Mal uber Tische, „hat derselbige löbliche Kurfürst sich an keine Dräuung gekehret, und von
der wahren Religion und göttlichem Wort nicht eines Fingers
breit abweichen wollen, ob er wol derhalben in großer Gefähr-
lichkeit gewesen. Ja S. Kurfürstliche Gnade hätte ihre Theolo-

gos, die sie mit zu Augsburg gehabt, als M. Philippum Melanchthonem, D. Justum Jonam, Georgium Spalatinum und M.
Joannem Agricolam, oft trösten lassen, und zu den Räthen gesprochen: „„Saget meinen Gelehrten, daß sie thun, was Recht
ist, Gott zu Lob und Ehre, und mich oder mein Land und Leute
nicht ansehen!““

Darum sagete D. Luther, „dieser Kurfürst hätte als ein Held
uber Gottes Wort gehalten, und wenn er gewanket, so hätten
alle seine Räthe auch Hände und Füße gehen lassen, wären vom
Euangelio abgefallen. Denn daß dazumal man den Kaiser der
Religion halben nicht erzörnete, so wollten immerbar die Räthe
mitteln, und temperirten durch einander gratiam Dei et hominum.
Da soll Kurfürst Hans stets gesagt haben: „„Ich wollte, daß
uns nicht ansähen unsere Gelehrten, sondern redeten und schrie-
ben, was Recht wäre, ohn alle Schirmschläge.““ Und hatte sich
zu Herr Hans von Mingwitz Rittern, Seiner Kurfürstlichen Gnaden Rath, gewandt und gesprochen: „„Dein Vater pflegte zu
sagen: Gleich zu gibt einen guten Renner.““ Ist nu das wahr,"
sprach D. M. Luther, „in Ritterspielen, viel mehr soll man in
Gottes Sachen gleich zu gehen und Gottes Wort frei bekennen;
aber solches ist alleine des heiligen Geistes Werk!"

Herzog Heinrichs zu Sachsen Bekenntniß des Euangelii und seine Beständigkeit.

Doctor Martinus Luther sagete, „daß Herzog Heinrich von
Sachsen, Kurfürst Moritzen und Augusti Vater, ein frommer und
beständiger Fürst gewesen wäre. Denn als unser Herr Gott
Herzog Georgen, seinen Bruder angriff und strafete, daß die
Söhne alle ehe starben denn er (Anno 1537 am 18. Januarii
ist sein ältester Sohn, Herzog Hans, gestorben, und Anno 1539
am 24. Tage Februarii ist Herzog Friederich, der ander Sohn,
mit Tode abgegangen), da hatte er zu dem Bruder, H. Hein-
richen, gen Freiberg geschickt und ihme anzeigen lassen, wollt er
das Euangelium fahren lassen, so wollt er ihn zum Erben seiner Lande und Leute machen, sonst wollt er dem Kaiser und
andern Leuten im Testament das Land bescheiden. Zu dem hat
Herzog Heinrich geantwortet: „„Bei Maria!““ (welchs S. F.
G. Sprichwort gewesen) „„ehe denn ich dies thun wollt und
meinen Christum verläugnen, so wollt ich mit meiner Käthe lieber an einem Stäbelin betteln aus dem Land gehen.““ Und
ist bei Gottes Wort beständig blieben, hat auch kurz hernach das
Meißnerland ererbet. Es hat sein Bruder, Herzog Georg, sein
getreuer Vormunde sein müssen und ihme Reichthum erwerben

und ersparen und ihn zum reichen Fürsten machen. Also ehret Gott diejenigen, so ihn ehren und bekennen. Und als man Herzog Georgen Leiche gen Meißen zur Begräbniß geführet und Herzog Heinrich der Leich nachgefolget, uber die Brücke zu Meißen gefahren war, hat er das Responsorium de divo Martino gesungen: „„Martinus hic pauper coelum dives ingreditur.““

Auf ein ander Zeit sagete D. M. Luther: „Da dieser löbliche, fromme Fürst hatte sterben sollen und man S. F. G. viel vom Herrn Christo hatte fürgesagt, und S. F. G. gefraget: ob er auch auf denselbigen sterben wollt? da hatte er geantwortet: „„Ich halts wol, ich werde keinen bessern Procuratorn bekommen mögen als eben den!““

Daß die Feinde des Euangelii müssen Zeugniß geben der Lehre von der Gerechtigkeit des Glaubens, daß man dadurch allein fur Gott gerecht werde.

„Herzog Johanns Friedrich, Kurfürst zu Sachsen, hat mir, Doct. Mart. Luthern, selbst gesagt, daß, als Herzog Hans zu Sachsen Herzog Georgen zu Sachsen ältester Sohn, hat sterben wollen, hat er in seinen letzten Zügen begehrt des Abendmahls Christi unter beider Gestalt. Da hat der Vater, Herzog Georg, einen Augustinermönch von alten Dresden zum Sohne fodern lassen und denselbigen Mönch informiret, er sollte seinem Sohne gute Wort geben und ihn bereden, daß er das Abendmahl unter einerlei Gestalt empfinge, und sollte dem Sohne fürsagen, als wäre er, der Mönch, mit Doctor Luthern wol bekannt und viel mit ihme umgangen, auch daß er, Lutherus, selbs etlichen gerathen hätte, daß sie das Abendmahl unter einerlei Gestalt empfahen sollten. Damit ward nu der fromme Fürst uberredet, daß er von dem Mönche das Abendmahl in einerlei Gestalt empfing.

Da nu Herzog Georg siehet, daß der Sohn in letzten Zügen liegt und stirbet, da tröstet er den Sohn mit dem Artikel von der Gerechtigkeit des Glaubens an Christum, und erinnert ihn, daß er allein auf Christum, der Welt Heiland, sehen wollte und vergessen aller seiner Werk und Verdienste, auch der Heiligen Anrufung. Als nu solches Herzog Hansen Gemahel, Landgrafen Philipps zu Hessen Schwester (so man hernach die Herzogin von Rochlitz genannt) gehört, hat sie gesaget: „„Lieber Herr Vater, worum läßt man dieses nicht offentlich im Lande predigen?““ Darauf hat Herzog George geantwortet: „„Liebe Tochter, man solls nur den Sterbenden sagen und nicht den Gesunden.““

„Dieser Herzog Johanns ist Anno 1537 am Dienstage nach Epiphaniä am 13. Januarii **hora** 8. auf den Abend gestorben,

Er sollte Herzog Georgen Erbe und Regent in Meißen sein, und
hatte dem Vater ein Eid schwören müssen, daß er nach seinem
Tode ein ewiger Feind der lutherischen Lehre bleiben wollte.
Darum so hatte er auch durch den alten Lucas Cranach Malern
Doctori Martino Luthern entbieten lassen, er wollte sein ärgerer
Feind sein, denn sein Vater gewesen wäre. Aber da kam Gott
mit seinem gerechten Gerichte und stürzet ihn zu Boden."

„Doctor Johann Eccius thut eben auch also," sprach D. Luther,
„er bekennet, daß meine Lehre die Wahrheit sei und diene dazu,
daß man die Gewissen tröste, stärke und aufrichte; aber es mache
solche Lehre wilde, wüste Leute, daß keine Disciplin in der Welt
sei. Ist das nicht eine verstockte Bosheit, daß man der offentlichen und erkannten Wahrheit soll feind sein und sich derselbigen widersetzen? Das ist eine Sünde wider das erste Gebot
und ist eine Sünde über alle Sünden.

Da ich ein Mönch noch war, hätte ich nicht gegläubet, daß
in der Welt so böse Leute sein sollten, die nicht sollten die Wahrheit annehmen, wenn sie die hätten erkennet. Aber ich erfahre
es leider am Bischof Albrecht von Mainz und an Herzog Georgen,
die wissen und bekennen auch, daß unsere Lehre Gottes Wort sei.
Jedoch, weil es von ihnen nicht herkömmet, so ists nichts! Aber
ihr eigen Gewissen schlägt sie zu Boden, darum fürchte ich mich
auch fur ihnen nicht!

Wie man bösen Lüsten wiederstehen solle.

„Doctor Martinus Luther sagete ein Mal, „daß in vitis
Patrum diese Historie stünde, daß ein junger Einsiedler viel böser
Lüst und Begierden hätte gehabt, und nicht gewußt, wie er ihrer
sollte los werden. Drüm so habe er einen Altvater um Rath
gefraget, wie er ihm doch thun sollte? Da hat er gesaget: „„Du
kannst nicht wehren, daß nicht die Vogel hin und wider in der
Luft fliegen sollten; aber daß sie dir nicht in den Haaren nisteln.
da kannst du ihnen wohl steuern."" Also wirds Keiner übrig
seyn, daß ihme nicht böse Gedanken einfallen; aber man soll sie
lassen wieder ausfallen, auf das sie nicht tief in uns einwurzeln."

Der Jugend Anfechtung und eines jglichen Alters.

„Junge Leute ficht an die Liebe und Brunst. Der gemeine
Mann und Pöbel wird mit andern Lastern geplaget. Ein Mann
von dreißig und vierzig Jahren rc. strebt nach Ehr und Gut.
Wenn er sechszig Jahre erreichet, so hat er seine Anfechtung,
und gedenkt: „„Wäre ich nu fromm!""

Nutz der Anfechtungen.

„Es sind uns aber solche Anfechtungen nicht allein nöthig, sondern auch gut und nützlich, sonst gingen wir sicher dahin, ohn alle Gottesfurcht, ruften ihn nicht an um Hülfe. Denn wer gesund und fröhlich ist, der darf keines Arzts noch Trösters nicht; so könnte der Teufel uns auch leichtlich betrügen. Darnach dienet die Anfechtung auch dazu, daß wir in Gottes Furcht leben, fürsichtiglich wandeln, ohn Unterlaß beten, in der Gnad und Erkenntniß Christi wachsen und die Kraft des Worts lernen verstehen. Und ob wir gleich noch schwach sind, so ist doch unsers Herrn Christi Kraft in dem Schwachen mächtig, 2. Cor. 12, (V. 9.).“

Ein anderes von Anfechtungen und seinen Gedanken D. M. Luthers.

„Wenn dir schwere Gedanken einfallen, so vertreib sie, womit du kannst; weißt du nichts mehr, so rede mit guten Freunden von etwas anders, dazu du Lust hast.“ Da nu einer sagte: „„Kann man doch ohne schwere, tiefe Gedanken nichts Großes ausrichten!““ hierauf sprach D. Mart. Luther: „Gedanken muß man unterscheiden. Gedanken des Verstandes, intellectus cogitationes, machen nicht traurig, sondern cogitationes voluntatis, die Gedanken des Willens, die thuns; wenn einem ein Ding verdreußt oder gefället einem, welchs melancholische und traurige Gedanken sind, da man seufzet und klaget, die thun wehe. Der Verstand aber ist nicht traurig.

Also wenn ich wider den Papst schrieb, war ich nicht traurig, denn da arbeite ich mit dem Kopfe und Verstande, da schreib ich mit Freuden, daß auch der Präceptor zu Lichtenberg aufn Abend uber Tisch zu mir sagte: „„Mich wundert, daß Ihr könnt so fröhlich sein; wenn der Handel mein wäre, ich müßte drüber sterben““ rc. Der Papst hat mir noch nie weh gethan, ohne zum ersten, da Sylvester wider mich schrieb, und satzte vorne auf sein Buch diesen Titel: „„Des heiligen Palasts Meister.““ Da gedacht ich: Leichnam, wills dahin gereichen, daß die Sache will für den Papst kommen? Dennoch gab mir unser Herr Gott Gnade, da der Bachant so bös Ding schrieb, daß ichs mußte lachen. Sint der Zeit bin ich nie erschrocken. Itzt in diesem meinem Alter hab ich keine Anfechtung von den Leuten, hab nichts mit ihnen zu thun; aber der Teufel gehet mit mir auf dem Schlafhause spaziren, und hab einen oder zween, die lauschen stark auf mich und sind visirliche Teufel, und wenn sie mir im Herzen nichts können abgewinnen, so greifen sie mir den Kopf an und zuplagen mir ihn wol; und wenn der nicht mehr rugen wird, so will ich sie in Ars werfen, da gehören sie hin."

„Wenn wir kaum durch die Anfechtung gerissen haben und mit aller Mühe und Arbeit dahin kommen sind, daß wir anheben zu beten, so hebt sich der Streit allererst recht an. Denn da kömmt unser Gewissen und hält uns für unser Sünde; da schuret denn der Teufel zu auf allen Seiten, daß wir schlechts nicht gläuben können, daß uns Gott will erhören; denken wir sinds nicht werth. Zudem schlägt denn das Unglück, daß je länger wir beten, je ärger es mit uns wird."

„Man sagt, und ist wahr: **ubi caput melancholicum, ibi diabolus habet paratum balneum.** (Wo ein melancholischer und schwermüthiger Kopf ist, der mit seinen eigenen und schweren Gedanken umgehet und damit sich frißt, da hat der Teufel ein zugericht Bad)." Und sprach D. Luther: „Ich habe aus Erfahrung gelernet, wie man sich in Anfechtung halten soll. Nehmlich wer mit Traurigkeit, Verzweifelung oder anderm Herzeleid geplaget wird und einen Wurm im Gewissen hat, derselbige halte sich erstlich an den Trost des göttlichen Worts, darnach so esse und trinke er, und trachte nach Gesellschaft und Gespräch gottseliger und christlicher Leute, so wirds besser mit ihme werden."

Und erzählete darauf eine Historie von einem Bischofe, „der hatte eine Schwester in einem Kloster, die vom Geist der Traurigkeit und von bösen Träumen und Anfechtungen ubel geängstiget ward und sich gar nicht wollte trösten lassen. Nun zog sie zum Bruder und klaget es ihm. Der Bruder ließ ein köstlich Abendmahl zurichten, und bat die Schwester zu Gaste und vermahnete sie, daß sie flugs essen und trinken sollte. Das thäte nun die Nonne. Des Morgens fragte sie der Bischof, wie sie geschlafen hätte, ob ihr auch Träume und Anfechtungen wären fürkommen des Nachts? „„Nein,"" sagte sie, „„ich hab gar wol geschlafen und kein Anfechtung gehabt."" Da sprach der Bischof: „„Liebe Schwester, zeuch wieder heim, und warte deines Leibes wol mit Essen und Trinken dem Teufel zum Verdrieß, so wirst du der bösen Träum und Anfechtung wol los werden."" Darüm," saget D. M. L., „soll man traurige Leute mit Essen und Trinken erquicken. Aber Allen möchte dies Remedium nicht nütze fein, fonderlich jungen Leuten. Mir alten Manne aber möchte ein starker Trunk vertreiben Anfechtung und einen Schlaf machen. Darüm hat S. Augustinus in seinen Regeln weislich geredet: **Non omnia aequaliter omnibus, quia non aequaliter valetis omnes.**"

Von Melancholicis, und wie ihnen ihr Melancholia sei vertrieben worden.

Doctor Luther erzählete etliche Exempel von melancholischen Leuten, die in große Traurigkeit gefallen waren, und sprach: „Er hätte einen gekannt, der hätte nichts essen noch trinken wollen, und je mehr man ihn vermahnete zu essen, je weniger er es gethan hätte, sondern hätte gesprochen: „„Ei, sehet Ihr nicht, daß ich gar todt und gestorben bin? Wie sollte ich denn essen?"" Und als er sich ein Mal in einen Keller verkrochen hatte, und darinnen etliche Tage im Finstern gesteckt, und nicht wieder zu Licht kommen wollte, da hatte man in demselbigen Keller einen Tisch decken lassen und köstliche Speise von gesottenen und gebratenen Essen darauf setzen lassen, und darneben köstliche, gute Wein auf den Tisch gestellet, und einen dicken feisten Mönch in Keller gehen lassen, der sich an den Tisch gesetzet und weidlich geschlemmet und sich voll gefressen hatte und den Wein lustig durch die Zähne gerissen. Summa, er hatte einen guten Muth gehabt. Da dies der Melancholicus im Keller gesehen, war er aus dem Winkel herfür gekrochen, hatte zum Mönche gesaget: „„Ich kanns nicht lassen, ich muß mit dir trinken, wenn ich gleich hundert Mal todt wäre."" Als er nun anfänget zu trinken, da fället er drüber in eine Ohnmacht. Wie man ihn aber gekühlet und erfecelt, da hatte er angefangen wieder zu essen und zu trinken, und war der Melancholei los worden.

Auf ein ander Zeit ist auch ein Melancholicus gewesen, den hat gedaucht, er wär ein Haushahn und hätte auf dem Kopf einen rothen Kamm und im Angesicht einen langen Schnabel und gab für, er krähete als ein Hahn. Anders konnte man ihn nicht bereden. Da gesellete sich einer zu ihme, der wollte auch ein Haushahn sein, simuliret sich als ginge, singe und krähete er als ein Hahn. Da er nun etliche Tage mit ihm umging, sprach er letzlich zum andern: „„Ich bin nicht mehr ein Hahn, sondern ein Mensch; also bist du auch wieder zum Menschen worden."" Durch diese Gemeinschaft und Gesellschaft brachte er ihn wieder zu Rechte, und machte ein Narr den andern wieder klug."

Gott braucht des Bösen zum Guten.

„Gott braucht Alles nur sehr wol, dagegen der Mensch und Teufel alles Guten schändlich mißbrauchen. Durch heimlich Leiden und Brunst treibet Gott zum Ehestand (1. Cor. 7.), denn wenn ein Mensch zum andern nicht Liebe, Lust und Begierde hätte, wer wollt freien? Allein, daß hernach verbotener Lust gesteuert werde, daß der Mann sich nicht an eine Fremde hänge, sondern sich seines Weibes freue und in ihrer Liebe sich ergötze; also auch das Weib.

Durch Ehrgeiz treibt Gott viel, daß sie nach Gut und Ehren trachten, ein groß Ansehen in der Welt haben, zu hohem Stande für andern herfür gezogen werden, zu Regenten, Räthen zc. Wer wollt sich sonst dazu brauchen lassen? Allein, daß der Ehrgeiz darnach aus dem Kreis seines Befehls und Regiments nicht schreite, sondern darinne bleibe, nach dem nicht trachte, das nicht sein ist, noch den Unterthanen und dem Nähesten Schaden thue, denn es muß ein Neigung und Lust dazu sein.

Durch Geiz zwinget Gott viel, daß sie darauf gedenken, wie sie sich ernähren wollen; wer wollt sonst ohn solche Begierde, etwas eigens zu haben, arbeiten und ihms sauer lassen werden, daß er zur Nahrung käme? Ja, alle Habe und Güter würden verfallen und zergehen. Allein, daß der Geiz auch in seinem Kreis gehalten werde.

Durch Furcht, Zagen und Zweifeln treibt Gott viel zum Glauben, daß sie sich an Gottes Verheißung halten, derselben sich in Christo trösten, der die Sünder Gott versöhnet hat, daß sie, durch den Glauben gerecht, mit Gott Friede haben. Zum Römern am 5. Capitel (V. 1.).

Allein Hoffart und Neidhart ausgenommen, die schlecht teufelische Laster sind und bleiben; doch braucht Gott derselben auch wol zum Guten, aber widersinnisch nicht in denen, die damit befleckt und verblendet sind, sondern in denen, so von den Hoffärtigen und Neidischen verfolget werden. Denn also ubet Gott seine Heiligen zu ihrem Besten durch den Teufel und seine Gliedmaß.

Dagegen aber mißbrauchet der leidige Satan Gottes und alles Guten; der Keuschheit und Ehelosen Leben zur Heuchelei, der Demuth zur geistlichen Hoffart, der Liebe zu Rotten und Aufruhren, der Güter zum Pracht und Mussiggang.“

Neunzehnte Sammlung.

Ein anders vom Mißbrauch Gottes Creaturen.

Da des Doctors Hausfrau hatte ihre Teichlin im Garten
fischen lassen und allerlei Fische gefangen, Hechte, Schmerlen, Fo-
rellen, Kaulbärsche, Karpfen ꝛc. und derselben etliche gesotten auf
den Tisch brachte und mit großer Lust, Freude und Danksagung
davon aß, sagte Doctor Martinus Luther zu ihr: „Käthe, du hast
größer Freude uber den wenig Fischen, denn mancher Edelmann,
wenn er etliche große Teiche und Weiher fischet und etliche hundert Schock Fische fähet. Ah, der Geiz und Ehrsucht machen,
daß wir Gottes Creaturen nicht können recht und mit Lust brauchen; es sitzet mancher Geizwanst und lebet in großer Wollust,
hat uberflussig genug, und kann dennoch desselben nicht mit Lust
und Nutz genießen. Es heißet: Der Gottlose wird Gottes Herrlichkeit nicht sehen, ja er kann auch nicht die gegenwärtigen Creaturen erkennen. Denn Gott uberschütt uns zu sehr damit, und
weil es so gemeine ist, achtet man es nicht; wenn es seltsam
wäre, so achtet mans höher, aber wir können nicht bedenken, was
für Lust und Freude an Creaturen ist.

Sehet doch nur, wie fein ein Fischlin leichet, da eines wol
tausend bringet; wenn das Männlin mit dem Schwanz schläget
und schüttet den Samen in das Wasser, davon empfähet das
Fräulin. Sehet an die Vogelin, wie fein rein gehet doch derselben
Zücht zu; es hacket die Siehe in das Häuptlin, leget sein Eierlin
säuberlich in das Nest, setzet sich darüber, da gucken die jungen
Küchlin heraus; siehe das Küchlin an, wie gar steckts doch im Eie?
Wenn wir ein solch Ei niemals gesehen hätten und eines würde
aus Kalekuthen bracht, so würden wir uns alle darüber verwundern und entsetzen. Kein Philosophus, noch gelehrter Naturkun-
diger kann gewisse Ursache anzeigen, wie es mit solchen Creaturen
zugehet und wie sie geschaffen werden, allein Moses zeigets an,
da er saget: „„Und er (Gott) sprach, da wards; er befahls,
da stunds da. Wachset und mehret euch!““ Aus diesem Sprechen und Gebieten kommen und mehren sich noch heutiges Tages
allerlei Creaturen und werden ersetzet bis an jüngsten Tag.“

Kinder sind Gottes Segen.

Er hatte ein Rose in der Hand, verwunderte sich sehr darüber als ein schön trefflich Werk und Geschöpf Gottes, und sprach:

„Wenn das ein Mensch vermöchte, daß er ein einige Rose machen
könnte, so sollte man ihm ein Kaiserthum schenken! Aber der
unzähligen vielen Gaben Gottes achtet man nicht, weil sie gemein
sind und wir täglich damit umgehen, fragt man nicht viel dar=
nach, meinen, es muß also sein, geschehe natürlich ohn Gefährde.

Wir sehen, daß Gott Kinder gibet schier allen Menschen, des
Leibes Früchte, den Aeltern gleich; da soll ein Bauer drei, vier
oder mehr Söhne haben ihm so ähnlich, als wären sie ihm aus
den Augen geschnitten. Dies Alles acht man nicht, darum daß
es gemein ist und fur und fur also geschiehet. Es ist nicht ein
Geringes, auch bei den Heiden, daß die Kinder geborn werden,
so den Aeltern gleich sehen und ähnlich sind. Wie Virgilius der
Poet von der Königin Dido schreibet (Aeneid. 4.), daß sie wün=
schete, sie möchte ein kleines Aeneaslin vom Aenea zeugen, das
ihm ähnlich wäre, sähe wie der Vater, lief umher und spielete.
Und die Griechen, wenn sie fluchten, so wunschten sie, daß einem
seine Kinder nicht sollten ähnlich werden.“

Kinder sind Gottes sonderlicher Segen und Geschöpf.

Da Doctor Jonas einen schönen Ast von Kirschen uber den
Tisch gehänget zum Gedächtniß der Schöpfung und lobete den
herrlichen Segen Gottes an solchen Früchten, sprach Doctor Mar=
tinus Luther: „Worum bedenkt ihr das nicht viel mehr an euren
Kindern als euers Leibes Früchten, welche ubertreffen und schöner,
auch herrlicher Creaturen Gottes sind denn aller Bäume Früchte?
An denen siehet man Gottes Allmacht, Weisheit und Kunst, der
sie aus Nichts gemacht hat; hat ihnen in einem Jahr Leib, Le=
ben und alle Glieder so fein artig und hübsch geschaffen, gegeben
und will sie ernähren und erhalten. Gleichwol gehen wir dahin,
achtens nicht viel, ja sollen wol uber solchen Gaben Gottes blind
und geizig werden; wie gemeiniglich geschieht, daß die Leute,
wenn sie Kinder kriegen, ärger und geiziger werden, scharren,
schinden und schaben, wie sie nur können, daß sie ihnen viel mö=
gen lassen. Wissen nicht, daß einem Kindlin, auch ehe es auf die
Welt kömmet und geboren wird, sein bescheiden Theil, was und
wie viel es haben und was aus ihm werden soll, allbereit zuge=
eignet und versehen ist; wie die Schrift saget und das gemeine
Sprichwort lautet: Je mehr Kinder, je mehr Glücks. Ah, lie=
ber Gott, wie groß ist doch die Blindheit, Unwissenheit und Bos=
heit an einem Menschen, der das nicht bedenken kann, sondern
thut das Widerspiel in den aller besten und herrlichsten Gaben
Gottes, die mißbraucht er zu allen Sünden und Schanden nach

all seinem Gefallen und Wollust; singen unserm Herrn Gott
nicht ein Deo gratias dafür!

Von Kindern und derselben Leben.

Er sahe seiner Kinderlin Einfalt und lobte ihre Unschuld, daß
sie im Glauben viel gelehrter wären denn wir alte Narren; denn
sie gläubten aufs einfältigste, ohn alle Disputation und Zweifel,
Gott sei gnädig und daß nach diesem Leben ein ewiges Leben sei,
„Wie wol geschieht den Kindern, die in solcher Zeit sterben; wiewol mirs ein groß Herzleid wäre, denn es stürbe ein Stück von
meinem und ein Theil von der Mutter Leibe, welche natürliche
Liebe und Zuneigungen auch in gottseligen und rechtschaffenen
Christen nicht aufhören, daß sie sichs nicht annehmen noch bewegen ließen oder ihnen nicht sollt zu Herzen gehen, wenns ihnen,
ihren Kindern oder Verwandten, die sie lieb haben, übel geht,
wie die störrigen und verhärten Köpfe und Stöcke. Denn solche
Bewegungen und Neigungen sind Werk der göttlichen Schöpfung,
die Gott ein Menschen natürlich eingepflanzt hat, und sind an
ihnen selbs nicht böse. Die Kinder leben fein einfältig, rein,
ohn Anstoß und Hinderniß der Vernunft im Glauben; wie Ambrosius sagt: „„An der Vernunft mangelts, aber nicht am
Glauben.““

Junge Leute.

„Ein junger Mensch ist wie ein junger Most, der läßt sich
nicht halten, er muß gähren. Wir essen und trinken uns zu
Tode, schlafen, feisten, f—— uns zu Tode. Ei, wir haben
feine gute Ursach, hoffärtig zu sein!“

„So viel wir Gliedmaße haben, so viel Töden sind wir
unterworfen. Mägdlin lernen ehe reden und gehen denn die
Knäblin; denn Unkraut wächst allzeit ehe heraus denn das gute.
Also werden Jungfrauen auch ehe reif zu freien denn Gesellen.“

Wie man alt werde.

„Willt du alt werden, so werde balde alt.
Behalt den Kragen warm,
Fülle nicht zu sehr den Darm,
Mache dich der Grethen nicht zu nah;
Also wirst du langsam grau!“

Gott hat in geringe verachte Ding große Gaben gesteckt.

„Mich wundert, daß Gott so hohe und edle Arznei in Mist
gesteckt hat; denn man hats aus Erfahrung, daß Säumist das

Blut verstopft; Pferdemist dienet für Pleuresin; Menschenmist heilet Wunden und schwarze Blattern; Eselsmist braucht man neben andern für die rothe Ruhr, und Kühmist mit eingemachten Rosen dienet für die Epilepsiam der Kinder."

Daß man den Kranken zur Stärke geben soll, was sie von Speiß und Trank begehren.

Doct. M. Luther sagete: „Es läge viel daran, wenn ein Kranker zu einem Medico ein Herz und Lust hätte. Als er zu Schmalkalden wäre krank gelegen, da wären wohl vier Medici über ihm gewesen, denen er wäre gar gram worden; denn es wäre kein Mensch in der Welt, der so ungern aus der Apotheken esse und trinke, als er. Und erzählte sein Exempel, daß er wäre allda drey Tage gelegen und nichts essen mögen, und die Medici hatten ihme auch viel Speise verboten. Da war die Frau im Hause zu ihm kommen; die hatte ihn gebeten, er sollte doch sagen, wozu er Lust hätte zu essen, so wollte sie es ihm zurichten. Da hätte er gesaget: Er möchte gern kalt Erbeis (Erbsen) und Bratheringe essen. Die hätte sie ihm gemacht, und er hätte flugs darauf wol geschlafen."

Zur selben Zeit sagte er: „Man sollte nicht bey dem Hintern fluchen noch schwören oder sein spöttlich gedenken; er will kurzum sein Regiment haben, nicht nach sich regiren lassen, muß auch in der Schrift stehen, Matth. 15 (17.) und 1. Cor. 12 (23.); da spricht S. Paulus, „„daß die unehrlichen Gliedmaß am Leib am ehrlichsten sollen gehalten werden."""

Von einer Fürstin.

Des von A. (Herzogs von Anhalt) Gemahl wollte ihre Frau Mutter besuchen, kam gen Wittenberg und begehrte D. Mart. anzureden, wiewol zu ungelegener Zeit und mit Ungestüm; endlich kam sie ungefordert, von ihr selbs nachm Abendmahl. Der Doctor aber entschuldiget sich seiner Schwachheit halben und sprach: „Gnädige Frau, ich bin im Jahre wenig rechtschaffen frisch; ich bin entweder am Leibe oder im Geist schwach und krank, eins ums ander; ich habe itzund an meinem Leibe bey zwanzig Sternen (Schwären), wie am Himmel, ich wollte, daß sie der Erzbischof zu Mainz (ihr Vetter) sollte haben!" „„Ja"" sprach sie, „„lieber Herr Doctor, wir können auch nicht alle fromm seyn."" „Ja," sagte der Doctor, „Ihr vom Adel in hohen Ständen sollet von Nöthen alle fromm seyn; denn Euer sind wenig und seid enge gezogen; wir von niedrigen Ständen unb gemeine Leute werden verderbt durch die große Menge, denn unser ist viel; darum ists nicht Wunder, daß unser wenig fromm sind. Von Euch großen Geschlechten und hohen Ständen aber sollen wir Exempel nehmen und lernen Gottseligkeit, Frömmig= keit, Ehrbarkeit" 2c. Trabet ihr mit solchen Worten weidlich in die Hufe denselben Abend.

Von der Verachtung des göttlichen Worts. Wie sich die Welt gegen Gottes Wort hält.

Auf ein ander Mal redete D. Justus Jonas gegen dem Herrn Doctor Luthern von einem Stattlichen vom Abel im Lande zu Meissen, der sich um nichts so sehr bekümmerte, denn wie er viel Geldes und Guts und große Schätze sammlete, und daß er also sehr verblendet wäre, daß er der fünf Bücher Mosi nichts achtete. Derselbige hätte dem Kurfürsten zu Sachsen, Herzog Johanns Friederichen (da sein Kurfürstliche Gnade mit ihme viel von der Lehre des Euangelii geredet hatte) diese Ant= wort gegeben und gesaget: „„Gnädigster Herr, das Euangelium gehet euer Kurfürstliche Gnade nichts an."" Da sprach D. M. Luther: „Waren auch Kleien da?" Und erzählete eine Fabel, „wie der Löwe alle Thiere hatte zu Gaste gebeten und ein köst= lich, herrlich Mahl lassen zurichten, und auch die Sau dazu ge= laden. Als man nu die köstlichen Gerichte auftruge und den Gästen fürsetzte, sprach die Sau: Sind auch Kleien da? Also sind itzt unsere Epicurer auch. Wir Prediger setzen ihnen in unsern Kirchen die aller beste und herrlichste Speise für, als ewige Seligkeit, Vergebung der Sünde und Gottes Gnade; so werfen sie die Rüssel auf und scharren nach Thalern; und was soll der Kuh Muscaten? sie isset wol Haberstroh.

Also geschahe einmal einem Pfarrherrn, Ambrosio R., von seinen Pfarrkindern. Da er sie zu Gottes Wort vermahnete, daß sie es fleißig höreten, sagten sie: „„Ja, lieber Herr Pfarr= herr, wenn Ihr ein Faß Bier in die Kirche schroten und uns dazu berufen ließet, so wollten wir gerne kommen.""

Warum der Papst nicht mehr S. Paulum rühmet, als S. Petrum.

Es ward gefragt: „„Warum die Papisten nicht mehr von S. Paulo rühmeten, der doch gewisser zu Rom gewest ist, denn S. Petrus?"" Darauf antwortet D. M. L.: „S. Paulus hat das Schwert, S. Peter die Schlüssel. Ihnen war mehr an Schlüsseln gelegen, die Kasten aufzuschließen, zu mausen, und die Beutel zu fegen, denn am Schwert. Fabeln sind es, daß

Caiphas, Pilatus, S. Peter sollten gen Rom vor den Kaiser
kommen seyn, denn die Historien stimmen in dem nicht überein;
Einer sagt dies, der Andre das. Und mich beweget auch dies,
daß Christus gestorben ist unterm Kaiser Tiberio, der nach Christo
5 Jahr regiert hat. Aber alle Historien zeugen einmüthiglich,
daß Petrus und Paulus gestorben seyen unterm Kaiser Nerone,
welchs letztes Jahr gewest ist nach Christi Tod 35. Petrus aber
ist nach Christus Tod zu Jerusalem gewest 18 Jahr, wie die
Epistel zun Galatern bezeuget; darnach 7 Jahr zu Antiochia.
Und ist das gemeine Gerüchte und Geschrei, er habe darnach
25 Jahr zu Rom regiert.

In allen Krönungen des Papsts gehen etliche Knaben vorher,
mit angezündtem Werk, das werfen sie in die Höhe, und schreien:
Pater sancte, sic transit gloria Mundi, memento quod ad
annos Petri non pervenies, das ist: Heiliger Vater, also ver=
geht der Welt Ehre und Pracht: gedenke, daß du S. Peters
Jahr nicht erreichen wirst 2c. Denn kein Papst hat 25 Jahre
regieret. Wenn mans nu zusammen rechent, so müßte Petrus
unterm Nerone nicht gecreuziget seyn, denn es fehlet an 15 Jahren.
Summa, die Rechnung in Historien stimmet nicht überein. So
schreibet S. Lucas, S. Paulus sey ein ganz Jahr zu Rom frei
gewesen, und umher gangen, gedenkt S. Peters gar nichts. Es
ist fährlich zu gläuben."

Zwanzigste Sammlung.

Güter die geringsten Gaben.

„Reichthum ist das geringste Ding auf Erden und die aller
kleineste Gabe, die Gott einem Menschen geben kann. Was ists
gegen Gottes Wort? ja, was ists noch gegen leiblichen Gaben,
als Schönheit, Gesundheit, und gegen den Gaben des Gemüths,
als Verstand, Kunst, Weisheit? Noch thut man so emsig darnach
und läßt sich keiner Arbeit noch Mühe und Gefahr verdrießen
noch hindern! Man trachtet Tag und Nacht darnach, daß man
nur viel und groß Gut zu Wegen bringe, und hat keine Ruge;
ist doch materialis, formalis, efficiens et finalis causa, noch
ichtes nicht gut daran. Darum giebt unser Herr Gott ge=
meiniglich Reichthum den groben Eseln, denen er sonst nichts
gönnet."

Wie Gott menschliche Hoffart bricht und demüthiget.

„Menschliche Hoffart ist so groß, daß Gott, soll sie ge=
demüthiget werden, brauchen muß Alles, was an Creaturen
dem Menschen wider ist, daß uns auch die Mücken, Läuse, Flöhe
zc. müssen stechen und beißen, und thun, das uns verdreußet.
Dazu braucht er auch des Teufels Bosheit. Zwar Gott selber,
wenn er sich anders gegen uns erzeiget denn ein Vater, so thut
ers darum, auf daß er uns unsern Stolz breche.“

Wer sich fur Gott von Herzen demüthigen kann, der hat gewonnen.

„Wer sich mit Ernst und von Herzen fur Gott demüthigen
ann, der hat gewonnen und Gott vermag ihm nichts zu thun,
denn er kann nichts denn barmherzig sein gegen denen, die sich
demüthigen und begehrens. Denn wenn Gott nichts könnte
denn schnurren und murren, so müßte ich mich für ihm als fur
dem Henker fürchten. Und weil ich mich fürchten muß fur dem
Kaiser, Bischofen und sonst fur Thrannen, Gottes und seines
Worts Feinden, zu wem wollt ich denn fliehen, wenn ich mich
auch fur Gott fürchtete?“

Christus vergiebt rechtschaffene Sünde.

„Da ich ein Mönch war, schreib ich Doctor Staupitzen oft,
und einmal schreib ich ihm: O meine Sünde, Sünde, Sünde!
Darauf gab er mir diese Antwort: „„Du willt ohne Sünde
sein, und hast doch keine rechte Sünde; Christus ist die Ver=
gebung rechtschaffner Sünde, als die Aeltern ermorden, öffentlich
lästern, Gott verachten, die Ehe brechen zc., das sind die rechten
Sünde. Du mußt ein Register haben, darinne rechtschaffene
Sünde stehen, soll Christus dir helfen; mußt nicht mit solchem
Humpelwerk und Puppensünden umgehen und aus einem jglichen
Bombart eine Sünde machen!““

Prediger sollen nicht zu reich noch zu arm sein.

Doctor Martinns redete von geizigen Pfarrherrn, die da
scharreten und kratzten und sammleten Güter, wie sie könnten,
per fas et nefas, seufzete und sprach: „Was soll doch draus
werden? Werden sie reich, so tügen sie nicht, verlassen ihre
Dienst und Amt, wie zu Niemeck und Bruck geschehen von
denen, so nu waren reich worden und hatten sich begraset und
fett gemästet. Sind sie denn arm, so können sie nicht fort, wie
man allenthalben siehet; wenn man ihnen nur die Substanz
ließe, Hüll und Fülle gäbe, so wären sie versehen und versorget.“

Mangel an den Zuhörern und an den Predigern.

Doctor Luther sagete, „es feilete nur den Leuten daran, daß sie das Predigamt nicht fur unsers Herrn Gotts Wort halten können; sie meinen nur, es sey der Pfaffen Rede. Darum fürchten sie sich (wie sie sagen), daß man wolle wieder papistisch werden, oder daß man wolle uber die Laien wieder die Oberhand krigen. So fehlets darnach uns Pfarrherrn und Predigern auch, daß wir unser Lehre selbst nicht fur Gottes Wort halten! Denn wenn sich die Leute fur uns bemüthigen, so wollen wir balde thrannisiren.

Das ist nu die Plage, die allzeit ist von Anfang der Welt gewesen, daß die Zuhörer sich fürchten fur der Lehrer Thranney, und die Prediger wollen Götter seyn uber die Zuhörer. Also ists den Propheten auch gegangen, wenn sie gleich lange vorher setzten: Haec dicit Dominus, so halfe es doch nicht, bis daß die Strafen denn hernach kamen. So klaget man denn: „„Ey, es seind böse Zeiten!"" Ja, recordare Fili, spricht denn Gott, daß du mich auch nicht hast wollen hören! Das hat Salomon mit feinen Worten geredet (Sprüch. 1, 24—26): Extendi manus meas etc., nunc ego vos quoque ridebo. Es sind mala mundi, es gehet nicht anders zu, es wird wol also bleiben! Loth muß seyn in Sodom und Moses in Aegypten; Jacob bei dem Laban in Mesopotamia. Es wird nicht anders braus; drüm mögen wir uns schicken, daß wir fröhlich leiden!"

Der Teufel thut dem Euangelio mit Verfolgung keinen Schaden.

Doctor M. Luther sagte ein Mal: „Wenn der Teufel so klug wäre und schwiege stille, und ließe das Euangelium ungehindert und unverfolget predigen, so würde er weniger Schadens an seinem Reiche haben; denn wenn das Euangelium nicht angefochten oder verfolget wird, so verrostet es gar und hat nicht Ursach, seine Gewalt und Kraft an Tag zu geben!"

Ob ein Pfarrherr sich der Ehehändel solle annehmen.

Da D. Martinus Luther gefragt ward: „„Was den Pfarrherrn zu thun sey und wie sie sich halten sollten in Ehefällen, ob sie sich auch solcher Unlust und Mühe äußern möchten?"" „Ich rathe aller Ding," sprach er, „daß wir solch Joch und Last nicht auf uns nehmen, erstlich darum, denn wir haben sonst gnug zu thun in unserm Amt. Zum Andern, so gehet die Ehe die Kirche nichts an, ist außer derselben, ein zeitlich, weltlich Ding, drüm gehöret sie für die Oberkeit. Zum Dritten, daß solche Fälle unzählig, sehr hoch, breit und tief sind, und bringen groß Aergerniß, die würden dem Euangelio zur Schande und Unehre gereichen. Denn ich weiß, wie oft wir in dieser Sachen mit unserm Rath sind zu Schanden worden, da wir heimliche Verlöbniß haben zugelassen, größer Ubel zu verhüten, daß sie es nur heimlich behielten, daß nicht ein Exempel draus würde, dem die Andern nachfolgeten.

Aber sie gehen unfreundlich mit uns um, ziehen uns in solche böse Sachen, da es ubel geräth, so muß die Schuld gar unser seyn. Darum wollen wir diese Sache der weltlichen Oberkeit und den Juristen lassen, die werdens alsdenn wol verantworten. Machen sie es gut, so haben sie es deste besser, allein sollen die Pfarrherrn den Gewissen aus Gottes Wort rathen, da es von Nöthen ist; was aber Hadersachen belanget, das wollen wir die Juristen und Consistoria ausfechten und ausführen lassen.

D. Christianus Beyer, sächsischer Canzler, wollte uns Theologen auflegen, daß wir Ehesachen sollten hören und examiniren, erwägen und der Juristen Urtheil erwarten, die sollten alsdenn sprechen. Das wollt ich nicht thun; sondern sie sollten hören und Urthel von uns gewarten. Wiewol M. Phil. mir und M. Cellario rieth, daß wir den armen zurissenen Kirchen in solchen Fällen ein Zeitlang dienen wollten.“

Poltergeister, so D. Luthern geplaget haben zu Wartburg in seinem Pathmo.

„Anno 1546, als D. Luther zu Eisleben war, erzählet er diese folgende Historien, wie ihn der Teufel zu Wartburg geplaget hätte, und sprach: „Als ich Anno 1521 von Worms abreisete und bei Eisenach gefangen ward und auf dem Schloß Wartburg in Pathmo saß, da war ich ferne von Leuten in einer Stuben, und konnte Niemands zu mir kommen denn zween edele Knaben, so mir des Tages zweimal Essen und Trinken brachten. Nu hatten sie mir einen Sack mit Haselnüssen gekauft, die ich zu Zeiten aß, und hatte denselbigen in einen Kasten verschlossen. Als ich des Nachts zu Bette ging, zog ich mich in der Stuben aus, thät das Licht auch aus, und ging in die Kammer, legte mich ins Bette. Da kömmt mirs über die Haselnüsse, hebt an und quizt eine nach der andern an die Balken mächtig hart, rumpelt mir am Bette; aber ich frage nichts darnach. Wie ich nu ein wenig entschlief, da hebts an der Treppen ein solch Gepolter an, als würfe man ein Schock Fässer die Treppen hinab;

so ich doch wol wußte, daß die Treppe mit Ketten und Eisen wol verwahret, daß Niemands hinauf konnte; noch fielen so vielen Fasse hinunter. Ich stehe auf, gehe auf die Treppe, will sehen, was da sei; da war die Treppe zu. Da sprach ich: Bist du es, so sei es! Und befahl mich dem Herrn Christo, von dem geschrieben stehet: **Omnia subiecisti pedibus eius,** wie der 8. Psalm (B. 7.) sagt, und legte mich wieder nieder ins Bette.

Nu kam Hans von Berlibs Frau gen Eisenach und hatte gerochen, daß ich aufm Schloß wäre, hätte mich gerne gesehen; es konnte aber nicht sein. Da brachten sie mich in ein ander Gemach, und hatten dieselbige Frau von Berlibs in meine Kammer gelegt. Da hats die Nacht uber ein solch Gerümpel in der Kammer gehabt, daß sie gemeint hätte, es wären tausend Teufel drinnen. Aber das ist die beste Kunst, ihn zu vertreiben, wenn man Christum anrüft und den Teufel veracht; das kann er nicht leiden. Man muß zu ihm sagen: Bist du ein Herr uber Christum, so sei es! Denn also sagte ich auch zu Eisenach."

Den Teufel kann man mit Verachtung und lächerlichen Possen vertreiben.

"Doctor Luther sagte: "Wenn er des Teufels mit der heiligen Schrift und mit ernstlichen Worten nicht hätte können los werden, so hätte er ihn oft mit spitzigen Worten und lächerlichen Possen vertrieben. Und wenn er ihm sein Gewissen hätte beschweren wollen, so hätte er oft zu ihme gesaget: Teufel, ich hab auch in die Hosen geschmissen, hast du es auch gerochen, und zu den andern meinen Sünden in dein Register geschrieben?" Item er hätte zu ihm gesagt: "Lieber Teufel, ists nicht gnug an dem Blut Christi, so fur meine Sünde vergossen ist, so bitte ich dich, du wolleft Gott fur mich bitten. Wenn ich müßig bin und nichts zu thun hab, so schleicht der Teufel zu mir herein, und ehe ich mich denn umsehe, so jagt er mir einen Schweiß ab; biete ich ihm denn den Spieß mit dem göttlichen Wort, so fleucht er. Nichts desto weniger macht er mich zuvor blutrüstig oder zeucht mir sonst eine Härhuschen."

Daß man ihn aber nirgends mit besser vertreiben könne denn mit Verachtung, deß erzählet der Herr D. Luther eine Historien, die sich hätte zu Magdeburg zugetragen, und sprach: "Im Anfang meiner Lehre, da das Euangelium anging, da legte sich der Teufel fast drein, und ließ nicht gerne ab von dem Poltern, denn er hätte zu Magdeburg das **Purgatorium** und den **Discursum animarum** gerne erhalten. Nu war allda ein Bürger, dem starb ein Kind, dem ließ er nicht Vigilien und Seelmesse singen, denn es stunde trefflich viel. Da fing nu der Teufel ein Spiel an und kam alle Nacht um 8 Uhr in die Kammer und winselte wie ein jung Kind. Dem guten Manne war drüber leide, und wußte nicht, wie er ihm thun sollte. Da schrien die Pfaffen: „„Ei, da sehet Ihr, wie es gehet, wenn man nicht Vigilien hält ꝛc. Wie thut das arme Seelchen!"" Darauf schickt der Bürger an mich, und ließ mich um Rath fragen; denn es war mein Sermon über den Spruch: „„Sie haben Mosen und die Propheten"", ausgegangen, den hatte er gelesen. Da schriebe ich ihme wieder: Er sollte nichts halten lassen, denn er und das ganze Hausgesinde sollts gewißlich dafür halten, daß es der Teufel wäre, der solches anrichtete. Das thäten die Kinder und Gesinde und verachteten den Teufel, und sprachen: „„Teufel, was machst du, hast du sonst nichts mehr zu thun? Heb dich, du verfluchter Geist, dahin du gehörest, in Abgrund der Hölle!"" Wie nu der Teufel das merkete, da war er kein Kind mehr, sondern er polterte, stürmete, warf und schlug, und thät scheußlich, ließ sich oft sehen wie ein Wolf, der da heulete; aber die Kinder und jedermann verachteten ihn. Wenn irgends eine Magd mit dem Kinde die Treppe hinauf ging, so trappete er mit den Händen hienach; so sagete denn das Gesinde; „„Hui, bist du toll?""

Endlich kömmt Herr Jacob, der Probst von Bremen, gen Magdeburg, und zog zu dem Manne zur Herberge ein, und will den Geist auch hören. Der Wirth sagt: „„Ja, Ihr sollt ihn wohl hören. Auf den Abend um acht Uhr"", sagt er, „„da höret drauf, da wird er kommen."" Das geschach also. Er kam über den Ofen und warf Alles herunter. Da sagte Herr Jacob: „„Wolan, ich hab ihn gehört; wir wollen zu Bette gehen!"" Es waren aber zwo Kammern neben einander; in der einen lag seine Frau und die Kinder und Gesind, Herr Jacob und der Wirth lagen haußen fur der Kammer. Wie Herr Jacob sich nu zu Bette leget, da kömmet der Teufel und spielt mit ihme und nimmt ihme das Deckebette; da hatte Herr Jacob gegrauet, und hatte fleißig gebetet, und war ihm angst und bange gewesen, denn er hatte auf dem Boden übel gerumpelt und gepoltert. Letzlich kömmt er hinüber zu der armen Frauen, die in der einen Kammer lag, mit der scherzet er auch also, läuft auf ihrem Bette daher wie eitel Rattenmäuse. Da er nu nicht will aufhören, da ist das Weib her, und wendet den A— zum Bette hinaus, und läßt ihm einen F— (mit Züchten zu reden), und spricht: „„Siehe da, Teufel, da hast du einen Stab, den nimm in deine Hand, und gehe damit wallfahrten gen Rom zu deinem Abgott, dem Papst, und hole dir Ablaß von ihm!"" Spottet also noch des Teufels dazu. Nach dem bliebe der Teufel mit seinem Poltern außen, quia est superbus spiritus et non potest ferre contemptum sui."

Was Gesetz und Euangelium sei.

„Gesetz ist, was wir thun sollen; Euangelium aber, was Gott geben will. Das Erste können wir nicht thun; das Ander empfahen und fassen wir mit dem Glauben, denn Gott wirkt durchs Wort und die Sacrament."

Worum man das Gesetz lobet.

„Jdermann, der Verstand und Ehrbarkeit lieb hat, lobt und liebt das Gesetz, Mosen und Jesus Sirach darum, daß sie feine gute Lehre geben, wie man sich halten soll. Aber so lang haben wir sie lieb, bis es an uns auch kömmet; denn wenn wirs thun sollen, so werden wir ihnen feind."

Sanct Augustini Spruch vom Gesetz.

„„Als denn wird das Gesetz erfüllet, wenn uns verziehen und vergeben wird, was wir nicht vollbringen.""

Gottes Worts Art.

„Gottes Wort ist zur Zeit des Herrn Christi und der Aposteln ein Lehrewort gewesen, das man allenthalben in der Welt geprediget hat. Darnach unter dem ganzen Papstthum ist es nur ein leserlich Wort gewesen, das man allein gelesen und nicht verstanden hat. Aber nu ist es streitbar worden, das da um sich schläget und häuet, und will seine Feinde nicht länger leiden, sondern es räumet sie aus dem Wege."

Gott ist in seiner Majestät unbegreiflich.

Mit der Vernunft kann man nicht fassen noch begreifen, was Gott oder Schöpfer ist. Und das ist auch die Ursach, daß er gedacht: es ist umsonst, menschliche Vernunft kann mich nicht ergreifen, ich bin ihr viel zu groß und zu hoch; ich will mich klein machen, daß sie mich ergreifen und fassen kann, will ihr meinen Sohn geben, und also geben, daß er für sie zum Opfer, zur Sünde und zum Fluch werde, mir, dem Vater, gehorsam sei bis in Tod des Creuzes. Das heißet ja klein werden und begreiflich; aber wo findet man, die es annehmen und gläuben? **Novem ubi sunt?**

Auch Gottes Gesetz macht nicht lebendig, sondern tödtet.

„Kein Gesetz ist darum gegeben, daß es könne lebendig machen, sondern daß es tödten soll, das ist, Sünde offenbaren, schrecken, Zorn anrichten 2c. Wie Sanct Paulus sagt zun Galatern am dritten (B. 21): „„Wenn aber ein Gesetz gegeben wäre, das da könnte lebendig machen, so käme die Gerechtigkeit wahrhaftig aus dem Gesetz"" 2c.

Darüm meine Werk, so ich thue, nicht allein nach des Papsts oder andern menschlichen Satzungen, sondern auch nach Gottes selber Gesetz, machen mich nicht gerecht für Gott, sondern zum Sünder, stillen nicht Gottes Zorn, sondern erregen und reizen ihn; erlangen mir keine Gerechtigkeit, sondern zerstören und verderben sie; machen mich nicht lebendig, sondern tödten mich.

So sprichst du: Worüm hat denn Gott das Gesetz gegeben und gebeut so ernstlich, daß mans soll halten, wenn es nicht gerecht machet? Er wills von den Christen gehalten haben, aber nicht mit dem Zusatz, daß man meine, man werde dadurch für Gott gerecht und selig, welchs allein durch den Glauben an Christum geschieht. Wer den ausschlägt und gedenkt durch etwas anders selig zu werden, er bete, faste, halte Gesetze, oder thue was er wolle, so erzörnet er nur Gott damit und versöhnet ihn nicht. Zwar er will das Gesetz von den Christen gehalten haben erstlich um zeitliches Friedes Willen; zum Andern, daß sie wissen, daß solcher Gehorsam Gott wol gefället und angenehme ist; zum Dritten, daß sie Andern ein gut Exempel und Fürbild zur Besserung geben, auf daß auch sie dem Gesetz nachfolgen."

Von der Ordnung der zehen Gebot.

„Das erste, ander, dritte, vierte, fünfte, sechste und siebente Gebot gehen fein ordentlich auf einander. Größer Sünde ists tödten denn huren und ehebrechen; schwerer ists ehebrechen denn stehlen. In den andern dreien ist keine Ordnung. Wiewol ich nicht decerniren noch urtheilen und schließen will, doch halt ich, daß die drei letzten Gebot seien gleich wie die Breite oder Umstände der ersten und vorhergehenden Gebote, daß mit Munde und Begierden (denn diese zwei werden in den letzten dreien Geboten verboten) wird wider die vorigen alle gesündiget. Mich zwar dünkt, daß das die Ordnung sei; denn falsche Zeugniß geben ist nicht so eine schwere Sünde, als eines Andern Weib begehren; item so ists auch nicht eine so schwere Sünde eines Andern Gut begehren, als sein Weib gerne haben wollen."

"Der Decalogus oder zehen Gebot ist eine Lehre uber alle Lehre. Der Glaube oder **Symbolum apostolicum** ist ein Tugend uber alle Tugende. Das Vater Unser ist ein Gebet uber alle Gebet und Litanei, item es ist eine Freude uber alle Freude. Denn gleich wie die zehen Gebot Alles aufs aller freiest und reichlichste lehren und vermahnen, also thut und vollbringet dasselbige der Glaube aufs aller eigentlichste, und das Vater Unser bittet und erlangets auf das aller christlichste und gewisseste. Darum macht diese Dreiheit oder Gedrittes einen Menschen vollkommen mit Gedanken, Reden und Thun, das ist, richtet und bereitet das Gemüth oder den Verstand, die Zunge und den Leib zu der höhesten Vollkommenheit."

"Ich hab den zehen Geboten etlich Mal nachgetrachtet, und wenn ich an dem ersten Wort, **Ego**, Ich bin der Herr ꝛc. nur angefangen habe, so bin ich schier allein im **Ego** (Ich) blieben und kann das **Ego** noch nicht genugsam verstehen!"

Gesetz und Euangelium sind die Häuptartikel christlicher Lehre.

"Es sind zwei Stück der christlichen Lehre in Gottes Kirche, Gesetz und Euangelium. Durchs Gesetz will Gott die gottlosen, wilden, rohen Leute von Sünden und Lastern abhalten und schrecken, deßgleichen die hoffärtigen Heuchler und Werkheiligen lehren, daß sie gnug und uberig Werk fürgeschrieben haben, die man thun soll, von Gott ernstlich befohlen, da sie anders ja nicht wollen denn mit Werken umgehen. Das Euangelium aber tröstet die Traurigen und Betrübten, das ist die elenden, schwachen, geängstigten Gewissen, die Gottes Zorn wider die Sünde fühlen, lassen ihnen dieselbe leid sein, und alle diejenigen, so der Prophet Jesaias erzählet Cap. 21. (V. 1. 2. 3.) und spricht zu ihnen: Seid getrost, denn ich vergebe euch eure Sünde. Was soll Gott mehr thun?"

Daß man nach dem göttlichen Wort all unser Thun und Leben richten soll.

"Gott hat auch seine Richtschnur und Canones, die heißen die zehen Gebote, die stehen in unserm Fleisch und Blut; und ist die Summa davon das, was du willt dir gethan haben, das thue du einem andern auch. Und darüber hält unser Herr Gott;

denn mit dem Maß, damit du missest, soll dir wieder mit ge=
messen werden. Mit dieser Richtschnur und Winkelmaß hat Gott
die ganze Welt gezeichnet; welche nu darnach leben und thun,
wol denen, denn Gott verlohnets ihnen reichlich hie in diesem
Leben, und derselbigen Belohnung kann so wol ein Türk und
Heide theilhaftig werden als ein Christ."

Ein wunderlicher Fall.

Doct. Mart. Luther erzählte Anno 1546 zu Eisleben diese
Fabel: „Daß ein Müller hätte ein Esel gehabt, der wäre ihm
aus dem Hofe gelaufen und ans Wasser kommen. Nun steiget
der Esel in einen Kahn, so im Wasser stund, und wollt daraus
trinken; dieweil aber der Kahn von dem Fischer nicht angebunden
war, so schwimmet er mit dem Esel davon; und kömmt der
Müller um den Esel und der Fischer um den Kahn, war also
Schiff und Esel verloren. Der Müller klagt den Fischer an,
daß er den Kahn nicht hab angebunden. So entschüldiget sich
der Fischer, und sagt: Der Müller solle seinen Esel auf dem
Hof behalten haben, und begehrt seinen Kahn bezahlt. Nunc
sequitur, quid iuris? Wer soll den Andern verklagen? Hat
der Esel den Kahn, oder der Kahn den Esel weggeführt? Das
heißen Casus in iure." Darauf antwortet einer und sprach:
„„Ambo peccaverunt, der Fischer, daß er den Kahn nicht hat
angebunden, und der Müller, daß er den Esel nicht auf seim
Hof behalten, culpa est ex utraque parte. Est casus fortui-
tus, uterque peccavit negligentia."" Darauf sagte Doctor
Martinus Luther: „Tales casus et exempla illudunt summum
ius iuristarum. Non enim practicandum est summum ius,
sed aequitas; ita Theologi quoque praedicare debent, ne
homines omnino ligent aut solvant; daß die Leute nicht allzu
heilig oder allzu böse werden. Omnia sunt gubernanda secun-
dum aequitatem."

Dr. M. Luthers Anliegen unterm Papstthum.

„Ich war sehr fromm im Papstthum, da ich ein Mönch
war, und doch so traurig und betrübt, daß ich gedachte, Gott
wäre mir nicht gnädig! Da hielt ich Messe und betet, und hab
kein Weib, da ich im Orden und ein Mönch war (so zu reden),
förder gesehen noch gehabt. Itzt muß ich andere Gedanken vom
Teufel leiden. Denn er wirft mir oft für: O, wie ein großen
Haufen Leute hast du mit deiner Lehre verführt! Bisweilen

tröstet mich und machet mir wieder ein Herz ein schlecht Wort in der Anfechtung. Es sagte einmal mein Beichtvater zu mir, da ich immer närrische Sünde für ihn brachte: „„Du bist ein Narr! Gott zörnet nicht mit dir, sondern du zörnest mit ihm; Gott ist nicht zornig auf dich, sondern du bist auf ihn zornig!"" Ein theur, groß und herrlich Wort, das er doch fur diesem Licht des Evangelii sagte!

Darüm wer mit dem Geist der Traurigkeit geplaget wird, der soll aufs höchste sich hüten und fürsehen, daß er nicht alleine sei. Denn Gott hat die Gesellschaft in der Kirche geschaffen, und die Brüderschaft gebeten, daß sich ihre Glieder sollen zusammen halten, wie die Schrift sagt: „„Weh dem Menschen, der allein ist; denn wenn er fällt, so hat er nicht, der ihm aufhilft."" (Pred. 4, 10.) Auch gefällt Gott die Traurigkeit des Herzens nicht, ob er wol weltliche Traurigkeit zuläßt; er will aber nicht, daß ich gegen ihn betrübt sei, wie er spricht: „„Ich hab nicht Lust am Tode des Sünders 2c."" (Ezech. 33, 11.) Item: „„Freuet euch im Herrn."" (Philipp. 4, 4.) Er will nicht einen solchen Diener haben, der sich nichts Guts zu ihm versiehet. Wiewol ich aber das weiß, doch werd ich einen Tag wol hundert Mal anders gesinnet, widerstehe aber dem Teufel."

Was Bischof Albrecht von Mainz von der Bibel geurtheilet.

„Doctor Martinus Luther sagete zu Eisleben kurz vor seinem Tode, „daß auf dem Reichstage zu Augsburg Anno 1530 Bischof Albrecht von Mainz einmal in der Bibel gelesen hätte; nu kömmt einer seiner Räthe ungefährlich dazu, und spricht: „Gnädigster Kurfürst und Herr, was machet euer kurfürstliche Gnade mit diesem Buch?"" Da hat er geantwortet: „„Ich weiß nicht, was es fur ein Buch ist, denn alles, was nur darinnen ist, das ist wider uns.""

Vom freien Willen. Ein Anders.

„Ich bekenne und sage auch," sprach Doct. Martinus, „daß du ein freien Willen habest, die Kühe zu melken, ein Haus zu bauen 2c., aber nicht weiter, denn so lang du in Sicherheit und Freiheit sitzest, bist ohn Gefahr und steckest in keinen Nöthen. Da lässest du dich wol dünken, du habest einen freien Willen, der etwas vermöge. Wenn aber die Noth furhanden ist, daß weder zu essen, noch zu trinken, weder Vorrath, noch Geld mehr da ist, wo bleibt hie dein freier Wille? Er verleuret sich und kann nicht bestehen, wenns ans Treffen geht. Der Glaube aber allein stehet und suchet Christum.

Darum ist der Glaube viel ein ander Ding denn der freie Wille; ja der freie Wille ist Nichts und der Glaube ists Alles. Lieber, versuche es, bist du keck, und führe es hinaus mit deinem freien Willen, wenn Pestilenz, Krieg, theuere Zeit fürfallen. Zur Pestilenzzeit kannst du fur Furcht nichts beginnen, da gedenkst du: Ah, Herr Gott, wäre ich da oder da! Könntest du dich hundert Meil Wegs davon wünschen, so feilets am Willen nicht. In theurer Zeit gedenkst du: Wo soll ich Essen nehmen? Das sind die großen Thaten, die unser freier Wille ausrichtet, daß er das Herz nicht tröstet, sondern machts je länger je mehr verzagt, daß es sich auch fur einem rauschenden Blat fürchtet.

Aber dagegen ist der Glaube die Frau Domina und Kaiserin; ob er schon klein und schwach ist, so stehet er dennoch und läffet sich nicht gar zu Tod schrecken. Er hat wol große gewaltige Stücke fur sich, wie man hin und wieder in der heiligen Schrift und an den lieben Jüngern siehet. Wellen, Wind, Meer und allerlei Unglücke treiben Alle mit einander zum Tode zu. Wer sollte in solcher Noth und todtlicher Fahr nicht erschrecken und erblaffen? Aber der Glaube, wie schwach er auch ist, hält er doch wie ein Mauer und leget sich wie der kleine David wider Goliath, das ist wider Sünde, Tod und alle Fährlichkeit; sonderlich aber streitet er ritterlich, wenns ein starker vollkommener Glaube ist. Ein schwacher Glaube kämpfet auch wol, ist aber nicht so keck."

Vom Vater Unser und seiner Kraft.

„Das Vater Unser bindet die Leute zusammen und in einander, daß Einer für den Andern und mit dem Andern betet, und wird stark und gewaltig, daß es auch den Tod vertreibt."

Vom Gebet und seiner Kraft.

Anno 1532 den 18. Augusti, da kein Hoffnung mehr war der Befferung und Gesundheit des frommen, christlichen Kurfürsten, Herzog Johanns zu Sachsen 2c., sprach Doctor Martin Luther: „Lieber Herr Gott, erhöre doch unser Gebet nach deiner Zusage: laß uns doch dir die Schlüssel nicht fur die Füße werfen; denn so wir zu letzt zornig uber dich werden und dir deine Ehre und Zinsgüter nicht geben, wo willt du denn bleiben? Ah, lieber Herr, wir sind dein, mach es, wie du willt, alleine gib uns Gebuld!"

Mit dem Gebet muß man anhalten.

Da Doctor Martinus um ein Regen betet und doch keiner

kam, sprach er: „Gott zwar erhört uns, aber er thut nicht anders denn wie der ungerechte Richter im Euangelio (Luc. 18, 2 ffg.), er höret nicht, man übertäube ihn denn mit stetem Anhalten."

Gebet Doctor Martin Luthers um einen gnädigen Regen.

Es war ein große Dürre, also daß lange nicht hatte geregnet und das Getraide auf dem Felde begunte zu verdorren. Da betete Doctor Martin Luther immerdar, und endlich sprach er mit großem Seufzen: „Ah Herr, siehe doch unser Gebet an um deiner Verheißung Willen! Wir haben nu gebetet, unser Herz seufzet; aber der Baurn Geiz hinderts und hemmets, nach dem sie durch das Evangelium nu zaumlos sind worden, daß sie meinen, sie mögen thun, was sie gelüstet. Fürchten sich, noch erschrecken fur keiner Hölle oder Fegfeur, sondern sagen: Ich gläube, darum werde ich selig; werden stolze, trotzige Mammonisten und verfluchte Geizhälse, die Land und Leute aussaugen. Wie auch die Wücherer unterm Adel allenthalben thun; dieselbigen will vielleicht Gott jtzt strafen. Doch hat Gott gleichwol noch Mittel gnug, dadurch er die Seinen ernähret, ob ers wol den Gottlosen nicht regenen läßt."

Und da er solchs gesagt hatte, hub er seine Augen auf gen Himmel, betet und sprach: „Herr Gott, du hast je durch den Mund Davids, deines Dieners, gesagt (Ps. 148, 18. 19): „„Der Herr ist nahe Allen, die ihn anrufen in der Wahrheit. Er thut den Willen derer, die ihn fürchten, und erhöret ihr Gebet und hilft ihnen aus."" Wie, daß du denn nicht willt Regen geben, weil wir so lange schreien und bitten? Nu wolan, gibst du keinen Regen, so wirst du ja etwas Bessers geben, ein gerüglich und stilles Leben, Fried und Einigkeit. Nu, wir bitten so sehr und haben nu so oft gebetet, thust du es nicht, lieber Vater, so werden die Gottlosen sagen, Christus, dein lieber Sohn, lüge, da er spricht (Joh. 16, 23): „„Wahrlich, wahrlich, ich sage euch, was ihr den Vater bitten werdet in meinem Namen, das wird er euch geben"" rc. Also werden sie zugleich dich und deinen Sohn Lügen strafen. Ich weiß, daß wir von Herzen zu dir schreien und sehnlich seufzen, worum erhörest du uns denn nicht?" Eben dieselbige folgende Nacht darnach kam ein sehr guter fruchtbarer Regen. Das geschahe Anno 1532 den 9. Junii.